Karl-W. Koch u.a.

REISEN AUF GLEISEN
Erlebnisse mit der Eisenbahn

Einbandgestaltung: Luis dos Santos

Titelbild:
Eine Dampflok der Baureihe 24 zieht einen Personenzug über den Kaaimans-River-Viadukt der Strecke George – Knysna in Südafrika.
Rücktitel:
Großes Bild: Ein Güterzug der Canadian Pacific passiert einen See bei Revelstoke.
Kleines Bild links: Ein Zug der Waldbahn Cepu (Indonesien) ist unterwegs in Richtung Forst zum Abtransport der eingeschlagegen Bäume.
Kleines Bild rechts: Der JingPeng-Pass war einiger Jahre nach seiner »Entdeckung« aufgrund der landschaftlichen Höhepunkte und des Dampflokeinsatzes Hauptreiseziel der internationalen Eisenbahnfreundeszene.
Alle Fotos: Karl-W. Koch

Bildnachweis: Die Bilder in den Kapitel sind jeweils - soweit nicht anders vermerkt - von den Autoren des Textes. Die Karikaturen zeichnete Andreas Illert. Vereinzelt wurde – bei aus dem Textzusammenhang erklärten Bilder – auf eigenständige Bildunterschriften verzichtet.

Eine Haftung des Autors oder des Verlages und seiner Beauftragten für Personen-, Sach- und Vermögensschäden ist ausgeschlossen.

ISBN: 978-3-613-71685-8

Copyright © 2023 by transpress Verlag, Postfach 10 37 43, 70032 Stuttgart.
Ein Unternehmen der Paul Pietsch Verlage GmbH & Co. KG

1. Auflage 2023

Sie finden uns im Internet unter www.transpress.de

Nachdruck, auch einzelner Teile, ist verboten. Das Urheberrecht und sämtliche weiteren Rechte sind dem Verlag vorbehalten. Übersetzung, Speicherung, Vervielfältigung und Verbreitung einschließlich Übernahme auf elektronische Datenträger wie DVD, CD-ROM usw. sowie Einspeicherung in elektronische Medien wie Internet usw. ist ohne vorherige schriftliche Genehmigung des Verlages unzulässig und strafbar.

Lektor: Hartmut Lange
Innengestaltung: Karl-W. Koch, 54552 Mehren
Druck und Bindung: Conzella Verlagsbuchbinderei,
85609 Aschheim-Dornach
Printed in Germany

VORWORT

Reisen auf Gleisen ... wo sonst, fragt sich der Eisenbahnfreund. Dass sich dabei einiges erleben lässt, weiß jeder, der schon eine Zugfahrt hinter sich hat. Im Ausland und vor allem in damals oder heute ungewohnten Reiseländern, die mit Touristen nicht viel anfangen können oder wollen, verschärfen sich die Konflikte und häufen sich die »besonderen« Erlebnisse.

Die Zeitschrift Fern-Express

(bis 1995 »Dampf&Reise/Überseeische Bahnen«) hat seit ihrem Ersterscheinen 1986 immer wieder derartige Reiseberichte aufgegriffen und publiziert. Wir - die Autoren - waren mit dem Verlag der Meinung, es sei an der Zeit, diese komprimiert in Buchform dem Leser zugänglich zu machen. Das Ergebnis finden Sie auf den folgenden ca. 170 Seiten.

Ich danke allen Beteiligten, den Textautoren wie denen, die zusätzliche Bilder zur Verfügung gestellt haben, für ihre Unterstützung. Für die auf den Punkt treffenden Karikaturen und die Indien-Übersichtskarte ist Herrn Illert nochmals zusätzlicher Dank gewiss. Die Bilder in den meisten Beträgen stammen von den jeweiligen Verfassern, diese sind dann als Fotograf nicht nochmals erwähnt. Andere Fotografen werden den Bildern zugeordnet. Bei einigen wenigen Beiträge musste aus unterschiedlichen Gründen die Bebilderung weitgehend oder vollständig von Dritten geleistet werden, auch hier sind natürlich die Fotografen genannt.

Technische Hinweise:

Die Reihenfolge der Texte orientiert sich am Entstehungsjahr der Artikel, wobei Berichte aus dem gleichem Land in den Fällen, wo mehrere vorliegen, direkt nacheinander abgearbeitet wurden.
Bei einzelnen Bildbeiträgen, bei denen sich die Erklärung aus dem umstehenden Textzusammenhang ergibt, wurde bewusst auf eine eigenständige Bildunterschrift verzichtet.
Beteiligt sind als Autoren und mit Bildbeiträgen:
(in alphabetischer Reihenfolge):
Bernhard Hoch, Sigmaringen
Andreas Illert, Dreieich
Urban Niehues, Neu-Ulm
Christoph Oboth, Bochum
und mit weiteren Bildbeiträgen:
Peter Illert, Dreieich
Bernd Seiler, Berlin
Ihnen allen mein herzlicher Dank für die konstruktive und belebende Mitarbeit.

Karl-W. Koch, im September 2023

Karl-Wilhelm Koch gilt seit langem als profunder Kenner der Eisenbahnen in aller Welt. Der 71-Jährige lebt in der Eifel und war vor seiner Pensionierung im Lehramt für Chemie, Umwelttechnik und Mathematik tätig.

Neben zahlreichen Veröffentlichungen in Fachzeitschriften und Büchern folgte 1986 eine neue, eigenständige Zeitschrift (heutiger Titel: »Fern-Express«) zum Thema »Bahnen im Ausland«, deren Redaktionsleitung der Herausgeber bis zum heutigen Tag ausübt. Nach etlichen Reisen nach Übersee standen in den letzten Jahrzehnten auch oft europäische und deutsche Ziele auf dem Programm. Außer Eisenbahnmotiven finden sich auch häufig landschaftliche Stimmungen und Menschen im Sucher seiner Kamera.

Seit seiner Pensionierung arbeitet er jetzt zeitintensiver als Journalist und freier Buchautor. Das vorliegende Buch enstand aus einer Zusammenfassung und Neubearbeitung von Reiseberichten aus der von ihm herausgegebenen Zeitschrift Fern-Express.

INHALT

Vorwort — 3

Karl-W. Koch
Bahnerlebnis Izmir 1977 — 7
Zwischen Basmane und Alsancak

Karl-W. Koch
Südafrika in den Achtzigern ... — 13

Karl-W. Koch
Wenn Masochisten Urlaub machen - I
... Und Frühstück um halb fünf ...! — 29

Bernhard Hoch
... Gulasch - Spione? — 35
Erlebter planmäßiger Dampf-betrieb im Ungarn vor der Wende

Urban Niehues
HONGKONG – ESSEN: 3 x UMSTEIGEN? — 41
Der Bericht einer nicht unbedingt alltäglichen Reise

Christoph Oboth
Rätselhaftes Indien — 51

Andreas Illert
It's a long walk! — 67
Beschwerliche und bequeme Wege nach Matheran

Christoph Oboth
Neulich in China — 75
Bericht eines beinahe zu spät Gekommenen

Christoph Oboth
Die Genehmigung — 93
Eine Posse aus der bunten Welt der Amtsstuben in sechs Akten

Karl-W. Koch
Wenn Masochisten Urlaub machen - II
China: Es gibt noch eine Steigerung!
Bei -15 °C und einem strammen Westwind — 97

Andreas Illert
Chiclets — 103
Die große Alien-Show! Ein Besuch in Kuba 1998

Andreas Illert
Norwegen:
Buffervogn med Sandsekker — 111

Karl-W. Koch
Tunesien – Mama, wann kommt eeeeendlich Hannibal? — 115

Karl-W. Koch
Wenn Masochisten Urlaub machen - III
Indonesien
... und Karaoke zum Dinner! — 123

Karl-W. Koch
Kanada: Atlantik - Pazifik — 133
1 x Trans-Kanada, aber bitte die volle Länge!

Andreas Illert
Brasilien: Acht Hürden
auf dem Weg zum Mastershot — 165

Quellen — 174

INDIEN: Ein geradezu leerer Zug der Janakhpur-Railway.
An Feiertagen ist von den Fahrzeugen nichts mehr zu erkennen ...
(Foto: Christoph Oboth) ▶

▲ Die berühmte rechtwinklige Kreuzung in Izmir am Block »B« macht mit allen Traktionsarten was her, auch mit den damals recht modernen französischen Dieselloks der Baureihe DE18.

▶ Die Baureihe 57.0, eine mächtige 1'E1' h2-Lok, kann ihre Henschel-Herkunft nicht verleugnen. Hier setzt sie gerade den Morgenzug nach Afyon im Bahnhof Basmane in Bewegung.

KARL-W. KOCH

BAHNERLEBNIS IZMIR
ZWISCHEN BASMANE UND ALSANCAK

Es war 1977, der Dampfbetrieb bei der Deutschen Bundesbahn (DB) neigte sich seinem kläglichen Ende zu. Währenddessen kam ein neues, exotisches Reiseland für Pauschaltouristen ins Gespräch: die Türkei! Dort gab es, wie zu hören und zu lesen war, noch jede Menge deutscher Dampfloks im Einsatz. Es lag also nahe, dort einen Urlaub zu buchen und sich vor Ort umzuschauen.

Aber wohin in diesem Riesenland, von dem damals in Deutschland kaum mehr bekannt war, als dass von dort sogenannte »Gastarbeiter« kommen? Wir entschieden uns für Izmir, da es zum einen problemlos zu erreichen war und eine gute Hotel-Infrastruktur versprach. Zum anderen sollte es gerüchteweise noch einen dampfbetriebenen S-Bahnverkehr geben.

Ende September 1977 ging es also los. Direktflug Frankfurt – Izmir, Transfer ins Stadthotel, Einchecken und erste Bekanntschaft mit der türkischen Küche, die sich als weitaus besser als ihr (damaliger!) Ruf herausstellen sollte.

Ein Kapitel für sich war die »Nachtruhe« des an sich recht netten Hotels. Alle Zimmer lagen nach vorne, Richtung Meer mit einer tollen Aussicht, zumindest aus unserem (3.) Stockwerk, aber damit leider auch gleichzeitig in Richtung Straße. Und auf der war Leben – rund um die Uhr: Autoverkehr, natürlich bei jedem Anlass wild hupend, oft auch ohne Anlass, aus reiner Lebensfreude. Gegenüber lag eine Werkstatt mit offenbar prächtig ausgelastetem 24-Stunden-Service. Im Vergleich zu Berlin, das ja angeblich

Blick auf Izmir von der Festung aus gesehen

»24 Stunden geöffnet ist« (so die damalige Werbung) war in Izmir 24 Stunden Tollhaus angesagt.

Irgendwie schafften wir es erstaunlicherweise dennoch jede Nacht halbwegs brauchbar zu schlafen. Und das bei offenem Fenster, was durch die Hitze des Spätsommertages (30 °C) unvermeidlich war. Klimaanlagen kannte man damals noch nicht, aber durch das Seeklima kühlte es nachts herrlich ab.

Welcher Bahnhof?

Am nächsten Morgen dann zum Bahnhof, aber zu welchem und wie? Wir hatten immerhin herausgefunden, dass es zwei gleichwertige Bahnhöfe gab: Alsancak, von dem die Südstrecke in Richtung Denizli ausgeht und Basmane für die Strecke in Richtung Osten. Ein bahntechnisches Paradoxon ist die ebenerdige Kreuzung dieser beiden Hauptstrecken nach etwa je zwei Kilometer am berühmten »Block B« im Stadtteil Hilal.

Wir beschlossen unser Glück zunächst mit dem Bahnhof Basmane zu versuchen, den wir – wie wir einem im Hotel vorhandenem Stadtplan entnahmen – bequem zu Fuß erreichen konnten. Dort angekommen, mussten wir als erstes enttäuscht feststellen, dass der Vorortverkehr mittlerweile, wenn auch erst seit wenigen Wochen, verdieselt war. Da wir unschwer als Touristen erkennbar waren, wurden wir mehrfach angesprochen. Bei einem der ersten Gespräche, die vielfach auf Deutsch, Englisch und mithilfe eines Wörterbuches auch auf Türkisch, sowie mit »Händen und Füßen« geführt wurden, erfuhren wir, dass wir zwar für den S-Bahnverkehr zu spät waren, aber dennoch auf unsere Kosten kommen würden. Anhand der Fahrplantafel wurden wir auf die dampflokbespannten Züge hingewiesen, und das waren immerhin praktisch

▲ Wieder der Zug nach Afyon, dieses Mal schwerer und folgerichtig mit Doppelbespannung, eine 46.1 muss der 57.0 assistieren.

▶ Eine 56.5 (ex Baureihe 52 der DRG) startet mit dem Zug nach Norden in Richtung Bandirma im Bahnhof Alsancak.

alle außer dem S-Bahnverkehr und dem Express nach Ankara. Später liefen im S-Bahnverkehr auch ausrangierte deutsche V-100 mit. Eine schöne Vorstellung: Ein nichtsahnender deutscher Fan betritt einen der beiden Bahnhöfe in Vorfreude des Einsatzes einer Dampflok und sieht sich beige-türkis-lackierten V-100 gegenüber … Überhaupt, das Kapitel S-Bahnverkehr Izmir könnte ein ganzes Buch füllen: Monate später liefen wieder Dampfloks im Plan mit. Es gab Ende der 1970er und Anfang der 1980er Jahre Phasen mit reinem Dampfbetrieb und solche mit reinem Dieselbetrieb sowie alle Schattierungen dazwischen.

Aber letztlich konnte sich unser Programm auch sehen lassen, heute würde jeder darüber in Begeisterung ausbrechen: Der erste Zug stand auch schon abfahrbereit, die Lok fehlte allerdings noch. Sie kam wenig später, eine 56.5 mit herrlichem urtümlichen Steifrahmentender, toll herausgeputzt, in einer wahren Kriegsbemalung. Dieser Zug, Abfahrt ca. 10:00 Uhr (so genau nahm man es nicht) nach Afyon, sollte unser Stamm-Foto-Objekt der nächsten Tage werden. Die Standaufnahmen im Bahnhof beim besten Licht waren herrlich, zumal die Bespannung jeden Tag neue Überraschungen brachte. Von der 56.5 über die 55.0 (ex G 10), 56.9, 57.0 bis zur 46.1 war alles vertreten, oft sogar in Doppelbespannung. Auch legten die Lokführer, teils auf Wunsch, teils von sich aus, wenn sie die Fotografen erspähten, jeweils eine sehenswerte Ausfahrt hin. Hatten wir in den ersten Stunden als »gute Deutsche« noch Bedenken, den Bahnsteig zu verlassen (man bedenke: In einer Großstadt, auf dem Hauptbahnhof, ja pfui!), so legte sich das schnell, als wir mitbekamen, dass diese Vorschriften in der Türkei (wie wohl in allen Ländern der Dritten Welt) nicht ganz so eng gesehen wurden. So schwanden dann die Hemmungen, wenige Stunden später marschierten wir Richtung Block B … an den Gleisen entlang.

Block B

Nachdem wir am Basmane herausgefunden hatten, dass vom Alsancak um 9:00 Uhr ein Zug nach Denizli fahren sollte, beschlossen wir am nächsten Tag dort anzufangen. Im Hotel erfuhren wir, dass es die sinnvolle Einrichtung sogenannter »Dolmuş-Taxen« gab, Sammeltaxen, die wie Linienbusse eine bestimmte Route abfahren und Fahrgäste auflesen. Eine solche »Dolmuş«-Route führte am Hotel vorbei zum Alsancak. Damit war auch das Problem gelöst, wie wir zum Bahnhof kommen und am nächsten Morgen waren wir pünktlich zur Stelle. Und auch hier stand die Sonne optimal – unser zweiter »Stammzug«. In den nächsten Tagen optimierten wir das Ganze: Hotel – Alsancak – zu Fuß über Block B zum Basmane und unterwegs die entsprechenden Streckenaufnahmen.

Die Altbautriebwagen der TCDD waren eine willkommene Abwechslung.

Sicherlich könnten wir uns heute ein Monogramm in den Allerwertesten beißen, dass wir die Ausgaben gescheut haben, mittels eines Taxis oder Mietwagens schönere Streckenaufnahmen zu bekommen, aber wir wussten es nicht besser. Außerdem, Urlaub war das ganze ja auch, und zwar in Reinkultur: Wo bekommt man als Eisenbahnfotograf schon die Wartezeit auf den nächsten Dampfzug verkürzt mit Hammelschlachtungen … mit dem Treiben einer Schafherde über eben die berühmte Kreuzung mit zwei gleichzeitig nahenden S-Bahnzüge (DA war Leben … trotz Dieselbespannung!) … mit einer Ladung Çay (Tee) auf der »Terrasse« des Block B-Stellwerkes mit exklusivem Standpunkt?

Die Schranke ...

Die Liste ließe sich fast beliebig verlängern. So hatte auch die Schranke in der Ausfahrt des Bahnhofs Basmane einen ausgesprochen hohen Unterhaltungswert: Der Schrankenwärter pflegte diese (mit herrlichem Glockenspiel: »kliiiiing … kliiiiing … kliiiiing …«) erst zu betätigen, wenn der Zug zur Abfahrt gepfiffen hatte. Allerdings bedeutete das Schließen der Schranke nicht unbedingt nicht automatisch: Halt! Man konnte ja noch drunter durchkriechen und auch den Verkaufswagen für Gebäck noch schnell durchschieben. Jetzt stelle man sich das Chaos vor, das an manchen Tagen ausbrach, wenn der Einbahnstraßencharakter dieser Straße nicht ernst genommen wurde, gleichzeitig der Schrankenwärter etwas spät und umso hektischer reagierte (»kliiiiiing … kliiing … KLING …!«) und einige Passanten das übliche Spielchen mit Drunter-durch-Kriechen betrieben, ohne zu merken, was Sache ist … !

Wenn man dieses chaotische Treiben sah, das sich auch im Straßenverkehr fortsetze, muss man sich wundern, dass so wenig passierte. Aber irgendwie ist dieses Chaos auch ein Teil dessen, was die Türkei ausmacht und ein Großteil dessen, was ich an diesem Land liebe. Vielleicht deshalb, weil ich als »guter Deutscher« das andere Extrem gewohnt bin und dieses in weiten Teilen als genauso unsinnig einschätze.

Häufiger auch als Doppeltraktion: Der Zug nach Denizli, hier mit 57.0 und 56.5 bespannt.

Deutsche Kriegslok der BR 52 im Bahnhof Basmane

KARL-W. KOCH

SÜDAFRIKA IN DEN ACHTZIGERN …

… war ein heißes Pflaster. Es herrschte Apartheid, die Reisenden hatten immer ein schlechtes Gewissen, ob es überhaupt vertretbar sei, in dieses Land der Unterdrückung zu fahren, um Urlaub zu machen. Heute heißt das vergleichbare Problem Myanmar oder China … geändert hat sich der Ländername, nicht das Problem. Es gab und gibt immer zwei Seiten: hinfahren und sich selbst ein Bild machen und dabei wohl oder übel das System des Unrechts unterstützen oder Boykott und die Menschen vor Ort nicht kennenlernen?

Nun, ich entschloss mich 1979 zu Ersterem … und wurde süchtig. Süchtig nach einem Land mit einem unglaublichen Klima, einer fantastischen Landschaft und Menschen, Menschen aller Hautfarben und Charaktere. Der weiße Herrenmensch, der in Nazideutschland sicher beste Karrierechancen gehabt hätte und »leider, leider« 40 Jahre zu spät dran ist, der schwarze Minen-Arbeiter, hilfsbereit und weltoffen, aber auch der liberale, gebildete Mühlenfachmann, der den Gast aus dem fernen Europa mit offenen Armen aufnimmt und der verbiesterte, hasserfüllte Schwarze, der vor Feindseligkeit kaum aus den Augen gucken kann. Schablonendenken? Nicht im Südafrika der Achtziger!

Das Apartheidregime unterlag einem recht rigiden Wirtschaftsboykott, vor allem durch die OPEC, damals vornehmlich die arabischen Staaten. Und so musste Öl gespart werden bis zum »Gehtnichtmehr«: Der Grund, weshalb hier die Dampfloks länger überlebten als in anderen Ländern. Dampfloks unterschiedlichster Baureihen, auf zwei Spurweiten, der Kapspur mit 1.067 mm und einer echten Schmalspur mit 610 mm. Die Loks auf Kapspur waren in der Literatur als »echte große Loks« beschrieben, vergleichbar mit schweren deutschen Güterzug- und Schnellzugloks. Unglaublich klang das, wenn man es nicht selbst gesehen hatte, eine Spurweite wie im Harz, aber Personenzüge mit 16 »normalen« schweren Reisezug-Waggons und Güterzüge mit 50, 60 Wagen und zwei schweren Maschinen davor. Unglaublich!

Und dann die Krönung, die sogenannten »Garratts«: Gelenklokomotiven mit einem schweren Kessel zwischen zwei großen vielachsigen Drehgestellen, in beide Richtungen gleichgut einsetzbar. In Europa waren diese exotischen »Echsen« schon seit Jahrzehnten Geschichte, hier standen sie noch im Einsatz, wenngleich auch buchstäblich in den »letzten Zügen«.

Die ersten Reisen waren bezüglich der Bildausbeute enttäuschend. 1979 trauten wir uns in dieses ferne feindliche Land nur mittels organisierter Reisegruppe, ein böser Fehler! Die Reiseleitung hatte

Die Strecke Bethlehem – Bloemfontein hat in Modderpoort eine sehenswerte Zweigstrecke nach Ladysmith. Üblicherweise bediente eine hier stationierte 19 D die Strecke ein- bis zweimal am Tag.

Es gibt noch mehr als Dampfloks: Blick vom Tafelberg auf das nächtliche Kapstadt.

Halt – ohne Not – in der Einfahrt Kaankuill. Dank des mitspielenden Fahrdienstleiters bekommt unser Mitreisender eine hörenswerte Tonaufnahme einer Anfahrt inklusive wütendem Pfeifkonzert (s.a. S. 25).

dem Besuch der schönsten Strecken und einem Abstecher nach Simbabwe, das damals noch Süd-Rhodesien hieß, aber dazu gleich mehr. Wiederum waren wir noch nicht in der optimalen Reisezeit im Land, sondern im April, dem dortigen Herbst. Die Jahreszeiten auf der Südhalbkugel sind genau umgekehrt. Das Wetter im Herbst ist durchaus angenehm zum Reisen, weitgehend beständig, bis auf einzelne Tage nicht zu heiß.

Die Fahrt war ein einmaliges Erlebnis, eine damals völlig neue Reiseart, bequem, gute Küche, angenehme Schlafmöglichkeiten und extrem viel zu sehen. Aber die Fotomöglichkeiten waren auf zwei bis drei Unterbrechungen pro Tag beschränkt, die Scheinanfahrten bis auf eine nicht optimal geplant und durchgeführt. Die erwähnte »eine« war allerdings der Ausgleich für alles: mit einer GMAM-Garratt bei exakt Sonnenaufgang mit dem ersten Licht auf dem Lootsbergpass. Mitten in der Nacht waren wir aus dem Zug gescheucht worden, noch VOR dem »Early-Morning-Tea« und an der Strecke postiert. Langsam erschien dünnes Morgenrot im Osten, der Zug setzte zurück zu einer Scheinanfahrt, und dann, schlagartig wie nur in Ländern mit einer Luftklarheit eines Nicht-Industrielandes und trocknem Klima möglich, die ersten Sonnenstrahlen. Und mit diesen Strahlen kam auch der Zug! Die Aufnahme ziert seit über 40 Jahren meine Wohnzimmerwand in Postergröße, sie ist die beste Eisenbahnaufnahme, die ich je gemacht habe.

noch weniger Ahnung von der Materie als wir Jungspunde, die Organisation war das blanke Chaos. Auch die Jahreszeit (Februar) war suboptimal: heiß und fast jeden Nachmittag Gewitter. Angelehnt an das damalige typische südafrikanische Frühstück und den Namen des damaligen Reiseleiters machte der Zweizeiler die Runde: »Wir wollen Dampf und keine Eier, die nächste Fahrt mit José ...« Stattdessen wurde ausgiebigst gefrühstückt, um die Mittagszeit standen wir dann an der Strecke oder im Depot, und wenn wir Pech hatten, lagen die Schienen dann noch in Nord-Süd-Richtung. Aber wir sahen die Möglichkeiten und Landschaften, fuhren Garratt-bespannt über den Montaguepass im Planzug, standen in Depots mit über 100 Dampfloks im Einsatz beim unmöglichsten Licht rum und staunten! Und wollten wiederkommen.

Wir kommen wieder

Das taten wir bereits im folgenden Jahr. 1980 wurde erstmalig eine Steamsafari angeboten, zu recht saftigen Preisen in Deutschland und der Schweiz, aber zu durchaus humanen Preisen, wenn man in Südafrika direkt buchte. Und wir hatten klugerweise im Jahr zuvor die ersten Kontakte geknüpft. Um diese Tour herum strickten wir uns ein kleines, aber feines eignes Programm mit

▶ oben: Der morgendliche Güterzug nach Bloemfontain wurde auf die Strecke gelassen, wenn der Passenger von dort angekommen war (s. Bild S. 22/23).

▶ unten: Ein Schülersonderzug zum Ferienbeginn im Juli 1981 von MacLear nach Sterkstroom musste mit 2 x 19 D bespannt werden.
Bild nächste Doppelseite: Auch hier galt: »Frühstück um halb fünf!«, der erwähnte fantastische Fotohalt vor – und bei – Sonnenaufgang am Lootsberg bei der ersten Steam-Safari 1980.

▲ Diese Garratt »Idi Amin« war das Schmückstück des Depot George. Der Lokführer auf die Frage nach dem Namen: »Look at her, black, fat, with lots of »blinkblink« - isn't that Idi Amin Dada himself?«

◄ oben: Bibbern für den Star: Bei diesem Foto hatte der »Red Devil«, frisch umgebaut, über eine Stunde Verspätung bei der Ausfahrt aus Kimberley. Die Fotografen froren – wie sie nachher im Radio erfuhren bei -12 °C.

◄ unten: Die Welcome-Gold-Mine war für Eisenbahnfreunde von großem Interesse, weil sie als eine der wenigen Bahnen in Südafrika Tenderloks – und zwar sehr gepflegte – einsetzte und frei zugängliche Streckedienste über etliche Kilometer leistete.

► Auf den ersten Blick Alltag: Die Schwarzen arbeiten und der »Baas« steht rum und kommandiert. Aber häufig stimmte das Bild nicht, viele gemischte Mannschaften waren bei der Arbeit gleichberechtigt und der »Baas« (?) packte mit an. Szene im Bw Bloemfontain.

(vorherige Doppelseite:) Das erwähnte Highlight der 1980er-Steamsafari (und eigentlich insgesamt der beste Fotohalt meiner Laufbahn) war die Scheinanfahrt auf dem Lootsbergpass. Timing: auf die Minute mit den ersten Sonnestrahlen in unverstellbar klarer Luft setzte der Zug zurück, wobei der beste »Schuss« entstand. Aber auch die folgende Szene war legendär.

▲ Das Depot Port Elizabeth war neben Kimberley, De Aar und Bloemfontein Anfang der 1980er Jahre eines der betriebsamsten in Südafrika. Zahlreiche Leistungen auf Nebenstrecken der Region und der umfangreiche S-Bahnverkehr wurden von hier aus eingesetzt.

◄ Die werktägliche Garratt-Doppeltraktion aus Waterval-Boven nach Breyten war lange Jahre ein verlässlicher Höhepunkte jeder Südafrikareise für Dampflokfreunde. Waterval-Boven, an der Hauptstrecke Johannesburg – Moçambique gelegen, war das letzte Einsatzdepot für die GMAM-Garratts bis in die späten 1980er Jahre.

Die Industriebahnen brachten zwar keine sehenswerten Streckenleistungen, hatten aber hochinteressante Baureihen im Einsatz, die vielfach schon etliche Jahre bei der SAR ausgemustert waren. Häufig waren dabei auch noch Garratts verschiedener Baureihen zu finden wie hier bei der Enyati-Kohlenmine im Natal die Baureihe GF.

Ärgerlich waren Dutzende Aufnahmen, die möglich gewesen wären, aber nie gemacht wurden, weil wir ja im Zug saßen …

Erwähnenswert war der Abstecher nach Bulawayo im damaligen Rhodesien. Weiter trauten wir uns nicht, tobte Monate zuvor außerhalb der Stadt doch noch ein blutiger Unabhängigkeitskrieg gegen die britischen Kolonial-Besatzer. Minen waren noch nicht geräumt, das Terrain durch versprengte Truppen unsicher, im Depot standen die Reste einer Garratt, die kurz zuvor auf eine Mine gefahren war. Zutiefst beeindruckte uns der Farmer, der aus dem Hinterland kommend mit dem gepanzerten Landrover vor dem Hotel vorfuhr, zwei 38er mit Patronengurt umgeschnallt …

1981: Man lernt aus seinen Fehlern

Dann kam das Jahr 1981: Man lernt aus seinen Fehlern. Mittlerweile trauten wir uns allein ins Land, Mietwagen und einige Hotels wurden von Deutschland aus vorgebucht, die Route mit dem Freund in Südafrika und der südafrikanischen Eisenbahnfreunde-Vereinigung geplant.

Es folgten vier Wochen, in denen ein Highlight das nächste jagte: Unvergessen die Nacht im kleinen Hotel in Krankuill an der

Fast pünktlich auf die MInute: der »Passenger« von Bloemfontein kurz vorm Endbahnhof Bethlehem. Die Nachtwanderung war erfolgreich, der Sonnenstand opti

Temperaturen im Frostbereich bringt die erwünschte Dampfentwicklung ... (s.a. Text auf S. 25)

Strecke Kimberley – De Aar, von der Strecke nur durch eine dünnes Sperrholz-Wändchen und 10 m Luftlinie getrennt. Bei jedem Zug (und es gab einige in jenen Nächten) standen wir senkrecht im Bett und salutierten! Unvergessen der Plausch mit dem Fahrdienstleiter im Bahnhof wenige Hundert Meter weiter, der auf Wunsch unseres Tonexperten den nächsten nächtlichen Zug auf freier Strecke zum Halt nötigte, ein wildes Pfeifkonzert und eine »geile« Anfahrt provozierte und unserem bayrischen Fan so zum »Soundtrack seines Lebens« verhalf.

Unvergessen den Besuch der 610-mm-Bahn in Weenen, mittlerweile schon lange Geschichte, damals noch mit einem täglichen Zugpaar aktiv. Natürlich mit Dampf, einer schnuckligen blaulackierten und top gepflegten NGG 16. Übernachtung in Weenen, einem Städtchen mit Western-Charakter, Holzbürgersteigen, man wartete buchstäblich auf die Schießerei am Mittag … Genauso »heiß« das Hotel, kein Schlüssel in der Tür und wir Naivlinge schoben »zur Sicherheit« einen Schrank davor, »man weiß ja nie«. Vermutlich war diese Nacht in Weenen eine der ungefährlichsten in unserem Leben …

Unvergessen das Aufstehen um 4:30 Uhr in der Früh in Bethlehem, inklusive Eis-frei-Kratzen der zugefrorenen Scheiben, die Fahrt an den tags zuvor ausgespähten Punkt in der »Pampa« und Wanderung an die Strecken-Steigung mittels Taschenlampe. Warten und Bangen: Ist der Nachtzug von Bloemfontein pünktlich? Ist er zu früh (auch das gab es), dann bliebe es beim durchaus auch schon befriedigenden Seh- und Hör-Erlebnis. Ist er zu spät, wird es ein nettes Bildchen, aber nicht mehr. Dann … Dämmerung breitet sich aus … ein Grummeln ist zu hören und bringt die paar Vogelstimmen zum Schweigen, sonst ist sowieso nichts – absolut NICHTS! – zu hören (man stelle sich das in Deutschland vor, kein Auto, keine Maschine, kein Nichts!), das Morgenrot wird röter, das Grummeln wird lauter, erste Sonnenstrahlen wagen sich über den Horizont und genau dann taucht die Dampffahne in drei Kilometern Entfernung auf. Sonne und Zug liefern sich einen beeindruckenden Wettlauf und punktgenau mit dem vorbeibrausenden Zug ist die Stelle im Sucher inklusive Dampffahne ausgeleuchtet. Dusty Durrant, der große Eisenbahnfotograph aus Südafrika, beschrieb das entsprechende Erlebnis an anderer Stelle einmal treffend mit »multiple orgasems«.

Unvergessen das Treffen mit Ted Talbot, der damals schon einen Namen in der Szene hatte, im Hotel in Sterkstroom, der uns Greenhorns das Angebot machte, uns die besten Fotostellen der Strecke Sterkstroom – Maclear zu zeigen. Unvergessen der Schülersonderzug mit Doppeltraktion der damals schon seltenen Baureihe 15AR auf der schon lange dampffreien Strecke von Molteno nach Rosmead, mit der Fahrt ebenfalls wieder in Dunkelheit auf einem Weg, der diese Bezeichnung nicht verdiente und der schließlich Hunderte von Metern in einem Bachbett verlief, immer hinter Ted her, der offenbar wirklich wusste, wo er hin wollte.

Unvergessen das Warten mit nie (vorher und nachher) gehörten Vogelstimmen in der Nähe, Stimmen eines sehr, sehr großen und lauten Vogels, der ob der Ruhestörung erkennbar stinkig war ….

◀ oben: Die Dienste auf der Apple-Express SAR-610-mm-Strecke versahen hier die NG15-Schlepptenderlok. Die »Apfel-Hochburg« Patensie war durch eine Stichstrecke angebunden.

◀ Ein Blick in das Depot in Bulawayo/Südrhodesien, damals fast ausschließlich in der Hand großer Garratts.

▶ In den 1980er Jahren war die letzte Kondenser 25 3511 fast ausschließlich vor Sonderzügen im Einsatz, hier bei der Abfahrt in Kimberley in Richtung De Aar.

Weitere Reisen folgen

1984 gab es eine ähnlich gute Bildausbeute bei schon deutlich geringerer Dampflokdichte, wir wussten halt, wo wir hinmussten. 1987 eskalierte die politische Lage, eine unangenehme Spannung war an jeder Straßenecke zum Greifen nahe, ein Funken hätte das Pulverfass zur Explosion bringen können. Simple Umspannanlagen waren besser gesichert als die DDR-Grenze! Politische Veränderungen lagen in der Luft. Das einzige Mal bei über einem Dutzend Reisen nach Südafrika hatte ich ein Sch… gefühl, an jeder Kreuzung in den Städten Polizei und Militär mit Maschinengewehren, die Luft knisterte. Diskussionen und Widerworte, die »Stupid Kaffers« hatten beschlossen, vor den »Baas« nicht mehr länger zu kuschen. Ich hätte Wetten in fast jeder Höhe abgeschlossen, dass es innerhalb eines Jahres zum endgültigen Bürgerkrieg kommen würde.

Zum Glück irrte ich mich, die Schwarzen hatten den längeren Atem und die nötige Geduld, die »Nationale Partei« (NP) der weißen Herrenmenschen zerlegte sich von selber vor lauter Angst um die Macht. Innerhalb weniger Monate führte eine liberale Wende der Parteipolitik der Weißen zum Wechsel. Eine liberale neue Partei gewann bei jeder Wahl deutlich dazu, bis 1988 Rebellen in der führenden NP des Hardliners Botha selbst das Steuer herumrissen und den liberalen Weg einschlugen. 1989 wurde der »Putschist« de Klerk selbst Nachfolger von Botha und leitete mit dem klugen, bedachten Führer des African National Congress (ANC), Nelson Mandela, das Ende der Apartheid ein. Blutig wurde es dennoch phasenweise, die Zulupartei Inkatha und die weiße rechtsradikale Afrikaanse Weerstandsbeweging AWB (meistens von den burischen Afrikaaner bestimmt, von den englischstämmigen, eher liberalen Südafrikanern bespöttelt als »Afrikaaner without brain«) kämpfte um ihren Teil der Macht. Zum Glück taten sie dies meistens inkompetent und ohne große »Intelligenz«, sonst wäre wohl mehr Blut geflossen. Legende war ein Putschversuch der AWB in Mafeking, der nach wenigen Stunden weitgehend unblutig zusammenbrach. Wahrscheinlich hatten die Frauen die Putschisten zum Essen nach Hause gerufen und die wagten nicht zu spät zu kommen …

Plandampf Kimberley – De Aar

1991 schließlich war der endgültige Abschluss des planmäßigen Dampfbetriebes, allerdings mit einem furiosen Feuerwerk. Auf der damals letzten wesentlichen, noch planmäßig (mit den schweren 25 NC) befahrenen Strecke Kimberley – de Aar, wurde eine Art »Plandampf« durchgeführt, mit allen Museumsmaschinen, die

das Land und nicht nur die SAR zu bieten hatte. Und das waren einige … Etliche Maschinen waren eigens dafür neu aufgearbeitet worden. Erstmalig seit Jahrzehnten waren wieder zwei Loks der Schnellzuglok-Baureihe 16 E betriebsbereit und wurden sogar in Doppeltraktion eingesetzt. Diese Maschinen hielten mit 150 km/h den Weltrekord auf Kapspur. Und die fuhren sie auch annähernd auf der Great Karoo-Rennstrecke! Die Staubfahnen der Verfolgungsfahrer blieben schnell zurück, unter Absingen hässlicher Lieder wurde halt auf den nächsten Zug und auf die Rückleistung gewartet, es war ja genug los … Dusty Durrant mischte kräftig mit und machte seinem Namen alle Ehre. Und abends gab es im Hotel Krankuill, bald darauf auch schon Geschichte, »a fine beer« auf der Terrasse des Hotels.

Mit faszinierendem Timing erreicht der Güterzug die Brücke über den Modderivier (Schlammfluss) exakt zum Sonnenuntergang. Die Brücke war immer einen Versuch zum »Sunset« wert, die Dampfzugdichte war beeindruckend, der Wasserstand mal niedriger, mal höher, auch gern einmal mit Spiegelung. Und – ehrlich – soviele andere Topmotive gab es nicht ... Gut zu erkennen ist der umgebaute Kondenstender mit Überlänge.

Geblieben waren für weitere ca. 15 Jahre die Steamsafaris und mehrtägige, oft brillant organisierte Sonderzüge für ausländische Eisenbahnfreunde, ein Restdampf auf der Alfred County Railway mit 610 mm, vereinzelte Sonderzüge des Apple-Express und natürlich George – Knysna. Auch dies alles ist seit etlichen Jahren weitgehendst Geschichte, teilweise weil einfach die Infrastruktur wegbrach, die Unterhaltung nicht mehr bezahlbar war, teilweise aber auch wegen der massiven Dummheit der Beteiligten. Dass dennoch eine gewisse Hoffnung auf eine kleine Erholung gegeben ist, ist allein den rührigen Vereinen oder ausländischen Reiseveranstaltern wie Farrails zu verdanken, die immer noch einiges an betriebsfähigen Dampfloks vorhalten und sich bisher nicht entmutigen ließen. Bei den »oberen Chargen« der Bahnverwaltung setzt langsam ein Umdenken ein. Die aktuelle Sperrung der Strecke George – Knysna ist noch nicht endgültig, sie könnte eventuell doch noch überwunden werden. Die alternative Strecke George – Voorbaai konnte mit dem Original nicht mithalten, der Ersatzbetrieb hielt sich nicht lange.

KARL-W. KOCH *(EIN BERICHT AUS DEM JAHR 1998)*

WENN MASOCHISTEN URLAUB MACHEN – I
... UND FRÜHSTÜCK UM HALB FÜNF ...!

Welche Urlaubsart ist für Eisenbahn- und erst recht für Dampflokfans die geeignetste Variante? In einem Zug durch ein sehenswertes Land kutschiert zu werden, an den schönsten Stellen zu stoppen und sich die Foto- und Videogelegenheiten praktisch vor der Hoteltür servieren zu lassen? JA UND NEIN!

Ja, wenn das Land Südafrika heißt, die Transnet das Küchen- und Speisewagenpersonal stellt, die Reisezeit im dortigen Winter liegt (wg. der Dampfeffekte!) und hartgesottene Freaks die Fotopunkte aussuchen. Nein, wenn die Reisezeit im südafrikanischen Winter liegt (wg. Saukälte nachts und nicht funktionierendem Heizwagen!) und hartgesottene Freaks die Fotozeiten aussuchen, womit wir wieder bei der Überschrift wären!

Seit etlichen Jahren werden in Südafrika »Steam-Safaris« angeboten, wobei in dampflokbespannten Sonderzügen in unterschiedlichen Regionen die schönsten Strecken bereist werden. War in den ersten Jahren die Transnet (damals noch SAR) der alleinige Anbieter, so tummelt sich heute eine ganze Reihe von Veranstaltern auf dem doch recht engen Markt. Auch und gerade europäische (in erster Linie englische) Anbieter haben dieses Segment entdeckt. Dabei haben sich in den letzten Jahren die Schwerpunkte in der Art verschoben, dass Transnet-Fahrten eher Erholungscharakter haben, während die Fremdanbieter, welche Zug und Strecken von der Transnet bzw. Spoornet mieten, die Foto- und Video-Hardliner im Blickfeld haben.

◄ Die 19D-Lokomotiven gaben auf der Strecke Maclear – Sterkstroom ihr bestes für die Fotografen.

Ein »Schmankerl« für alte SAR-Hasen waren die beiden in den letzten Jahren für museale Zwecke neu aufgearbeiteten Loks der BR 7 (7A 1007 + 7BS 1056) mit Waggons des Museumszuges in Imperial-Braun auf der Strecke Oudtshoorn – Montague – George.

Am Montaguepass lief die große Schau. Eine GF-Garratt – seit etlichen Jahren nicht mehr im SAR-Plandienst – dürfte einen Güterzug von Oudtshoorn nach George befördern, mit dem sie etwas unterfordert schien.

Aber natürlich kann man sich bei Letzteren, wenn auch mit Einschränkungen, erholen und – natürlich – haben die Transnetveranstalter mittlerweile erkannt, dass anders als bei den ersten Fahrten Anfang der Achtziger, mit 2 - 3 schlechten Fotohalten pro Tag kein Hund mehr hinter dem Ofen hervorzulocken ist. Auch bei diesen, insgesamt etwas preiswerteren Fahrten lässt sich mit opulenter Bildausbeute der Heimweg antreten, nur das eine oder andere i-Tüpfelchen wie ein perfekt arrangierter Glintshot (Streiflichtaufnahme) oder die Wiederholung der Scheinanfahrt, wenn gerade die berühmte Fotowolke aktiv war, fehlen manches Mal. Die Entscheidung, ob für den 13. - 15. Fotohalt pro Tag etliche hundert Mark mehr bezahlt werden und, siehe Titel, die Nacht ungebührlich häufig um 4.30 Uhr beendet wird, muss jeder selbst treffen.

Genussvoll Speisen oder Knipsen? Beides!

Ein Kapitel für sich ist die Verpflegung durch die von der Spoornet für Sondereinsätze vorgehaltene Mannschaft, welche sowohl die Transnet- als auch die Fremdfahrten betreut. Wäre nicht die zumindest für Sesselpupser sehr beachtliche sportliche Ertüchtigung, welche die zahlreichen Scheinanfahrten beinhalten, würde der Reisende aufgrund der Verpflegung am Ende der Fahrt aus dem Waggon »rollen«, so er denn noch durch die Tür passen würde. Was hier aufgetischt wurde, hält mit jedem besseren Gourmettempel mit. Der mitgeführte Weinkeller sucht

Zwei gleichzeitig betriebsfähige Schnellzugloks der Baureihe 16E gab es bei der SAR nur kurze Zeit 1991, passend zum Kimberley-De Aar-Plandampf. Warum ausgerechnet sie für einen schnöden Güterzug verwendet wurden, erschloss sich keinem der Anwesenden. Vermutlich hatten die SAR-Verantwortlichen ein Veto gegen die Passenger-Bespannung eingelegt.

vermutlich ebenfalls seinesgleichen, zumindest in einem Zug, auch die Bar ist ausgezeichnet sortiert. Letzteres zahlt sich vor allem in kalten Nächten aus, wenn der Heizwagen des Zuges mal wieder streikt oder gar nicht vorhanden ist.

Problem: Infrastruktur!

Zum Problem all dieser Veranstaltungen wird die immer weiter ausgedünnte Infrastruktur der Bahn. Das betrifft sowohl die Möglichkeiten, Dampfloks zu versorgen, wie auch die Streckenunterhaltung. Bezüglich ersterem kann improvisiert werden. Wasserfassen per lokaler Feuerwehr gehört fast schon zur Tagesordnung, und wenn das Timing stimmt (z.B. Mittagspause), stört der dadurch verursachte längere Aufenthalt wenig. Das auf Teilstücken nötige Mitführen von Kohlenwagen ist selbst für Ästheten noch zu schlucken, vor allem, wenn der Waggon am Schluss eingereiht wird. Dass aber teilweise auch ein Kranwagen im Zug war, sieht gerade bei einem »Foto«-Sonderzug doch etwas eigenartig aus. Einen weiteren Brocken für die Fans stellt der Einsatz von Dieselloks (igitt!) dar, auch wenn er auf die Nachtstunden bei Überführungen beschränkt bleibt. Noch schlimmer ist allerdings, dass aufgrund von Streckenstilllegungen und nicht mehr verfügbaren Dampfloks in bestimmten Regionen entweder ein sonderbarer Zickzackkurs erforderlich wird oder einzelne, sehenswerte Strecken und Landesteile nicht mehr bereist werden können. Es zeichnet sich

Die Silhouette-Aufnahmen bei der Überquerung der Knysna-Lagoon waren eines der zahllosen Motive der Strecke von George. Hoffen wir, dass hier wieder »was geht«!

Die Dampfentwicklung in den frühen kalten Morgenstunden des südafrikanischen Winters – hier auf der Gardenroute Richtung Kapstadt – ist Legende...! Aber es muss schon alles stimmen, um zum perfekten Bild zu kommen, vor allem der Wind macht häufig einen Strich durch die Rechnung.

ab, dass zumindest der künftige Schwerpunkt der Dampflokeinsätze und damit der Sonderzüge, egal ob Transnet oder Fremdveranstalter, in der Kapregion zwischen Kapstadt und George – Knysna liegen wird.

Beinahe wäre es noch schlimmer gekommen: Die Strecke George – Oudtshoorn – Klipplaat – Port Elizabeth war seit schwersten Unwettern in der Kapprovinz Ende 1996 geschlossen. Am schlimmsten hatte es einen mehrere Kilometer langen Abschnitt bei Toorwater erwischt, u.a. war eine größere Brücke vollkommen zerstört. Als nach ersten Reparaturarbeiten an der Strecke die tatsächliche Schadenshöhe absehbar wurde, sah es nach

Auch der Kimberley-Plandampf wurde natürlich per Sonderzug von Johannesburg aus angeboten, mit dem ersten Fotohalt wenige Dutzend Kilometer nach dem Start, und das auf der Hauptstrecke ... Es führte die wunderbar herausgeputzte 25 NC »Pauline«.

einer dauerhaften Schließung aus. Favorisiert wurde diese Variante dadurch, dass die Aussetzung des ohnehin dürftigen Personenverkehrs und die weiträumige Umleitung des Güterverkehrs von den Betroffenen ohne großes Murren geschluckt worden war. Erst im Juli setzte sich die Vernunft durch und die Erneuerung der zerstörten Brücke wurde in Auftrag gegeben.

Kernfrage: Die Länge von Scheinanfahrten

Die Schließung der Strecke über Klipplaat warf die Planung des von uns gebuchten Sonderzuges über den Haufen. Nach der »längsten Scheinanfahrt« meiner Laufbahn (von Rosmead auf den Lootsberg-Paß) musste der Zug wieder umkehren, um in einer Nachtfahrt Alicedale zu erreichen. Allerdings wurde von unserem Transnet-Zugführer ob der immer wieder von Videofans kritisierten »zu kurzen« Scheinanfahrten vorgeschlagen, doch im nächsten Jahr beim Runpast zum Lootsberg bereits in Kapstadt zu starten ...!

Eine weitere Wende zum Besseren könnte entgegen allen Unkenrufen auf der Strecke Bethlehem – Modderpoort stattfinden. Wenn die Gerüchteküche südafrikanischer Eisenbahnfreunde nicht nur »Enten« kocht, fahren mittlerweile die Güterzüge auf dieser landschaftlich herrlichen Strecke bereits wieder dampfbespannt. Der Region könnte ein Touristikschub sehr gelegen kommen ...!
Die Lokomotiven (voraussichtlich ölgefeuerte 25 NC und GMAM) wurden von lokalen Eisenbahnfreunden instandgesetzt und werden weiterhin von diesen betreut.
Im Verlauf der Reise wurden u.a. die Strecken nach Grahamstown (1. Dampfzug nach zehn Jahren) und der altbewährte Zickzack-kurs nach Barkley-East befahren. Dann folgte via Apple-Express-Strecke ein Bustransfer nach Knysna, während der Sonderzug auf der Umleitungsstrecke über De Aar in einem 36-Stunden-Langlauf überführt wurde. Das Restprogramm war Standard, wenn auch guter: George – Knysna, Montaguepass, Gardenroute.

Dieses Motiv kostete Schweiß: 25 Minuten erschwerter Geländemarsch lagen hinter dem Fotografen, als er den GmP mit 19D 3323 zwischen der 4. und 5. Reverse der Strecke Lady Grey – Barkley East verewigte.

BERNHARD HOCH *(EIN BERICHT AUS DEM JAHR 1980)*

... GULASCH - SPIONE?
ERLEBTER PLANMÄSSIGER DAMPF-BETRIEB IM UNGARN VOR DER WENDE

Ungarn war eines der ersten Länder im vormaligen Ostblock, welches seine Spionageschutzbestimmungen bezüglich des staatswichtigen Eisenbahnmaterials etwas freizügiger gestaltete. Da es nicht unser Bestreben war, das neben dem Studium sauer verdiente und in teure Reisen und Filme umgesetzte Geld irgendeiner Polizei oder Miliz in den Rachen zu werfen, nutzten wir die Chance, die Ungarn lange vor dem Mauerfall und dem Zerfall des Ostblockes geboten hatte.

Zu Beginn der achtziger Jahre konnten die Ungarischen Staatsbahnen auch noch mit einem nennenswerten planmäßigen Dampfbetrieb aufwarten. Informationen über die Dampf-Einsätze waren in ausreichender Menge vorhanden, so machten wir uns im Frühjahr 1980 auf die Reise hinter den Eisernen Vorhang.

Ostblock zum Eingewöhnen

Die bei zahlreichen anderen Eisenbahn-Fotoaktionen sturmerprobte Studentenmühle meines Freundes mit ihrem sehr individuellen Touch (Haifischmaul am Kühlergrill) wird präventiv gegen Vaters Establishment-Limousine eingetauscht und ab geht es über München, Linz und Wien. Der reale Sozialismus empfängt uns recht freundlich, keine lange Fragerei an der Grenze. Der Eiserne Vorhang hat hier nichts von dem Schrecken, der mit der innerdeutschen Grenze einhergeht. Solche Zäune, Stacheldraht und Barrieren kennen wir auch von den Militäranlagen zu Hause. Aber unverwechselbar liegt über allen Siedlungen der süßliche Geruch nach Braunkohle und die gelben Rauchschwaden kräuseln aus fast jedem Schornstein in den trüben Himmel.

Das erste Quartier in Sopron führt uns nach mehr als zehn Jahren Geschichtsunterricht den Unterschied zwischen theoretischem und praktischem Sozialismus vor Augen. Die Fensterrahmen sind wurmstichig, beim Öffnen und Schließen ist größte Vorsicht anzuwenden, dass die Scheibe nicht aus dem Rahmen fällt. Das Waschbecken ist mit Kalt- und Warmwasserhähnen ausgerüstet, die bei jeder Kunst und Antiquitätenauktion Spitzenpreise erzielen würden. Während jedoch das kalte Wasser mit einer Geräuschentwicklung aus dem Hahn schießt, die uns um die Stabilität der Zimmerwände fürchten lässt, gibt der Warmwasserhahn trotz eifrigster Bemühungen keinen Tropfen von sich.

Die Königin im Kisalföld

Die erste Begegnung mit den ungarischen Dampflokomotiven haben wir in Lövö an der Strecke von Sopron nach Szombathely. Der Sammler klappert mit einer 424, dem obligatorischen Zweiachs-Packwagen und wenig Anhängelast in den Bahnhof. Die Eisenbahner halten uns nicht vom Fotografieren ab, eher das trübe Wetter. So hat man wenigstens Gelegenheit, die Maschine genauer zu betrachten. Die Reihe 424 strahlt durch ihre Bauweise gleichermaßen Kraft und Eleganz aus.

Der hochliegende Kessel mit dem Führerhaus über der letzten Kuppelachse lässt zwischen dem Umlaufblech und dem Fahrwerksrahmen viel freie Durchsicht. Die großen Windleitbleche und der Zentralverschluss mit seinem charakteristischen Stern verleihen der Lokomotive ein unverwechselbares Gesicht.

Wir haben für den Rest des Tages noch genügend Gelegenheit, die 424 bei der Arbeit zu bewundern. Den Mittagszug von Szom-

Bild links: Der Abendzug nach Papa, P1328 mit 424.129 im Bahnhof Györ am 13.03.1980

bathely nach Körmend und Szentgotthard an der österreichischen Grenze mit gut zehn Wagen und zwei am Ende eingestellten altertümlichen Triebwagen meistert sie mit Leichtigkeit. Es fällt auf, dass zumeist das Wagenmaterial moderner ist als die Zuglokomotiven, aber das helle Blau der neuen Waggons macht sich gut hinter den schwarzen Dampffrössern. Zum geringen Teil haben hier im Kisalföld, der Region zwischen Sopron und Györ, die Wendezüge mit den MDmot Gepäcktriebwagen die Dienste der Dampflokomotiven übernommen. Auf der Fahrt nach Györ betreiben wir für den nächsten Tag schon etwas Fotostellen-Sichten. In Györ testen wir die aus halboffiziellen Papieren bekannte Vorschrift, dass das Fotografieren von Zügen an Stellen erlaubt ist, die der Öffentlichkeit zugänglich sind. Mit negativem Ergebnis – selbst die Vorlage eines in Deutschland noch besorgten Papieres stimmt den Aufsichtsbeamten nicht um. Ansonsten haben wir alle Hände voll zu tun, die Devisenhändler abzuwehren. Weil uns die Erfahrung fehlt, die Echten von den Lockvögeln der Ordnungsmacht zu unterscheiden, verzichten wir lieber auf das lukrative Geschäft.

Planerfüllte Pusztaklänge

Wir landen im ersten Hause am Platz, ein pseudomoderner Einheitsbunker mit mächtigen Ausmaßen. Die Preise sind auch nach dem offiziellen Umtauschkurs annehmbar. Im großen Speiseraum, der uns lebhaft an die heimische Mensa erinnert, verlieren sich knapp zehn Leute an drei Tischen. Getreu dem Soll der Übererfüllung sozialistischer Planwirtschaft wirft eine folkloristisch aufgeputzte Drei-Mann-Kapelle Zigeunerklänge in den Raum. Eine Rückfrage bei meinem Kameraden, der schon jahrelang im Orchester Geige spielt, bestätigt die Vermutung: Die erste Kapelle, die schon fürs Üben bezahlt wird. Dementsprechend mäßig ist auch der Erfolg, den der junge Virtuose erntet, als er beim Essen unsern Tisch umrundet und uns die Ohren vollkratzt. Die Gruppe am Nebentisch scheint musikalisch weniger empfindsam zu sein, jedenfalls beobachten wir, wie ein bekannter grüner Geldschein in die Tasche des Geigers wandert.

Zwischen Györ und Celldömölk finden wir den heißersehnten Puszta-Ziehbrunnen, als wir der Bahnstrecke auf einem schmalen aber asphaltierten Feldweg folgen. Der Zug ist auch schon da, die Aufnahme sitzt, und weiter geht's. Wir passieren eine Baumallee am Feldrand und gleich hinter der nächsten Kurve taucht ein Militärflugplatz mit zahlreichen Kasernengebäuden auf. Der Wachposten am Tor springt wie von der Tarantel gestochen bis in die Mitte des Weges, um sich Typ und Kennzeichen unseres Autos zu merken, und uns rutscht ein dicker Kloß in die Magengegend. Aber offensichtlich hat die Baumallee nicht nur uns die Sicht zur Kaserne versperrt, sondern auch dem Posten unser Tun verheimlicht. Als die Umgebung wieder friedfertiger aussieht, wechseln wir jedenfalls erst mal den Film.

Das Reich der 324

Auf der Strecke von Papa nach Tatabánya üben wir uns im Perfektionieren des »Autopannen-Picknick-Pausen-Kartenlesen-Lokfotografieren«. Nicht zu auffällig darf die Sache aussehen, sonst hält noch einer an und will technische Hilfe leisten, wenn gerade der Dampfzug um die Ecke keucht. Glücklicherweise bringen die Maschinen der Reihe 324 auch größere Lasten auf ein ordentliches Tempo, so dass unsere Wartezeiten nicht

Schwere Last für 324.535 mit dem Sammler auf der Strecke Papa-Tatabanya bei Gic am 11.03.1980

zu lange werden. Außer einigen Lokalzügen im Raum Tatabánya, die jedoch mit nicht minder interessanten Triebwagen gefahren werden, sind noch alle Zugleistungen auf der Strecke fest in der Hand der Baureihe 324.

Irgendwann sind wir jedoch doch mal zu vertieft in die urigen »Dampfer«. Als der Zug den Bahnübergang, an dem wir stehen, passiert hat, warten auf der anderen Seite einige Militärfahrzeuge. Da hilft nur so tun, als ob nichts gewesen wäre – ein fliegender Filmwechsel im Auto und einige unverfängliche Schüsse in die Landschaft. Im Gegensatz zu einigen Fahrgästen in den Zügen haben die Soldaten hier kein Bestreben, Spione einzufangen. Jedoch mehr als einmal fliegen uns aus geöffneten Zugfenstern wütende Proteste um die Ohren. Solange keine Miliz in der Nähe ist, schenken wir diesen Aufgeregtheiten keine Beachtung. Unser internationaler Sprachschatz wächst weiter, jetzt wissen wir auch, was »Fotografieren verboten« auf Ungarisch heißt. Auch das Wort »Spion« klingt ähnlich wie in Deutschland. Die Eisenbahner jedoch freuen sich über das Interesse an ihren Maschinen und winken uns im Vorbeifahren zu. Bei einem unserer technischen Halte am Straßenrand (Filmwechsel und Kartenstudium) beginnt in einem weißen Lada hinter uns ein eifriges Gestikulieren. Da ist uns doch tatsächlich nicht aufgefallen, dass wir mitten im Strahl einer Radarfalle stehen! Nun denn – ein freundlicher Gruß und weiter, bevor die Jungs hinten noch auf dumme Gedanken kommen.

Die Landschaft und die Dörfer zeigen uns ein tristes und graues Bild. Natürlich noch verstärkt durch die frühe Jahreszeit, der letzte Schnee kämpft bisweilen noch mit der Sonne. Die Gebäude der landwirtschaftlichen Genossenschaften sind zumeist sehr vergammelt, eine Unmenge schrottreifes und funktionsuntüchtiges Gerät steht draußen herum. Nur die privaten Häuser und deren Gärten strahlen durch ihre Farben und die Ordnung etwas Wärme aus.

Schon der kurze Aufenthalt in Tatabánya lässt Unverständnis über das Wirtschaftssystem und Mitleid mit den Einwohnern aufkeimen. Die Stadt ist ein heilloses Geschachtel von stinkenden Braunkohlewerken und lieblos um die Fabriken herum gruppierten Wohnblocks. Die Luft ist gelbgeschwängert vom Rauch aus den Werken und den Wohnungsheizungen.

Das Atmen fällt schwer und klares Sonnenlicht haben die Bewohner wohl seit Jahren nicht mehr gesehen. Der Staub lässt sich auf allem nieder, selbst Bäume und Rasenflächen haben ihre ursprüngliche Farbe verloren.

Budapest

Eine Stadt, in die man sich verlieben kann. Vom gediegenen Wohlstand und der Behäbigkeit der KuK-monarchistischen Gründerzeit zeugt fast die ganze Innenstadt. Wir sind erstaunt, wie viele Luxusgüter in den Schaufenstern ausliegen. Als wir jedoch Zahlenvergleiche anstellen zwischen den Preisauszeichnungen und den Balkendiagrammen im Schaukasten der Parteizentrale (wo u.a. die Absolutzahlen des mittleren Einkommens der Bevölkerung genannt waren), wird sehr schnell klar, dass sich hier kaum jemand die dargebotenen Waren leisten kann. Nun schließlich sind wir in der Hauptstadt eines kommunistischen Landes und irgendwo muss sich die Politprominenz ja auch eindecken.

Über das staatliche Reisebüro haben wir ein privates Quartier gefunden – bei einer Frau im mittleren Alter. Der Mann ist verstorben und der Sohn arbeitet irgendwo im Westen, so schafft sie sich mit der Beherbergung von Touristen etwas Abwechslung und ein vergleichsweise gar nicht so kleines Zubrot. Mit dem Ausfüllen des polizeilichen Meldebogens beschränken wir uns, was die Politik und deren Nebenwirkungen angeht, aufs Notwendigste und unterhalten uns lieber über die Stadt und den Plattensee, wo die Familie früher immer Ferien gemacht hat.

BDer Sammler, Personenzug 9025 mit Lok 375.558 im Bahnhof Matramindszent am 12.03.1980

Gleich drei Mann kümmern sich am 12.03.1980 im Bw Jaszapati um die 375.606.

Am Abend machen wir uns auf die Suche nach einem echten ungarischen Gulasch keinesfalls aus einem Kochtopf, welcher unter der Regie der staatlichen Tourismusgesellschaft steht. Nach einiger Lauferei entdecken wir ein kleines Lokal, welches mehr von Einheimischen frequentiert wird. Aus der stattlichen Zahl russischer Soldaten, die sich dazwischen gemengt haben, schließen wir auf nicht zu überhöhte Preise und erhoffen uns die gewünschte Originalität. Wir werden nach guter Ostblocksitte an einem freien Tisch platziert. Eine kurze Abschätzung ergibt auf dem Tischtuch einen Saucen-Bedeckungsgrad von 22,8 bis 23,2 Prozent. Der Ober hat sofort den »Westler« erkannt und gibt sich alle erdenkliche Mühe, gehobenen Standard zu beweisen. Flugs und mit elegantem Griff wird das Tischtuch abgezogen, ausgeschüttelt – und mit der vorherigen Unterseite nach oben wieder auf dem Tischchen platziert. In der Tat: Gehobener Standard, denn wir registrieren eine Verbesserung von 0.8 bis 1.2 Prozentpunkten.

Das echte ungarische Gulasch lässt an Originalität ebenfalls keine Wünsche offen.

Wir kramen alle unsere Erinnerungen an Speisekarten und Kochbücher zusammen und stellen im Gedanken Vergleiche an zwischen dem Telleninhalt vor uns und dem, was wir früher unter der Bezeichnung »Gulasch« vorgesetzt bekamen. Dieses Gericht hier wird auf ewige Zeiten als einzigartig im Gedächtnis bleiben – teuflisch scharf!

Dampf in der Puszta

Von den romantischen Vorstellungen, die wir damit verknüpft haben, sind wir recht schnell befreit. Die Gegend ist platt wie eine Flunder und das Wetter zeigt sich immer noch recht winterlich trübe. Die letzte 411, die noch in Hatvan rangieren soll, hat sich entweder im Schuppen versteckt oder ist doch schon auf dem Abstellgleis gelandet. Dort gammelt eine schrottreife 520 vor sich hin, aber deswegen riskieren wir keinen Ärger.

Dafür herrscht im kleinen Betriebswerk Jászapáti geschäftiges Treiben. Die erste 375 ist gerade mit den Vorbereitungen fertig und schnuffelt zum Bahnhof hinüber. Leider setzt sie sich rückwärts an den bereitstehenden Personenzug, mit guten Aufnahmen ist da erst mal Essig. Dafür lässt man uns in aller Ruhe das Aufrüsten der nächsten Maschine beobachten und fotografieren. Die Lokomotiven der Baureihe 375 werden hier noch für die Lokalzüge nach Vamosgyörk / Gyöngyös und Szolnok gebraucht. Ein paar 324er stehen kalt im Gelände, der Güterverkehr scheint nicht mehr groß zu sein.

Wir setzen uns ins Bergland ab. Die Strecke von Kál Kápolna nach Kisterenye ist noch fest in der Hand der Baureihe 424. Hier gibt es auch einige kleine Steigungen, so dass wir in puncto Dampferlebnis etwas mehr geboten bekommen. Leider gibt es an den Endbahnhöfen keine Drehscheiben, deshalb müssen wir die 424 auch Tender voraus akzeptieren. Fürs Personal ist das aufgrund der hohen Rückwand kein Komfortverlust, aber die Maschine verliert doch viel von ihrer Eleganz. Im Bahnhof Mátramindszent treffen wir auf den Sammler-GmP, der mit einer 375 bespannt ist.

An der Hauptstrecke von Kisterenye nach Hatvan nehmen wir im Vorbeifahren noch einen Diesel-Zug mit und erregen prompt die Aufmerksamkeit einer Polizeistreife. Außer dem Entschluss, Diesels künftig lieber sausen zu lassen, gibt es für uns jedoch keine weiteren Konsequenzen.

In Budapest dampft zu dieser Zeit nichts mehr, zumindest keine Lokomotiven. So widmen wir uns eben der Straßenbahn. Es sind noch erstaunlich viele Zweiachser unterwegs, zum Teil als »Wendezüge« im Doppelgespann. Der in Fahrtrichtung vordere Wagen hat seinen Stromabnehmer oben und zieht die Fuhre, der andere Wagen läuft als Beiwagen mit – an der Endhaltestelle wird dann gewechselt. Vor allem die Dreiwagenzüge mit einem Triebwagen und zwei Anhängern haben auf dem bisweilen nicht gerade hochwertigen Gleisbau gewaltig Seegang. Wir nutzen die Gelegen-

324 449 mit Personenzug 7315 nach Papa bei Lazi (11.03.1980)

heit, einmal im Alltagsbetrieb zu beobachten, wie ein Lyra-Bügel gewendet wird, und lernen die einfache Form einer Türsteuerung kennen: zentrales Öffnen und zentrales Schließen.

Die Kleinigkeit zum Glück

Wir haben unser Auto am Keleti Pu abgestellt. Als wir nach einer Runde durch den Bahnhof zum Wagen zurückkehren, wartet ein Einheimischer auf uns, zupft uns am Ärmel und deutet immer wieder auf die Kofferraumhaube. Alle Versuche, den Mann durch betontes Nicht-Verstehen abzuwimmeln, scheitern. Doch langsam begreifen wir, was der gute Mensch von uns will. Vor zwei Jahren hat sich, auf welchen Wegen auch immer, eine Westkarosse desselben Types zu ihm verirrt.

Zu seinem größten Ärger weist sie an der bewussten Stelle auf der Kofferraumhaube eine Leerstelle auf. Nun ist der arme Mensch seit zwei Jahren auf der Suche nach einem Schriftzug und findet das Ziel seiner Wünsche ausgerechnet bei uns und Vaters Limousine.

Da schreckt ihn auch unsere gut gespielte Unkenntnis über die technische Ausführung und Befestigung des Schriftzuges nicht: »Patente, Patente!« Zielsicher lotst er uns zum Bordwerkzeug und fischt einen simplen Schraubenzieher heraus. Wir haben keine Chance mehr, mit einem Handgriff ist das Ding aus der Klemm-Halterung draußen. Nun will es der Mann auch noch mit fast einem Monatsgehalt bezahlen. Wir verständigen uns so schnell es geht über eine Synthese aus Wechselkurs und Wiederbeschaffungskosten, schließlich hängen bei uns noch weitere Touren von der Rückgabe des Automobils in ordnungsgemäßem und vollständigem Zustand ab. Der Mann entschwindet überglücklich, wir möchten jedoch annehmen, dass er sich bei seinem Wagen nicht auf die »Patent-Befestigung« verlässt.

Abschiedsgeschenke

Auf dem Rückweg legen wir in Györ noch eine Pause ein. Dieses Mal haben wir im Bahnhof das Glück, dass uns ein freundlicher Aufsichtsbeamter erlaubt, den Spätzug nach Celldömölk mit seiner 424 abzulichten – ein würdiges Abschiedsfoto für unsere Tour. Die Frage, ob wir in unserem bereits bekannten »Einheitsbunker« nochmals Station machen sollen, wird in Erinnerung an den Kunstgenuss der Musikkapelle mit einem klaren Nein entschieden.

Es ist tiefschwarze Nacht, als wir an der Grenze ankommen. Nur die Wachhäuser und die Straße liegen im fahlen Kegel der Scheinwerfer. Die Kontrolle verläuft reibungslos und schnell, erst am letzten Schlagbaum lässt man uns eine Weile warten. Die Szenerie wirkt unheimlich. Vor uns versperrt der massive Eisenklotz, dessen Verankerung bestimmt metertief in den Boden reicht, den Weg. Links und rechts von der Straße gibt es nur Zäune und Stacheldraht, dahinter tappt ein Wachposten mit geschultertem Gewehr. Nach gut fünf Minuten stellen wir uns die Frage, ob nicht doch noch irgendwo eine Polizeimeldung die Runde gemacht hat, aber wenig später öffnet sich der Schlagbaum und der Ostblock entlässt uns wieder.

Baureihe	324	324	375	375	424
Achsfolge / Bauart	1'C1' n2V	1'C1' h2	1'C1' n2V	1'C1'h2	2'D h2
Treibrad-Durchmesser	1440 mm	1440 mm	1180 mm	1180 mm	1606 mm
Höchstgeschwindigkeit	75 km/h	75 km/h	60 km/h	60 km/h	90 km/h
Leistung	1100 PS	1200 PS	590 PS	595 PS	1760 PS
Rostfläche	3,15 m²	3,15 m²	1,84 m²	1,84 m²	4,46 m²
Heizfläche	213 m²	175 m²	103 m²	82 m²	217 m²
Überhitzer-Heizfläche		37 m²		18 m²	60 m²
Achsdruck	13,9 t	14 t	10 t	10,9 t	14,7 t
(Quelle: Miháty Kubinszky, Ungarische Lokomotiven und Triebwagen, Birkhäuser - 1975)					

URBAN NIEHUES *(EIN BERICHT AUS DEM JAHR 1988)*

HONGKONG – ESSEN: 3 x UMSTEIGEN?
DER BERICHT EINER NICHT UNBEDINGT ALLTÄGLICHEN REISE

Stellen Sie sich einmal vor, Sie wollen nach Essen: Das Verkehrsmittel der Wahl ist die Bahn?! Aber was, wenn sich diese Frage in Hongkong stellt? Auch die Bahn? Nun, wir wollten es ausprobieren, als wir, meine Freundin und ich nach längerem Aufenthalt in Asien nach Hause wollten.

1. Etappe: Hongkong – Canton

Die Überlegung war einfach: Es gibt Züge von Hongkong nach Canton und von dort natürlich auch nach Peking. Peking und Moskau sind durch zwei internationale Expresszüge miteinander verbunden. Und führt nicht auch der Zuglauf Moskau–Paris durch das Ruhrgebiet? Also nur 3 x Umsteigen …!

Aber würde es auch in der Praxis klappen? Das staatliche chinesische Reisebüro CITS in Hongkong winkte schon einmal ab. Man würde uns gerne eine Fahrt nach Peking vermitteln, aber Peking – Moskau reservieren und Berlin? Nicht möglich!

Also lieber auf eigene Faust. Über ein »spezialisiertes« Reisebüro besorgten wir uns innerhalb von drei Tagen unsere Visa für die VR China und hatten so noch Zeit genug für die Besichtigung des Straßenbahndepots und der Peak Tram auf Hongkong Island.

An einem Mittwoch ging es dann los. Da der durchgehende Zug nach Canton immer ausverkauft und obendrein recht teuer ist, verzichteten wir darauf von vornherein und kauften unsere Fahrkarten zur chinesischen Grenze einfach am Automaten. Um 8.16 h ging es mit dem diesellokbespannten Zug los, denn die Elektrifizierung der Strecke war noch nicht bis zum Grenzbahnhof LoWu fortgeschritten. Im Zug und natürlich auch an der Grenze war es recht voll von Chinesen, die, bepackt mit Geschenken, Koffern und Bündeln, ihre Verwandten im »Mutterland« besuchen wollten. Aber die Abfertigung klappte auf beiden Seiten recht zügig. Den Grenzfluss überschritten wir auf der berühmten Brücke zu Fuß. Wir ergatterten sogar noch Fahrkarten für den Zug Nr. 100 (Abfahrt 11:30 Uhr), einem Expresszug mit klimatisierten Wagen vom Typ YZ.

25 Wagen in blauer Lackierung und ein Generatorwagen (TEZ-HONGCHE) zur Energieversorgung. Da sich die Fenster aufgrund der Klimaanlage nicht öffnen ließen, hatten die Litchi-Verkäuferinnen in ihrer Stammestracht mit dem »Vorhanghut« bei den kurzen Stops auf den Zwischenbahnhöfen wenig Chancen auf ein gutes Geschäft. In Canton angekommen, versuchten wir beim dortigen Touristenbüro eine Reservierung für den Moskau-Express zu bekommen, wieder vergeblich. Das setzte uns jetzt unter Zeitdruck, denn der von uns geplante »chinesische Zug« durch die Mongolei (der »russische Zug« fährt durch die Mandschurei) fuhr am Mittwoch, also genau in einer Woche, und wir benötigten außer der Fahrkarte ja auch noch drei Visa! Mit dem Zug konnten wir frühestens am Freitag in Peking sein, und dann das Wochenende. Es wurde spannend!

Eine eher bedrückende Enge herrscht in der Kabine auf dem Passagierschiff im Linienverkehr auf dem Perl-Fluss ab Kanton flussaufwärts: die Liegeplätze sind durchnummeriert, und man schläft nebeneinander mit einem Brettchen als Abtrennung! Und gegessen wird hier natürlich auch.

2. Etappe: Canton – Peking

Das Fahrplanstudium ergab, dass wir unbedingt den Zug Nr. 16 nehmen mussten, da er morgens in aller Frühe in Peking ankam. Wir bekamen auch wieder die gewünschten Fahrkarten, aber leider für den späteren Zug, der erst nachmittags eintrifft. Also Umtausch der Fahrkarten, die ja in China immer für einen ganz bestimmten Zug verkauft und auch berechnet werden. Kein einfaches Unterfangen ohne chinesische Sprachkenntnisse, aber mit unserer Beharrlichkeit und der chinesischen Hilfsbereitschaft bekamen wir doch irgendwie unsere Karten, allerdings nur »harte Sitze«. Der einfache »harte Schlafwagen« war voll (deshalb fürsorglicherweise die falschen Karten!), der »weiche« – übrigens ein Wagen der VEB Waggonbau Görlitz – war uns zu teuer. Auch unsere Hoffnung, im Zug doch noch zwei Liegeplätze zu ergattern, schlug fehl. Der äußerst freundliche Schaffner vertröstete uns auf den nächsten Tag. Notgedrungen verbrachten wir die erste Nacht im Sitzen. Es war recht voll; einige Chinesen machten es sich unter den Sitzen auf dem Fußboden bequem.

Der Donnerstag brachte zunächst auch keine Änderung. Gegen Mittag gingen wir zum Essen in den Speisewagen, fanden den Service aber nicht gut. Um 14:00 Uhr waren wir in Wuhan und fuhren dann über die berühmte Doppelstockbrücke, die 1957 fertiggestellt als erste Brücke den Yangtzekiang überspannte und auch auf dem 2-Jiao-Schein abgebildet ist. Leider sieht man vom Zug aus nicht sehr viel von der Konstruktion, denn obwohl die Strecke in einer schönen Kurve von der Brücke führt, verhindert der Baumwuchs die Aussicht. Fast »zum Trost« wurde aber jetzt der Schalter geöffnet, der sich zum Bettkartenverkauf in jedem Fernzug nahe am Speisewagen befindet. Wie versprochen bekamen wir als erste unsere Karten und kämpften uns dann mit unserem Gepäck zum Schlafwagen durch, nicht ohne vorher von unseren chinesischen Mitreisende freundlich verabschiedet worden zu sein.

Der »harte Sleeper« hat zehn zum Seitengang hin offene Abteile mit je sechs Betten, die tagsüber allerdings nicht hochgeklappt werden. Das

Geschafft! Zuglaufschild und Wappen zeigen es: Wir sind im chinesischen Zug Peking – Moskau.

Sitzen ist zwar so nicht allzu bequem, jedoch können die oberen Liegen jederzeit zu einem Nickerchen benutzt werden. Obwohl der Seitengang mit Klappsitzen ausgerüstet ist, dürfen sich nur Reisende mit Liegekarten im Wagen aufhalten, so dass es nicht zu überfüllt ist und eine gewisse Bewegungsfreiheit erhalten bleibt – kein Platz für Besucher, denn Ausländer sind immer noch selten in chinesischen Zügen und somit eine »sehenswerte« Abwechslung. Recht müde legten wir uns schon bald zum Schlafen. Pünktlich am Freitag um 6:20 Uhr war der Zug in Peking. Da der Hauptbahnhof großzügig angelegt ist, waren wir trotz der Menschenmassen schon bald draußen, und nach einer gründlichen Morgentoilette im Internationalen Wartesaal begann die Hektik. Wir suchten das Reisebüro und bekamen auch unsere Reservierung: Die billigste Fahrkarte nach Berlin kostete 390 Y (1 Y = 1,30 DM), also 500,- DM für 9.754 km! Die Visa mussten wir selbst besorgen, man zeichnete uns aber die Lage der Botschaften auf dem chinesischen Stadtplan ein, den man an jedem Bahnhof mit eingedruckten Buslinien kaufen kann. Also per Linienbus zu den Botschaften, die außer der russischen glücklicherweise zusammenliegen. Aber – das russische Transitvisum gibt es nur bei Vorlage des polnischen, das mongolische nur mit russischem! Und alle Botschaften benötigen nicht nur mehrere Bearbeitungstage, sondern haben auch noch die verrücktesten Öffnungszeiten!

Um es abzukürzen: Trotz des Wochenendes, der Entfernungen, Öffnungszeiten und unterschiedlichen Vorschriften klappte alles gerade wegen der Verständnisbereitschaft der russischen Botschaft, wenn auch mit Extragebühren. Nur unser Plan eines DDR-Besuchs scheiterte: keine Einladung, kein Visum.

Mit all unseren Visa hatten wir dann schon am Montagnachmittag auch unsere Fahrkarten:

ein Fahrschein Peking – Berlin
eine Bettkarte Peking – Moskau
eine Bettkarte Moskau – Berlin

Trotz der Hektik blieb aber auch noch Zeit zur Besichtigung Pekings, und vor allem der Dienstag zum Provianteinkauf, denn über die russischen Speisewagen liefen nicht gerade freundliche Gerüchte um.

Mein Versuch, das Bw Peking-Hauptbahnhof zu besichtigen, scheiterte schon an der Pforte. Eine eigens herbeigeholte Dolmetscherin erklärte: für Einzelpersonen keine Erlaubnis, höchstens mit Sondergenehmigung irgendeiner Behörde. Also die höfliche Form chinesischer Ablehnung. Es wäre sicher interessant gewesen, denn hier sind moderne Dieselloks stationiert, darunter die Henschel-Baureihen NY5-7.

3. Etappe: Peking – Mongolei

Da wir in einem Hotel eines Pekinger Vorortes wohnten, mussten wir am Mittwoch schon sehr früh aufstehen, um mit den ersten Vorortbussen, dem O-Bus und der U-Bahn zum Hauptbahnhof zu gelangen. Das Umsteigen klappte dank des hervorragend ausgebauten Nahverkehrssystems vorzüglich, so dass wir noch genügend Zeit hatten, im internationalen Wartesaal unsere Mitreisenden zu begrüßen – einige kannten wir schon aus den Warteschlangen der Botschaften – und letzte Eindrücke auf dem Bahnhofsvorplatz zu sammeln. Der Zug stand schon länger bereit, und endlich wurden wir auf den Bahnsteig gelassen und zu unserem Wagen gebracht. Der erste Eindruck war »gesamtdeutsch« im China-Look: die beiden Zugloks von Henschel aus Kassel (HY7 0014 und 0018, Baujahr 1972), die Wagen vom Vereinigten Schienenfahrzeugbau der DDR, VEW Waggonbau Ammendorf, und die hauptsächlich jugendlichen Mitreisenden in unserem Wagen zwar international, aber deutschsprachig. Wir waren im Wagen Nr. 8 und teilten das 4-Bett-Abteil mit einer Schweizerin. Die Zeit bis zur pünktlichen Abfahrt um 7.40 Uhr langte noch für Fotos vom Zug und Besuch eines Lokführerstandes.

Nachdem wir Peking verlassen hatten, ging es durch die Ebene und dann ins Gebirge zum Pass an der »Großen Mauer«. Der bei dampfgeführten Zügen übliche Nachschub unterblieb, aber an der

Die Straßenszene in Leshan, das vor Allem durch den großen Buddha bekannt ist, wirkt idyllisch, doch zeigt sie auch das damals noch einfache Leben in der Provinz, das vielfach auch auf der Straße stattfand. Hauptverkehrsmittel waren Fahrrad und Handkarren.

Die Aufschüttung eines Bahndamms vor Kanton erfolgt mühsam in Handarbeit mit Körben am allgegenwärtigen Tragjoch. Technisches Hilfsmittel ist lediglich der Einachstraktor, der aber zunehmend Menschen- und Tierkraft ersetzt.

Spitzkehre von Tsing Lung Shen setzte sich unser Vorspann an das Zugende, und »rückwärts« ging es jetzt mit Zug- und Schublok durch den Passtunnel bis zum übernächsten Bahnhof, wo unsere Schublok nach kurzem Halt zurückblieb. Jetzt, jenseits der Großen Mauer, fuhren wir an einem Fluss entlang in Richtung Datong. Dabei konnten wir ab Sha Cheng die Elektrifizierungsarbeiten beobachten, der Bahnhof Datong – hier ist sinnigerweise die einzige Dampflokfabrik Chinas – war bereits überspannt. Weiter in Richtung mongolischer Grenze wurde die Landschaft immer wüstenhafter, und mit etwas Glück erblickten wir auch Kamelherden. Aber bald war es schon dunkel, so warteten wir auf die Grenze. Dort angekommen, wurden erst einmal unsere Pässe eingesammelt. Dann wurde der Zug von einer Dampflok zum Spurwechsel in eine Halle gedrückt, dort getrennt und die Wagenkästen nach Lösen der Bremsgestänge hochgehoben. Von Hand wurden die Drehgestelle zwischen die Wagen geschoben, mit einem Brückenkran aufs Nebengleis gehoben und dafür Breitspurdrehgestelle (KWS'ZN II Typ I von KAW E. Thälmann, Halle, DDR) hingestellt. Die gleiche Prozedur also rückwärts und zurück an einen anderen Bahnsteig. In der Halle liegt übrigens das Breitspurgleis, auf dem auch die Normalspurradsätze laufen, die aber durch Führungsschienen gehalten werden. Es gibt auch keine Gruben, sondern die Gleise liegen in Schotter, so dass das Arbeiten unter den Wagen recht mühsam ist und auch recht lange dauert. Bei uns fiel zudem dauert der Strom aus, und somit konnte der Kran nicht eingesetzt werden.

Nach Erledigung der Passkontrolle, des Geldwechselns und einer freundlichen formalen Gepäckkontrolle brachte uns eine Dampflok – übrigens die einzige Dampftraktion auf dieser Reise – über die Grenze in die mongolischen VR. Zurück blieben der chinesische Postwagen und der Speisewagen, der uns am ersten Tag bestens versorgt hatte.

Im Gegensatz zu den Chinesen waren die mongolischen Posten bewaffnet mit MP und hatten Uniformen mit russischem Einschlag. Wieder die übliche Grenzprozedur, bei der fast ein nur eingelegtes russisches Visum verloren gegangen wäre, aber keine Gepäckkontrolle.

Da es schon nach Mitternacht war, legten wir uns sofort schlafen: die erste Nacht in diesem Zug! Zunächst war es noch recht warm, und so ließen wir das Fenster etwas offen, bis es aber so kühl wurde, dass wir sogar unsere Decken holten.

4. Etappe: Mongolei – Russland

Auf den Donnerstag, unserem 2. Tag in diesem Zug, waren wir besonders gespannt, denn wir durchquerten ja die ganze mongolische VR: Zunächst die 1955 fertiggestellten ca. 700 km von Dzamyn Ud (chinesische Grenze) nach Ulan Bator und dann die 1947 bis 1950 gebauten ca. 400 km bis zur russischen Grenze bei Naushki. Da auch im Eisenbahnwesen nach offiziellen Angaben eine enge Zusammenarbeit mit der UdSSR stattfindet, überraschten die russischen Loktypen und Wagen nicht. Aber die Strecke ist eingleisig, und auch bei den Zwischenbahnhöfen gibt es nicht allzu viel zu sehen, denn die Gegend ist nur sehr dünn besiedelt, recht wüstenhaft und eben. Vereinzelte Holzhäuser und einige typische Mongolenzelte – die Streckenposten kommen auch mal per Pferd geritten und sind lediglich an ihrer Signalfahne zu erkennen. Kein Wunder, dass kein dichter Zugverkehr herrscht!

Im Laufe des Tages nimmt aber das Grün zu, es wird hügeliger, und der Zug gewinnt in großen Schleifen an Höhe, in der Ferne sieht man Bergzüge mit Wäldern. Dann geht es durch ein weiteres Tal mit einem Fluss, in dem Leute baden: Ulan Bator ist in der Nähe. Die Stadt wirkt mit ihren Fabriken und Mietskasernen eher »typisch Ostblock«.

In Ulan Bator 20 Minuten Aufenthalt, also Zeit, die Füße zu vertreten und den Zug zu besichtigen, denn das Bahnhofsgelände zu verlassen, wird von den Uniformierten nicht gerne gesehen. Jetzt führt die Doppellok T32 394, eine russische Diesellok, Baujahr 1954. Es folgt ein mongolischer, dann der chinesische Packwagen, ein mongolischer Schlafwagen und der mongolische Speisewagen (auch aus der DDR), dahinter die acht chinesischen Wagen der Typen RW 18, RW 19 und YW 18. Unser Schlafwagen war übrigens ein YW 18, also Touristenklasse mit 4-Bett-Abteil ohne Rückenpolster, mit denen der RW 18 ausgerüstet ist und dessen Sitze statt mit Plastik auch mit Stoff bezogen sind. Der RW 19 wäre vergleichbar mit einem 1. Klasse-Schlafwagen. Die 2-Bett-Abteile sind auch mit Duschen ausgestattet.

Kurz vor Abfahrt sammelte unser Schaffner wie üblich seine »Schäflein« wieder ein. Wir beschlossen jetzt, den mongolischen Speisewagen auszuprobieren und bestellten Beef mit Kartoffeln. Stattdessen gab es Reis mit Hammel, doch die Reklamation löste nur Schulterzucken aus. Bezahlt werden musste aber in US-Dollar, und gar nicht so knapp. Auch für eine Ansichtskarte mit Briefmarke verlangte man 1,50 US-$. Zum ersten Mal trauerten wir unserem »chinesischen« Speisewagen nach und bestritten das Abendessen aus eigenen Vorräten. Das war weiter nicht schwierig, denn auch in den chinesischen Wagen gibt es ständig heißes Wasser. Der Schaffner brachte es in einer Thermoskanne, so dass wir uns Tee, Kaffee und auch »Instant-Nudeln« kochen konnten.

Zu den Aufgaben des Schaffners gehörte auch das Säubern des

Die sechsachsige dieselelektrische Lok ND2-0155 wurde ab 1974 aus Rumänien importiert und erinnert stark an Schweizer Design.

Wagens mit Staubsauger, das Bettenmachen und Wasserkochen im Boiler. Jeder Wagen ist ständig mit zwei Personalen besetzt, die abwechselnd rund um die Uhr während der ganzen Fahrt Dienst machen und in ihren Schaffner-Abteilen wohnen, in denen auch die technischen Überwachungsanlagen des Wagens sind. Im Gegensatz zur sonst üblichen Praxis in China bestand die ganze Zugbesatzung aber aus Männern.

Bevor es richtig dunkel wurde, fuhren wir noch durch Grasland mit deutlich größeren Herden, auch Zelte und Ansiedlungen waren häufiger, der Nadelbaumbewuchs dichter. Auch dieses Mal war es schon dunkel, als wir zur Grenze kamen. Auf mongolischer Seite die üblichen Kontrollen, in die aber die Fotoapparate einbezogen wurden: ein Nachbar, der sein Tele zu deutlich herumliegen hatte, musste seine Kamera öffnen. Angeblich herrscht im ganzen Land Fotoverbot?!

5. Etappe: Russische Grenze – Moskau

Dann ging es über die Grenze, die russischerseits zu meiner Überraschung wie die der DDR ausgebaut war: Der Zug fuhr wohl mehr als 1 km über eine hell erleuchtete Strecke, sogar durch ein Tor, und dann über eine im Gleis eingebaute Grube mit Soldaten, und irgendjemand läuft über das Dach.

Draußen Drahtzäune mit geharkten Streifen und auf den Hügeln Scheinwerfer, die die Umgebung ableuchten. Ein solcher Aufwand sogar zwischen zwei Bruderländern wirkt doch bedrückend vor allem nach den Freiheiten, die wir im immerhin auch sozialistischen China genossen hatten. Die Passkontrolle war militärisch exakt und genau, ebenso die Hygienekontrolle, die bei unseren Nachbarn zur Beschlagnahme von zwei Bonsai-Bäumchen führte, die Zöllner ließen sich auch nicht durch Tränen beeinflussen. Aber zum Ausgleich strahlte die Dame vom Zoll, die uns beim Ausfüllen der Deklaration half, eine Gemütlichkeit aus, die entspannend wirkte. Da wir ab jetzt in Rubel zahlen mussten, gab es natürlich auch eine Wechselstube.

Aber auch am Zug tat sich was: in der Mitte wurden jeweils ein russischer Speise- und Schlafwagen eingekoppelt. Der Kurswagen Ulan Bator – Moskau lief am Schluss. Wieder ging es erst nach Mitternacht weiter.

Als wir am Freitagmorgen aufwachten, fuhren wir bereits am Baikalsee entlang. Mit der Zeit herrschte Verwirrung: unsere Uhren hatten noch Peking-Zeit, im Zug gilt Moskau-Zeit, und »draußen« Ortszeit! Inzwischen führte wohl seit Ulan Ude auch eine E-Lok. Dennoch war in Sljudjanka (Km 5316 der Kilometrierung ab Moskau) an der Westspitze des Sees Lokwechsel. Bekamen wir eine Doppellok, weil jetzt die Strecke fast alpin wurde? In langen Schleifen ging es durch Ausfahren von Seitentälern bergauf, und dann lag der See ziemlich tief unter uns. Dies war ein Streckenteil, der als Baikalumfahrungslinie den Bahnbauern Schwierigkeiten gemacht hatte, erst 1905 vollendet war und bis dahin einen Trajektverkehr auf dem See erforderte. Mit 1025 m liegt in diesem Abschnitt auch der höchste Punkt der Transsib, auf deren Trasse wir ja schon seit Ulan Ude fahren. Dann wurde es plötzlich flacher und hügeliger.

In Irkutsk (Km 5190) stieg unsere Mitreisende aus, und wir hatten das Abteil jetzt für uns, denn auf den Unterwegsbahnhöfen durfte

Der Lokführer mit seiner Teetasse hatte nichts dagegen, dass wir in Chongqing seine Dampflok fotografierten, die Mikado 1´D1´ JF 3090.

46 | REISEN AUF GLEISEN

Laut Katie Melua gibt es »nine million bycycles in Bejing« Vermutlich ähnlich viele in Kanton. Eine Straße mit bewachtem Fahrradparkplatz! Oben im Bild ein Wachhäuschen für die Polizei

niemand zusteigen. Wer es versuchte, wurde vom chinesischen und russischen Personal daran gehindert. Natürlich durften wir auf die Bahnsteige und nutzten die Aufenthalte zur Bewegung, einige auch zu Gymnastik und Jogging. Ein Herr aus dem russischen Schlafwagen spazierte sogar im schön gestreiften Schlafanzug umher! Hauptbeschäftigung war aber immer der Provianteinkauf, denn in Kiosken, aber auch von Händlerinnen, teilweise aus Kinderwagen, wurden Eier, Bratkartoffeln mit Pilzen in Zeitungspapier, Brot, Kekse, Beeren und Blumen verkauft. Fotografieren war eher kritisch, die Polizei passte auf, schritt ein und nahm auch schon mal den Film aus der Kamera.

Zu Mittag probierten wir den russischen Speisewagen aus. Die Speisekarte war zwar beeindruckend und sogar mit deutscher Übersetzung, aber die Auswahl gering, denn erhältlich waren nur die mit einem Preis ausgezeichneten Speisen, und täglich verschwanden einige Preise. Das Steak war recht gut, wurde aber auch täglich kleiner. Es gab auch Platzprobleme, denn zunächst wurde einmal für mitreisende Gruppen gedeckt, und erst wenn die fertig waren, kamen die Einzelreisenden dran, auch wenn Plätze vereinzelt frei blieben. Seltsamerweise wurden auch nicht alle Tische freigegeben, denn das Personal benötigte einen für sich selbst, einen für die Kasse und einen für Getränke und zum Brotschneiden. Zu den Gruppen zählte jetzt übrigens auch unser chinesisches Zugpersonal. Das hatte sich bisher in einem entsprechend hergerichteten Abteil aus Lebensmitteln, die in einem zweiten gelagert waren, selbst versorgt. Woher hatten sie auf einmal Devisen? Vom Handel z.B. mit Seide? Wir wussten es nicht. Zumindest unter den jugendlichen Mitreisenden brach plötzlich das Tauschfieber aus, nachdem irgendjemand Perlonstrümpfe für 50 Rubel verkauft hatte. Das war natürlich nur auf den Bahnsteigen möglich, denn die Mitreisenden in den mongolischen und russischen Wagen blieben unter sich, und ich hatte den Eindruck, dass die Schaffner auch Wert darauf legten.

Landschaftlich tat sich nicht mehr sehr viel. Es war auf Dauer doch recht eintönig, nachdem sich die erste Begeisterung über bunte Blumenwiesen und Birkenwälder gelegt hatte. Hin und wieder gab es auch Städte mit Fabrikanlagen und riesige Raffinerien mit viel Qualm, abgefackeltem Gas und unzähligen Kesselwagen, oft achtachsig. Beeindruckend auch die riesigen Ströme, die mittels langer Brücken überquert wurden. Hier gingen dann die Gleise weit auseinander, so dass auch einmal Züge in ihrer ganzen Länge beobachtet werden konnten. So zählte ich häufig bei Güterzügen 50 bis 66 vierachsige Wagen, bei Kesselzügen bis zu 38 achtachsige Kesselwagen! Und zu zählen und zu beobachten gab es reichlich Gelegenheit, denn die Zugfolge war äußerst dicht. Wohl auch ein Grund für die häufigen bis über einstündigen Verspätungen, die jedoch immer wieder herausgefahren wurden, obwohl das Durchschnittstempo eher gemächlich war. Interessant waren in den Großstädten natürlich die Bahnbetriebswerke, hauptsächlich für E-Loks, mit den riesigen Besandungsanlagen, ab und zu auch mit Dieselloks und Elektrotriebwagen. Leider war ja nur der Blick vom Zugfenster aus möglich, so dass wir nicht sahen, was innen alles verborgen war. In erster Linie dachte ich dabei an Dampfloks, denn aktiv habe ich auf dieser Fahrt nur einige in eher untergeordneten Rangier- und Bauzugdiensten gesehen. Es gibt aber noch Dampflokdepots z.B. in Kansk (Km 4350), Bojotol (Km 3851), Swertlowsk (Km 1818 mit einem Dampflokdenkmal) und in Aleksandrow (Km 110). Bei Bolotnaja (Km 3467) befindet sich ein Lokfriedhof.

Die Streckengleise sind übrigens teilweise in Sand verlegt. Auch sind einige Abschnitte noch nicht elektrifiziert, so dass wir auch hier mit Diesellocks fuhren. Oberleitungen sind aber in Bau, z.B. um Km 2186 an der Strecke Omsk Tjumen.

Der Abschnitt von Buj nach Danilow (Km 357) war eingleisig, ein um 1918 erst relativ spät eröffnetes Zwischenstück der heutigen Nordroute der Transsib. Ab Danilow führte übrigens die ChS 2 919.

Das ist aber schon ein Vorgriff, aber neben Lesen, Reden, vor sich hin Dösen und Essen ist nun mal die Bahn selbst das interessanteste der Fahrt. Und die gibt eine Vorstellung von Entfernung! Denn erst am Samstagabend waren wir in Nowosibirsk (Km 3343), und am Sonntag ging es durch den Ural, den wir kaum bemerkten. Zumindest im Bahnbereich ist er eher sanft hügelig, und so verpassten wir auch jetzt das Denkmal der Euro-Asiatischen Grenze bei Km 1777. Unser Schaffner wies uns zwar auf die Existenz hin, doch da er nur ein paar Brocken Englisch konnte, gab es »Lokalisierungsschwierigkeiten«, und als ich mich dann mit Prospektbild beim russischen Provodnik in dessen Schlafwagen erkundigte, waren wir schon lange vorbei!

Und so brach unsere letzte Nacht in diesem Zug, die fünfte, an. Der Montagmorgen bedeutete Aufräumen und Kofferpacken, denn wir hatten es uns doch sehr bequem gemacht in unserem rollenden Doppelzimmer. Ein letztes Mittagessen im Speisewagen,

Eine so ungepflegte Draisine wie hier war eher die Ausnahme bei der chinesischen Eisenbahn.

und dann warfen sich auch unsere Schaffner »in Schale« für die große Ankunft gegen 16:40 Uhr. Sie hatten es fast noch eiliger als wir und keine Zeit für ein Erinnerungsfoto, und so fiel der endgültige Abschied von China recht kurz aus.

6. Etappe: Moskau – Berlin

Auf dem Bahnsteig stand schon der Vertreter von Intourist, aber er kümmerte sich nur um seine Gruppen, denn wir als Einzelreisende waren »nicht vorgesehen«. Aber er gab uns den Rat, mit der Metro zum weißrussischen Bahnhof zu fahren. Das taten wir dann auch, denn wir mussten ja unseren Anschlusszug reservieren. Nachdem wir unser Gepäck bei der Aufbewahrung abgegeben hatten, erfuhren wir am Fahrkartenschalter, dass für heute alles ausgebucht und eine Reservierung für morgen nicht möglich sei. Das war weiter nicht schlimm, denn in unseren Transitvisa hatten wir einen Tag Luft, und so konnten wir noch etwas von Moskau sehen. Wir hatten auch kein Hotel gebucht und waren somit eigentlich gar nicht da! Das ermöglichte es uns, im größten Hotel Moskaus zu schlafen – auf dem Fußboden hinter der Rezeption! Dienstagmorgen: Sehr früh wurden wir von der Putzfrau geweckt, aber wir mussten ja auch wegen der Bettkarten rechtzeitig zum Bahnhof. Nach zwei Stunden Schlangestehen war dann alles klar: es gab nur noch vier Bettplätze. Da wir zufällig die zweiten waren, bekamen wir zwei davon gegen einen Aufpreis von 7,02 Rubeln, denn es waren jetzt 3 Bett-Abteile. Die übrigen Mitreisenden aus dem Peking-Express, die sich ebenfalls wieder eingefunden hatten, wurden auf andere Züge Richtung Warschau verteilt und sollten dort sehen, wie sie weiterkommen könnten.

Gegen 18 Uhr fanden wir uns am Bahnhof ein und bestiegen den Zug, eine seltsame Mischung aus Kurswagen mit russischem und europäischem Profil nach Berlin, Paris und Hoek van Holland: der Ost-West-Express. Uns quartierte man in den nach Holland ein, einen russischen Schlafwagen MRG 80-6 (MPT 80-6), Typ WI ABm vom VEB Waggonbau Görlitz. Zuglok war wieder eine ChS 2, diesmal die 883, eine Co'Co'-E-Lok, 1972 von Skoda gebaut und für 160 km/h zugelassen (YC2-883).

Da es schon spät war, machte der Speisewagen erst gar nicht auf, und so zehrten wir vom Mitgebrachtem. Mit mir im Abteil war noch ein Nigerianer, der zum Einkauf nach London fuhr (ein gutes Geschäft?!) und eine junge Frau aus der DDR mit russischem Pass, die in Moskau studierte. Die »letzte Nacht« im Zug auf dieser Fahrt feierten wir passend mit dem letzten Schluck chinesischen Cognacs! Inzwischen war es Mittwoch. Vor zwei Wochen waren wir in Hongkong aufgebrochen, vor einer in Peking. Jetzt waren wir an der russisch-polnischen Grenze in Brest. Wieder die üblichen Kontrollen und noch einmal ein Spurwechsel, dieses Mal aber wesentlich organisierter: Die Wagen werden getrennt, auf den zwei Gleisen der Halle verteilt, hochgebockt. Ein Endlosseil zieht die neuen mit Klammern aneinander gekuppelten Drehgestelle an die richtige Stelle unter die Wagen und schiebt dabei gleichzeitig die alten heraus, die, auf Schadhaftigkeit untersucht, entsprechend gekennzeichnet und dann ebenfalls aneinander gekuppelt von einer Diesellok abgeholt werden. Auch die russische Mittelkupplung wird mit Hilfe eines Adapters gegen die Hakenkupplung ausgetauscht. Das Heben und Senken der Wagen geschieht übrigens so sacht, dass man es nicht merkt, wenn man nicht hinsieht. Bei dieser Gelegenheit wird der Wagen auch gleich intensiv von der Polizei durchsucht, die in alle Hohlräume, Kohlenkästen und unter Deckenverkleidungen leuchtet.

Einige Wagen blieben zurück, als wir über die Brücke nach Polen fuhren. In Warschau wurde unser Zug noch einmal zerlegt: die Kurswagen nach Paris kommen an den Warschau-Paris-Express, unser Wagen, er war jetzt vom ursprünglichen Zug allein übriggeblieben, an den Warschau-Hoek-van Holland-Express. Dieser

Vor dem Pekinger Hauptbahnhof warten Passagiere mit Sack und Pack auf ihren Zug in die Provinz und vermitteln so einen ersten Eindruck, wie voll es in den Wagen selbst werden könnte.

ansonsten rein polnische Zug fuhr auch als letzter ab und kommt entsprechend auch wesentlich später in Berlin an: Zuglok ist jetzt die Bo'Bo'-E-Lok EU 07-149.

Statt Speisewagen gab es nun einen Wagen mit »Bar«. Keine Auswahl, nur Suppen und trockenes Brot und Brühwürstchen, dafür aber sehr teuer und dazu noch unfreundlicher Service. Gut, dass wir noch eigenen Proviant hatten. Später wieder Grenzkontrollen, so dass sich ein Hinlegen nicht mehr lohnte. In Berlin dann standen wir recht lange herum, und unsere Schweizer Mitreisenden wunderten sich sehr über den Kontrollstil. Natürlich mussten wir auch an der Grenze unsere Transitgebühren bezahlen, denn das Transitvisum für die DDR gab es ja im Gegensatz zu den anderen Ländern nur an der Grenze. Um Mitternacht waren wir in Westberlin. Bis hier galt unsere Fahrkarte. Also stiegen wir aus und genossen die »Weltstadt mit Herz«: der letzte Zug, der Bahnhof wurde geschlossen, und wir standen auf der Straße!

Was dann kam, war ein Preisschock: alles unheimlich teuer im Vergleich zu Asien, erst recht die Bahn. So verzichteten wir auf das letzte »Stückchen« Bahnfahrt und trampten.

Aber immerhin: es geht ganz gut, auch ohne Gruppe, und wenn man will und Glück hat (oder Geld) sogar mit 3 x Umsteigen. Wir schafften es bis Berlin mit fünf Zügen.

CHRISTOPH OBOTH

RÄTSELHAFTES INDIEN

Sicherlich, es gibt ausgefallenere Überschriften als diese. Aber kaum eine andere Formulierung würde dem gerecht, was wir 1993 auf einer Tour durch das damalige »Dampfparadies« Indien erlebt haben. Um es vorwegzunehmen: Ich selbst war in Bezug auf Überseereisen ein absoluter Neuling.

Zwar hatte ich mich zuvor schon einmal bis Syrien gewagt, doch stellte Indien für mich eine komplett neue Dimension dar. Kein einfaches Reiseland, welches ich mir für den Anfang vorgenommen hatte – zumal es in Gegenden ging, die alles andere als bekannte Touristenziele waren!

Damit erst gar kein falscher Eindruck entsteht: NEIN, ich möchte mit meinen Erlebnissen nicht den Eindruck erwecken, als hätte ich ganze fünf Wochen nur gelitten und keinerlei Spaß an der Tour gehabt. JA, ich habe auch das andere Indien der Schönheit, der hochintelligenten Köpfe und der Computerexperten, deren Wissen mir damals schon einen respektvollen Schauer über den Rücken trieb, erlebt. NEIN, ich halte Indien keineswegs für hinterwäldlerisch oder unterentwickelt, sondern allenfalls einige Dörfer, dazu aber stehe ich. SCHON GAR NICHT glaube ich an eine irgendwie geartete persönliche oder kulturelle Überlegenheit meiner Wenigkeit. Ich will im Folgenden lediglich einige subjektive Eindrücke eines leicht überforderten Reisenden schildern, die in die Rubrik »bizarre Ferienerlebnisse« passen – und nur EINEN Aspekt meiner Eindrücke ausmachen.

Was trieb mich im Februar 1993 nach Indien? Zum einen hatte ich den Spielfilm »Passage to India – Reise nach Indien« gesehen, in welchem die Darsteller mit einer atemberaubenden Zahnradbahn zu einem schicksalhaften Ausflug starten. Diese Bahn musste ich unbedingt sehen. Auch die schmalspurige Darjeelingbahn war mir bekannt und stellte ein absolute Muss dar. Ganz zu schweigen von den Dampfloks aus der Nachkriegszeit, die noch zu Hunderten im ganzen Land auf Breit- und Meterspur anzutreffen waren. Hier reizten mich vor allem die breitspurigen Stromlinien-Pacifics vom Typ WP. Doch auch die meterspurigen YP und YG (2'C1', bzw. 1'D1') waren überaus formschöne und eindrucksvolle Maschinen. Genug Gründe also, um sich ins Unbekannte zu stürzen.

Unterwegs in Indien

1993 gehörte ich der Spezies »Student« an und war folglich stets knapp bei Kasse. Zwar hatte ich mir eine Tour von fünf Wochen Dauer vorgenommen, doch musste dabei stets das äußerst begrenzte Budget im Auge behalten werden. Auf unnötigen Luxus

◀ Für eine solche Stimmung steht man gerne weit vor Sonnenaufgang auf! Morgenstimmung in Samastipur.

▲ Den bengalischen Ort Bankura steuerten wir wegen einer Schmalspurbahn an. Dass es auch Breitspurdampf mit hervorragend gepflegten WG vom Depot Adra gab, war eine willkommene Überraschung, zumal die Schmalspurbahn am Anreisetag nicht fuhr.

wie Inlandsflüge oder klimatisierte Hotels musste von vorneherein verzichtet werden und rund die Hälfte der Übernachtungen wurde in Zügen verbracht. Dies hatte den Vorteil, dass man nicht nur um unnötige Ausgaben für Hotels herumkam, sondern gleichzeitig auch schnell vorankam und so möglichst viele der geplanten Ziele erreichen konnte. Nachteil: Spätestens nach etwa zwei Wochen stellte sich eine gewisse Überfrachtung an Eindrücken ein... Als kleines Beispiel sei eine typische Zugfahrt dargestellt.

Wer mit einem Fernzug reisen will und Wert auf mehr als einen Stehplatz mit reichlich Körperkontakt legt, sollte sich tunlichst eine Platzreservierung besorgen. Diese erhält man am Schalter des sogenannten »Inquiry Office«. Wir kommen recht bald an die Reihe und müssen zunächst ein Formular ausfüllen. Name, Zugnummer, Reisedatum, Reiseziel und gewünschte Klasse sind einzutragen. Das geht zwar relativ schnell, führt aber zu nichts, weil am gewünschten Tag im gewünschten Zug die gewünschten Plätze bereits vergeben sind. Wir bekommen die Formulare zurück. Gut, streichen wir 2nd Class AC durch und schreiben 1st Class non-AC hin. So einfach geht das aber nicht – wir müssen ein komplett neues Formular ausfüllen. Das Spielchen wiederholt sich mit immer neuen Formularen so lange, bis endlich eine mögliche Kombination gefunden wird. Nun wird das Formular abgestempelt und man muss zum eigentlichen Schalter, wo nur gegen Vorlage des Formulars das Ticket ausgestellt wird. Die Formulare werden abgeheftet und tatsächlich wird man am nächsten Tag seinen Namen (oder wenigstens etwas grob Ähnliches) auf einer Reservierungsliste an der Waggontüre wiederfinden.

Wir haben nun Plätze für einen 2nd-Class non-AC Sleeper bekommen. Abteiltüren gibt in diesen Fahrzeugen nicht (über Abteiltüren verfügt nur die 1. Klasse, während der 2nd.-Class AC-Sleeper wenigstens Vorhänge aufweist) und dank der Breitspur kann man sogar in Fahrtrichtung noch Liegen montieren, die genau so lang sind, wie so ein türloses »Abteil« breit ist. Also ca. 1,50 m. Genau diese Plätze haben wir erwischt, was insofern nur als suboptimal zu bezeichnen ist, als dass ich 1,98 m groß bin und extrem eingeknickt liegen muss. Die Fenster sind allesamt vergittert. So kann man von außen nicht in den Wagen hineinlangen und die Flucht vor dem Schaffner wird auch erschwert. Berichte von Unglücken, bei denen die Gitter die Wagen zur tödlichen Falle machten, lassen jedoch ein etwas beklemmendes Gefühl aufkommen. Aber heute geht alles gut.

Der erste Halt. Vor dem Fenster steht auf dem Bahnsteig ein Teeverkäufer und preist brüllend seine Ware an: »Cayacayacayacayacaya!« Gleichzeitig kommt der Kaffeeverkäufer durch den Wagen: »Copicopicopicopicopi!!!« Nun kommt der Erdnussverkäufer, gefolgt vom Bananenscheibchenverkäufer, welche ebenfalls die Namen ihrer Produkte in Endlosschleife zum Besten geben. Das Ganze stellen wir uns synchron im Chor vor, und zwar ununterbrochen und hektisch hin und her rennend, bis der Zug wieder abfährt. Wir entscheiden uns für einen Tee. Serviert wird er in kleinen, nicht gebrannten Einmal-Tontässchen, die man nach Gebrauch einfach aus dem Fenster wirft. Über die Arbeitsbedingungen bei der Herstellung und die Konsistenz der Rohstoffe denken wir lieber nicht nach...

Nun wird es wieder still. Die meisten Mitreisenden widmen sich einer überaus beliebten Tätigkeit: Touristengucken!!! Den Anblick eines vergleichsweise riesigen Fremden auf viel zu kleiner Liege gilt es zu genießen. Wie gut passt es da, dass es keine Abteiltüren gibt!

Zuckerdampf in Bihar

Wer kennt schon Bihar? Es handelt sich schlichtweg um den ärmsten Bundesstaat Indiens mit einem erschreckend niedrigen Lebens-, Bildungs- und Gesundheitsstandard. Bauern und

Dafür fährt man in den Bundesstaat Bihar: Die Lok Mersey der Zuckerfabrik Hathua zählte mit Baujahr 1873 zu den ältesten Dampfloks im Regeldienst weltweit. Für die Einheimischen waren allerdings die Fotografen wesentlich sensationeller.

Polizisten wurden vielfach nicht bezahlt, wobei gerade letztere sich wiederum in den Dienst vermögender Großgrundbesitzer stellten. Das alles ließ Bihar nicht als besonders attraktives Reiseziel erscheinen – auch für Inder. Was also könnte einen Touristen ausgerechnet in diese Gegend locken? Nun, nichts Geringeres als die damals ältesten noch planmäßig eingesetzten Lokomotiven weltweit! Bei diversen Zuckerfabriken Bihars dampften noch mehrere Maschinen aus den 1870er und 1880er Jahren. Im Gegensatz zur einheimischen Bevölkerung hatten wir uns lediglich mit touristentypischen Luxusproblemchen herumzuärgern: Vernünftige Hotels oder

▲ Die Zuckerfabrik Motipur verfügte über ein dampfbetriebenes Feldbahnnetz. Hier treffen sich zwei Loks der Hersteller Fowler (links) und Henschel.

▼ In fußläufiger Nähe des Bahnhofs Bankura bot diese Brücke ein schönes Motiv für einen Zug von Adra nach Karagpur. Ein dort wohnender Eisenbahner freute sich so sehr über unser Interesse an seiner Bahn, dass er uns zu einem Tee nach Hause einlud.

Restaurants gab es so gut wie gar nicht, daneben benötigte man dank eines recht dünnen Fahrplans unnötig viel Zeit, um von A nach B zu gelangen und musste dabei allerlei Unbequemlichkeiten in Kauf nehmen. Wirklich schlimm war dies zwar nicht, nur für Überseeneulinge wie mich ein wenig zu viel. Aber was nimmt man nicht alles auf sich, um in Bihar etwas wie die »Mersey« (Sharp-Steward 1873) zu Gesicht zu bekommen! Die Zuckerfabrik Hathua, wo sie eingesetzt wurde, war unser erstes Anlaufziel. Zu unserer Freude gab es überdies auf dem dortigen Meterspursystem noch 100% Dampf! Bis Hathua ging es nun mit einer YG. Die erste dampfbespannte Fahrt der ganzen Tour! Beim Aussteigen dämpfte sich unsere Begeisterung jedoch jäh. Das Licht stand unmöglich und es herrschte ein derartiger Dunst über der Stadt, dass bei dem grellen Mittagslicht alles nur noch silbrig aussah. Es war schwül und stickig und alles wirkte irgendwie eingestaubt. Das Unangenehmste: Es gab im ganzen Ort keine Limca – eine Art Zitronensprudel, die man im Gegensatz zu vielen »Mineral«-Wässerchen bedenkenlos trinken konnte. Und wo war die Zuckerfabrik? Zu sehen war im nebeligen Dunst erst einmal nichts. Aber eine Zuckerfabrik musste ja schließlich auch einen Gleisanschluss haben. Also mit vollem Gepäck am Gleis entlang – leider in die völlig falsche Richtung. Nach einiger Zeit stoppten wir die nächste vorbeikommende Rikscha, deren Fahrer sich als ausgesprochen schmächtiger Junge von höchstens 14 Jahren erwies. Dieser setzte nun seinen ganzen Ehrgeiz daran, zwei Touristen samt Gepäck und Fotoausrüstung durch die ganze Stadt zu strampeln! Ich konnte dabei nicht zusehen – ich lief lieber nebenher. Nach einer Runde durch ganz Hathua kamen wir schließlich wieder zum Bahnhof zurück und fanden das Werk gleich gegenüber der anderen Bahnhofsausfahrt...

Aber dann keuchte »Mersey« mit einem beladenen Zug zur Übergabe heraus. Ich wusste zwar, was uns in etwa erwarten würde, aber als wir nach einer gewissen Odyssee dann plötzlich live mit einer weit über hundert Jahre alten Maschine konfrontiert wurden, konnten wir den Anblick kaum fassen. Nachdem wir nun ausgiebig die Lok und die Einheimischen ausgiebig die Touristen bewundert hatten, senkte sich ein Signalflügel auf »Fahrt« und eine YG – gebaut irgendwann zwischen den 1950er und 1970er Jahren – mit einem Personenzug passierte den Ort des Geschehens. Die Begegnung zweier Dampfloks im Planbetrieb, die ungefähr hundert Jahre auseinander liegen, war ein unvergessliches Erlebnis. Neben der meterspurigen Mersey gab es auf den Gleisen der Zuckerfabrik noch eine 610 mm-spurige Baldwin 2'C und eine vielfach umgebaute Henschel, die aber nur noch im Werk rangierten. Strecken in die Felder gab es nicht mehr. Bedient wurde im Wesentlichen die Brechanlage, mit der das Zuckerrohr zu Beginn der Produktionskette zerkleinert wurde. Alles offenliegend. Als bekennender Anhänger von neuzeitlichen Arbeitsschutzmaßnahmen sträubten sich mir die Nackenhaare...

Nach unserer Werksbesichtigung mussten wir feststellen, dass es bis auf weiteres keinen Zug in Richtung Motihari geben würde. Und jetzt? Warten? Angesichts der jetzt schon unüberschaubar großen Zuschauermenge, die uns im einzigen Lokal des Ortes beobachtete, kam uns dieser Gedanke nicht allzu sympathisch vor. Also weiter per Bus. Dazu sage ich nur: indische Busse sind voll, unbequem und die Straßen sind eine Zumutung. Trotzdem – wir kamen noch am selben Tag unbeschadet an. Und immerhin gab es

◂ Morgens konnte es im Februar noch kühl genug für eine sichtbare Dampfentwicklung sein! Die stolze Schnellzuglok der Reihe WP verbringt ihre letzten Tage im Nebenbahndienst auf der Strecke von Pathankot nach Jalandhar im Punjab.

▲ Darbhanga war ein Dampflokschwerpunkt in der Gangesebene im Bundesstaat Bihar. Nach der etwas anstrengenden Anreise aus Nepal baute der überaus rege Dampfbetrieb den Reisenden wieder auf.

Die Zuckerfabrik Saraya bei Sardanagar stellte sogar die Fabrik Mersey aus Hathua noch in den Schatten. Schwesterlok Tweed von 1873 war genau eine Fabriknummer älter und zusammen mit der 54 von 1884 dampften hier fast 230 Lokomotivjahre vor sich hin!

noch einen kleinen Höhepunkt: Nach Einbruch der Dämmerung hielten wir an einem Bahnübergang und ließen einem langen Personenzug mit YP oder YG den Vorrang. Diese Vorbeifahrt eines Dampfzuges mitten im Nichts, vom Mond beleuchtet ...
Motihari ist eine Stadt, die man nicht unbedingt kennen muss, die aber mit George Orwell immerhin einen weltbekannten Sohn hervorgebracht hat. Wir stellten fest, dass es im Ort praktisch keinen Autoverkehr und so gut wie keine Elektrizität gab. Eine fantastische Atmosphäre – nur Kutschen und Fahrräder auf der Straße und alles mit Kerzen oder Campinggas- bzw. Karbidlampen beleuchtet. Man fühlte sich ins 19. Jahrhundert versetzt. Zum Frühstück gönnten wir uns eine Limca und die fällige Tablette zur Malariaprophylaxe, was zwar nicht unbedingt sättigt, aber im Vergleich zu Hathua einen riesigen Fortschritt darstellte. Zur Zuckerfabrik, die etwas außerhalb der Stadt lag, nahmen wir eine Taxikutsche. Leider war das Werk jedoch zurzeit außer Betrieb. Abgestellt vorhanden war eine halbe (!) englische Diesellok, ein vermutlich betriebsfähiger Jung B-Kuppler von 1950 und eine Bagnall-Satteltanklok, die schon lange nicht mehr eingesetzt worden war. Alles in allem war dieser Abstecher also eher enttäuschend. Doch in erreichbarer Nähe lag die Zuckerfabrik Motipur, die man mit dem Mittagszug bequem erreichen konnte. Und ausgerechnet dieser Zug ließ nun unnötig lange auf sich warten. Während wir nun versuchten, die Zeit mit Nichtstun herumzubekommen, sammelte sich binnen Minuten eine ständig wachsende Schar von Schaulustigen.
Motipur besaß ebenfalls eine Meterspurlok, diesmal von 1876. Interessanterweise hatte sie zwei völlig verschiedene Fabrikschilder, von denen ich mir nur das von Neilson notiert hatte. In Betrieb war dieses Schmuckstück allerdings nicht mehr. Sie stand in einem stolz mit Metergauge-Locoshed bezeichneten Unterstand. Offen-

bar gab es keinen rechten Bedarf mehr für sie. Ob sie heute noch dort steht? Und in welchem Zustand?

Als Trost dampfte auf 610 mm ein Fowler C-Kuppler und eine Henschel aus den zwanziger Jahren durchs Gelände. Letztere war gerade mit einem beladenen Zug hereingekommen und machte sich nun im Verschub nützlich. Das auffallendste an ihr war der Tender, der stark an ein Jauchefass erinnerte. Gerne wären wir noch etwas länger dortgeblieben, aber nun wurde es langsam dunkel und Übernachtungsmöglichkeiten gab es nicht. Also wieder zum Bahnhof. Licht gab es dort nur in Gestalt der Karbidlampe des Fahrkartenschalters – sonst nichts. Und eine himmlische Ruhe – kaum Straßenverkehr, keine dudelnde Musik, kaum Leute. Dann kamen aus beiden Richtungen gleichzeitig zwei Dampfzüge, deren Stirnlampen kilometerweit erkennbar waren. Ich fuhr auf dem Führerstand mit und erlebte eine faszinierende Volldampffahrt durch die Nacht nach Muzzafapur, wo wir dann direkt in einen WP-bespannten Breitspurzug umstiegen. Dieser Zug war auffallend leer und zu unserer Freude fehlte bei unserem Wagen die lästige Fenstervergitterung. So konnten wir die ganze Fahrt völlig ungestört aus dem Fenster hängen und den Blick auf die Stromlinienlok genießen – natürlich nur so weit, wie es im Dunklen noch möglich war.

Wirklich bekannt waren damals die Loks der Zuckerfabrik Saraya in Sardanagar, nahe Gorakhpur. Grund für die Bekanntheit war natürlich die 1873 gebaute Tweed, die damals älteste regelmäßig eingesetzte Lok der Welt (sie besaß eine Fabriknummer VOR der sonst baugleichen Mersey). Doch auch die zweite Meterspurlok, die Nr. 54, eine 2 B von 1888, war eine Augenweide. Wie auch die Tweed hatte sie eine Hauptbahnvergangenheit. Man kann sich durchaus vorstellen, wie diese Maschine mit einem Schnellzug durch Indien eilte. Natürlich gab es auch hier Loks auf 610 mm. Die tägliche Streckenleistung hatten wir gerade mal wieder verpasst, so dass wir die »Neubaumaschine« des Werks, eine C1´ von Kitson aus dem Jahr 1900, nur noch beim Abrüsten erwischen konnten. Aber zum Trost schickte der Chef die eigentlich gerade nicht benötigte Tweed zum Schaurangieren zur Gleiswaage, wo sich gerade auch die 54 aufhielt.

Volldampf im Punjab

Der Punjab im Norden Indiens galt 1993 als absolute Dampflokhochburg. In Jalandhar City verdichtete sich am frühen Nachmittag der ohnehin schon rege Dampfbetrieb dermaßen, dass zwischen 15 und 17 Uhr etwa alle 4 - 5 Minuten mit einem Dampfzug zu rechnen war. Teilweise fuhren derartig viele Züge gleichzeitig, dass an einem Tag gleich drei Doppelausfahrten kurz hintereinander zu sehen waren. Untermalt wurde das Ganze von kanonenschlagartigen Auspuffschlägen und einem wilden Pfeifkonzert – unser Treiben blieb den enthusiastisch grüßenden Personalen natürlich nicht verborgen. Kaum waren diese Züge weg, kam aus der Gegenrichtung eine weitere WL, der wiederum noch eine Doppelausfahrt begegnete. Ein Erlebnis, das nach umgehender Wiederholung am nächsten Tag geradezu schrie.

Doch es sollte gänzlich anders kommen: Wir gerieten unversehens mitten in den Trubel des Holly-Festivals. Es war nahezu unbeschreiblich! Zu Ehren der Göttin Holly verwandelte sich die gesamte Stadt in ein knallbuntes Farbenmeer. Praktisch sieht das ganze so aus, dass man sich gegenseitig mit so viel bunter Farbe wie irgend möglich zu überschütten versucht. Ein gigantischer Spaß, aber auch eine unbeschreibliche Schlacht. Kaum aus dem Hotel herausgekommen, tönte es »Hollyhollyholly!« und schon hatte ich die erste Ladung Farbpulver abbekommen. Die Schrecksekunde nutzte der nächste Hollyenthusiast - »Hollyhollyholly!!!!« – für eine volle Breitseite mitten ins Gesicht. Anstatt sich nun mutig mitten in den Trubel zu stürzen, flüchten wir uns aus Sorge um unsere Kameras in die nächste Motorrikscha – was jedoch insofern witzlos war, als dass sich nun von hinten – »Hollyhollyholly!!!« – ein Motorrad näherte ... Um es kurz zu machen:

Eindrücke vom Treiben des Holly-Festes: Farbenprächtig ... (Foto: Copyright Syed Kamran/Getty Images)

Wer es nicht mag, einen ganzen Tag lang über und über mit bunter Farbe überschüttet zu werden, sollte besser nicht rausgehen (was allerdings ein ziemlich dummer Einfall wäre).

Auf dem Bahnhof ging es noch halbwegs normal zu. Jedoch wollte an diesem Tag so gut wie kein Foto glücken. Nicht eine einzige Doppelausfahrt kam zustande, und zu allem Überfluss lief bei den anderen Zügen im entscheidenden Moment entweder ein Einheimischer von hinten direkt vor die Linse, oder man hatte einfach nur vergessen, den Film vorzuspulen ... Irgendetwas passierte immer. Etwas angesäuert saßen wir dann abends in der Bar unseres Hotels, die Indien-typisch mit maximal zwei rot und grün angemalten 20-Watt Birnen illuminiert war: Fraglos ergab sich so eine überaus intime Stimmung, aber um sich am »Hot Meat Sizzler«, einer brodelnden Pfanne mit einem äußerst schmackhaften Fleischgericht, nicht die Finger zu verbrennen, benötigten wir das Licht einer Kerze. Kommentar des Personals: »Ah, you want Candlelight-Dinner! Very Good!!!!«

Gerade wollten wir das durchaus trinkbare »Kingfisher«-Bier bestellen, als uns der Kellner darauf hinwies, dass es sich hierbei mit seinem läppischen 5% Alkoholgehalt um ein Leichtbier handele. Stattdessen kredenzte er uns etwas mit dem vielversprechenden Namen »Godfather Superstrong High Power Beer« (kein Scherz), serviert in Literflaschen. Gegen zwei Uhr morgens begaben wir uns ins Bett – nur um bei Sonnenaufgang dann wieder an der Strecke nach Firozpur zu stehen. Langsam entfaltete Godfather Superstrong High Power nun seine ganze verheerende Wirkung. Während in den umliegenden Hütten gerade nach und nach das Leben erwachte, drohte sich bei uns das Leben schlagartig zu verabschieden. Nur mit Mühe konnten wir uns auf den unbequemen Fotokoffern sitzend aufrecht halten. Für ein Rentnerpaar, das

▲ Auch in Samastipur näherte sich der Dampflokzeit dem Ende. Der Pflegezustand der Loks ließ schwer zu wünschen übrig. Noch lebten zahlreiche Familien vom Ausklauben unverbrannter Kohle aus der Lokomotivschlacke.

▼ Messing, Kupfer, Chrom: Diese YP des Depots Samastipur wurde zu Ehren des englischen Eisenbahnfreunds L.G. Marshall zum Prunkstück des Depots herausgeputzt.

gerade neben uns aus seiner Hütte trat, mehr als genug Anlass für einen Akt der Barmherzigkeit: aus lauter Mitleid verschwanden sie umgehend wieder im Haus und brachten uns ein Bett, eine bequeme Bambuspritsche, direkt an die Strecke heraus. Und so kam es, dass ich im Bett liegend Dampfzüge fotografiert habe. Es folgte eine Einladung zum Tee, der uns wenigstens etwas ins Leben zu-

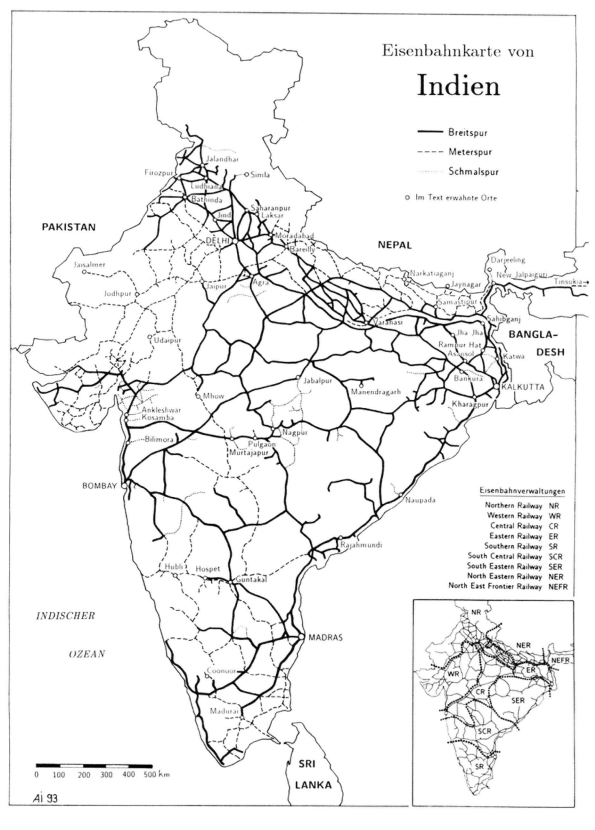

rückholte. Was ich bis heute bereue: Keiner kam auf die Idee, von dieser Szene eine Aufnahme zu machen. Auch ansonsten bescherte uns der Punjab einige unvergessliche Momente: Als wir während einer Zugverfolgung per Taxi mit Müh und Not einen Zug gerade eben überholt hatten, fiel unserem Fahrer auf, dass er dringend tanken müsse – ganze fünf Liter (die Tankstelle war ein paar Cent billiger als die zu Hause...)! Unser Protest wurde kommentiert mit »No problem Mister, I will catch the Train!« Und tatsächlich: Ein paar Kilometer und mehrere verpasste Motive weiter waren wir gleichauf mit der WL. Mit »I will catch the train! I will catch the train!« heizten wir und der Zug nun munter auf einen Bahnübergang zu – wir immerhin nun schon knapp fünf Meter in Führung liegend. »No problem! I will catch the train!« – unser entsetztes Aufschreien wurde ignoriert, im Endspurt ging es dann tatsächlich noch knapp vor dem Zug über das Gleis. So nah habe ich im Leben

noch keine Rauchkammertür in voller Fahrt gesehen... Am nächsten Bahnübergang lagen wir zwar schon deutlich in Führung, jedoch versuchte außer uns auch ein entgegenkommender Bus, sich durch die Schranken zu quetschen. Nichts ging mehr. Zwischen uns, den Schranken und dem Bus jeweils maximal zwei Finger breit Platz und beide Fahrzeuge standen hoffnungslos verfahren mitten auf dem Gleis. Nun wurde der Schrankenwärter leicht hysterisch. Der Zug näherte sich mit Volldampf und der Überweg war blockiert. Jetzt reichte es auch dem Busfahrer. Ohne Rücksicht auf Verluste gab er Vollgas. Erstaunlicherweise wurde unser Taxi dabei nicht touchiert, aber die Auspuffgase

▲ Die Schranken am Bahnübergang der Zuckerfabrik Saraya dienten primär zur Vervollständigung des Straßenbilds, hatten aber sonst keine ernstzunehmende Funktion. Lok 54 von 1884 kommt mit einem beladenen Zug ins Werk zurück.

▼ Eine heruntergekommene WP fährt mit ihrem Personenzug von Pathankot nach Jalandhar in den Sonnenaufgang.

des Busses hatten auf voller Fahrzeuglänge deutliche Spuren im Lack des Taxis hinterlassen.

Immerhin: Ein, zwei weitere Fotos haben wir später noch geschafft! Und im Übrigen erwies sich der Punjab als einer der erträglichsten Gegenden Indiens.

Auf schmaler Spur

Auf der 762 mm-Strecke Bankura – Rainagar in West-Bengalen verkehrten 1993 ausschließlich Pazifiks vom Typ CC. Die inzwischen auf Breitspur umgenagelte Strecke führte überhaupt nicht spektakulär, aber trotzdem absolut sehenswert mitten durch die Reisfelder. Viel zu erschließen gab es dort nicht: Ein paar kleine Dörfchen, mitunter aus Strohhütten bestehend, waren schon alles und am Endbahnhof Rainagar gab noch nicht einmal so etwas – geschweige denn irgendwas anderes, was den Bahnbau überhaupt jemals gerechtfertigt hätte. Sicherlich sollte dies ursprünglich nicht den Endpunkt der Bahn darstellen ... Bei nur einem einzigen Zugpaar pro (Werk-)Tag präsentierte sich das Zugangebot als quantitativ eher mager. Zwar hatte das Betriebswerk Bankura durchaus genug Lokomotiven für deutlich mehr Züge, aber leider gab es nur eine einzige Wagengarnitur. Und diese war mit gerade einmal drei Wägelchen auch nicht gerade üppig... Dieses Züglein nun fuhr gegen 5.00 Uhr morgens los, zockelte einen halben Tag lang in Richtung Ganges und endete nach einer Fahrt von mehreren Stunden mitten im absoluten Nichts. Das heißt, EIGENTLICH sollte er um 5 Uhr starten, was sich aber an diesem Tag um Stunden verzögert hatte. Wir waren mitten in der tiefsten Provinz und hatten endlos viel Zeit – mehr als genug Zeit, um aufzufallen. Und umgehend stellte sich ein bereits bekanntes Provinz-Phänomen ein, wenn wir länger als eine Minute irgendwo herumstanden: die große Alienshow vor ständig wachsendem Publikum, bei der man seltsame, fremdartige Leute seltsame, fremdartige Dinge tun sehen konnte, wie man es eventuell schon mal im Film gesehen hat – und das live vor der eigenen Hütte! Verhält man sich in Deutschland gänzlich anders, wenn plötzlich irgendwo ein Fernsehteam von RTL auftaucht?

Nicht sehr weit von Bankura entfernt, besuchten wir mit dem Schmalspursystem um Katwa eine weitere, ebenfalls 762 mm-spurige Bahn, die zur Abwechslung Tenderloks einsetzte. Normalerweise war ein Teil der Leistungen längst auf Schienenbusse umgestellt worden, aber gerade rechtzeitig zu unserem Besuch waren diese allesamt ausgefallen. Leider jedoch wurde der erste Zug nach Ahmedpur kurz hinter Katwa von einer demonstrierenden Menschenmenge aufgehalten und den Großteil des Tages tat sich nicht mehr allzu viel. Blieb für uns nur noch die abendliche Leistung aus Burdhwan. Diese verkehrte im schönsten

Nepals einzige Eisenbahn, die Janakpur-Railway, setzte 1993 nur Dampfloks ein und machte Nepal zu einem der letzten Länder mit ausschließlichem Dampfbetrieb weltweit. Lok 7 wurde erst 1962 bei Hunslet in Leeds gebaut.

Nie zuvor hatte ich Dampfzüge im Bett liegend fotografiert! Eine netterweise an die Strecke herausgetragene Bambuspritsche linderte die Nebenwirkungen eines bierseligen Abends...

Abendlicht und wurde von einer englischen C2´-Tenderlok vom Typ BK geführt. Mit einem Taxi nahmen wir die Verfolgung auf und wurden mit wirklich schönen Aufnahmen belohnt.

Nepalesisches Abenteuer oder: »This is against the rule! It is to-tal-ly against the rule!«

Man glaube nicht, dass das eben geschilderte eine üble oder gar schlimme Gegend wäre. Zwar nicht gerade der Nabel der Welt und durchaus etwas ärmlich, aber in keiner Weise unheimlich. In Bankura gab es sogar ein 5-Sterne Hotel, wobei gesagt werden muss, dass es in Wirklichkeit nur »5-Star-Hotel« hieß ... Aber natürlich hatten wir auch wesentlich abgedrehtere Ziele auf unserer Reiseroute. Denn auch in Nepal gab es 1993 mit der Janakhpur Railway eine Bahn, die damals ausschließlich Dampf einsetzte. Da es sich hierbei auch um die EINZIGE noch betriebene Strecke Nepals handelte, war Nepal damit neben Paraguay das letzte Land mit 100% Dampfbetrieb. Ausgangspunkt der Strecke war das indische Jaynagar, die wichtigste Station in Nepal der Pilgerort Janakhpur, ca. 20-30 km hinter der Grenze. Über Janakhpur hinaus gab es dann noch die Fortsetzung nach Vizalpura, die aber nur einmal täglich befahren wurde. Das Problem: Wie kommt man hin? Der Grenzübergang bei Jaynagar war allein den Einheimischen vorbehalten, was auch tatsächlich strikt überwacht wurde.

Blieben nur noch die Übergänge bei Raxaul oder bei Siliguri, beide jeweils 100-200 km von Janakhpur entfernt. Letzteren nutzten wir. Mit einem höllischen Tempo ging es nun mit einem klapprigen Bus über eine sehr gut ausgebaute Straße bis zum Koshi-Stausee. Hier gab es zwei Überraschungen: Zum einen konnte man einen stillgelegten, aber mit zahlreichen Dampfloks gefüllten Lokschuppen entdecken, der zu einer aus Richtung Indien kommenden Strecke nach Dharan Bazar gehörte. Wir waren völlig überrascht – uns war die Strecke nicht bekannt; aussteigen wollten wir jedoch nicht, immerhin lockte eine noch betriebene Strecke und wir wussten nicht, ob und wie wir von dort wieder wegkämen.

Die zweite Überraschung war weniger erfreulich: Leider endete hinter dem Staudamm auch die Ausbaustraße. Weiter ging es über einen miserablen Feldweg, der erst nach über zehn Stunden Fahrt in Janakhpur endete. Der Bus füllte sich unterwegs zunehmend. Für intensiven Körperkontakt war also gesorgt. Wider Erwarten kamen wir abends doch noch in Janakhpur an, wo wir am nächsten Morgen einen Zug mit einer Hunslet von 1962 (!) aus Richtung Jaynagar einfahrend erwischen konnten. Nach ein paar Rangiermanövern wurde erst einmal eine längere Pause eingelegt, bis der Zug mittags nach Vizalpura weiterfuhr. Viel zu tun gab es für uns also nicht. Mitfahren im Zug wollten wir nicht – wenngleich die Züge nach Vizalpura auch nicht annähernd so gut besetzt waren wie die nach Jaynagar, so konnte man doch von einer ungefähr 200%-igen Auslastung sprechen. Vielleicht hätten wir auf dem Dach oder der Pufferbohle der Lok noch ein Plätzchen ergattern können? Außerdem bekam ich langsam einen Reisekoller: Wenig Züge, eher bescheidene Landschaft, zu viele Eindrücke und dann hatte ich inzwischen jede Nacht diesen Albtraum, ich säße zu Hause und würde in trauter Runde ein paar Reiseerlebnisse zum Besten geben – nur um mich beim Aufwachen dann immer noch in Nepal bzw. Indien wiederzufinden... Kurz: meine Motivation befand sich gerade auf ihrem absoluten Tiefpunkt. Ich wollte schnellstmöglich wieder nach Indien, aber bloß nicht wieder über den Feldweg nach Siliguri! Blieb nur noch ein Bus in

Andreas Illert:

Behördengang auf »Indisch«

(Neu Delhi am 6. März 1989)

Die besten Motive bieten sich im Bahnhof oder im Lokomotivdepot, und daher ist zumindest auf großen Bahnhöfen die Genehmigung unerlässlich. Mit einer der knatternden Dreiradrikschas gelange ich zu der vom Station Superintendent angezeigten Adresse der Northern Railway. Die Indischen Staatsbahnen sind in neun Regionalverwaltungen aufgegliedert, von denen die Northern Railway für das Streckennetz nördlich und westlich von Delhi zuständig ist. Nach längerem Suchen findet sich die Residenz des Public Relations Officer in einem Bungalow abseits der eigentlichen Verwaltungsgebäude. Um 9 Uhr sind dort nur der Hausmeister und die Reinigungskolonne anzutreffen, ich werde gebeten zu warten. Den größten Teil des Bungalows nimmt ein Büroraum ein, in dem fünf Arbeitsplätze mit massiven Schreibtischen und beigestellten Aktenböcken verteilt sind. Ansonsten ist der Raum eher karg eingerichtet. An den Wänden hängen Werbeposter, viele zeigen Dampfloks in Aktion. Von dem großen Büroraum gehen drei Türen ab, die mit »Public Relations Officer«, »Chief Public Relations Officer« und »Senior Public Relations Officer« beschriftet sind. Gegen halb zehn trifft nacheinander das Personal der gewöhnlichen Schreibtische ein, kurz vor dem offiziellen Dienstbeginn um zehn dann auch die an Anzug und Krawatte kenntlichen Inhaber der drei Büros.

Eine Anfrage in englischer Sprache an einem der fünf Schreibtische ergibt, dass der Senior für mich zuständig ist. Dieser begrüßt mich freundlich, hört sich mein Anliegen an und bemerkt schließlich, dass er ohne Genehmigung des Ministeriums leider nichts machen könne. Immerhin ruft er dort an, macht sich einige Notizen und teilt mir mit, dass ich mich bei Mr. Anuj Kumar, Section Officer Public Relations im Eisenbahnministerium melden solle. Das Hauptquartier der Northern Railway liegt unmittelbar am Connaught Place, dem belebtesten Platz in New Delhi, und so ist es nicht schwer, eine Motor-Riksha für die Fahrt zum Ministerium aufzutreiben.

Vor dem Eingangsportal dösen 10 Soldaten in der Vormittagssonne, das Maschinengewehr hinter Sandsäcken in Stellung. In der großen Eingangshalle gibt es an der rechten Seite einen separaten Schalter für Besucher, wo jeder Gast zunächst nach dem Namen des besuchten Beamten gefragt wird. Anschließend trägt die Dame hinter dem Tresen die Personalien des Besuchers in ein großes dickes Buch ein und stellt einen Besucherausweis aus. Nachdem dieses Dokument noch mit zwei Stempeln aufgewertet wurde, geht es durch eine Sperre, wo das Gepäck des Besuchers kontrolliert wird. Der Anblick eines Fotoapparats in Kombination mit Filmkamera und Tonbandgerät ruft dort zunächst etwas Erstaunen hervor, doch dann nimmt der oberkommandierende Militäroffizier die Geräte persönlich in seinem Dienstzimmer in Verwahrung, und ich werde in die langen Korridore des Ministeriums entlassen.

Dass ich nach nur kurzem Umherirren in den verwinkelten Fluren des dritten Stocks die Public Relations Abteilung finde, muss als glückliche Fügung des Schicksals bezeichnet werden. In dem mir genannten Zimmer Nummer 310 befinden sich je drei Schreibtische längs zum Zimmer an den beiden Wänden. Ein weiterer steht gegenüber der Eingangstür quer vor dem einzigen Fenster. Hinter jedem der sechs Längstische sitzt ein Beamter, der Quertisch ist unbesetzt. Vier der sechs anwesenden Beamten sind in die Lektüre von Zeitungen vertieft. Der Beamte hinten links hat mich trotzdem schnell bemerkt, fragt nach dem Grund meines Besuchs und händigt mir dann ein Formular aus, in dem nach Name, Adresse, Beruf des Vaters und Reisezielen in Indien gefragt wird. Das Formular ist schnell ausgefüllt, woraufhin die Dame Mitte links damit beginnt, es in mehrfacher Ausfertigung auf Schreibmaschine zu übertragen. Ich habe Zeit, mir die zeitungslesenden Beamten etwas genauer zu betrachten: Ab und zu greifen sie zu einer bereitliegenden Schere und schneiden mit akribischer Präzision einen Artikel heraus, der sich mit der Eisenbahn befasst. Anschließend wird der Artikel in dicke Aktenordner abgeheftet und die Lektüre der Zeitung fortgesetzt.

Nach einer Dreiviertelstunde – die Dame tippt gerade die dritte Ausfertigung – tritt ein junger Mann im Anzug herein und nimmt hinter dem Quertisch Platz. Er heißt zwar nicht Anuj Kumar, sondern Anuj Dayal, ist aber trotzdem der zuständige Ansprechpartner. Nachdem der Public Relations Officer per Telefon eine japanische Reisegruppe abgefertigt hat, lässt er sich von der Dame die Schriftstücke aushändigen, liest sie sorgfältig durch und eröffnet mir schließlich, dass er noch die Clearance of Government einholen müsse. Dabei handelt es sich vermutlich um die Stellungnahme des Geheimdienstes. Zu meiner großen Erleichterung versichert mir Herr Dayal, dass er sich bemühen werde, die Clearance noch heute zu besorgen, und bittet mich, um 4 Uhr nachmittags wieder zu erscheinen. Händeschütteln mit Herrn Dayal, der oberkommandierende Militäroffizier salutiert bei der Rückgabe der Kameras, und schließlich verdient das Rikschagewerbe einige Rupien für die Rückfahrt ins Hotel.

Nachmittags um vier hat sich die Gilde der Rikschafahrer erneut um mehrere Rupien bereichert. Die Dame an der Besucherrezeption erinnert sich noch an mich, desgleichen die Soldaten an der Gepäckkontrolle – Kameras und Recorder wandern ohne großes Aufsehen in das Offiziersbüro. In Amtsstube 310 sind nur noch vier der sechs Längstische besetzt. Herr Dayal taucht erst nach einer halben Stunde auf, doch mit guter Nachricht: Fünf Minuten später halte ich die Fotogenehmigung in Händen. Von den gewünschten Orten wurden alle bis auf einen genehmigt. Offenbar gehört das mehr oder weniger willkürliche Kürzen der Wunschliste zu den Gepflogenheiten des Geheimdienstes, denn in seiner jüngsten Ausgabe empfiehlt auch das Continental Railway Journal seinen Lesern, ihre Liste vorne und hinten etwas auszuweiten, um so die Chancen für die eigentlich gewünschten Orte zu erhöhen. Beim Abschied verweist mich Herr Dayal zurück an die Northern Railway, um dort die Genehmigung bestätigen zu lassen.

Nach einem Gewaltmarsch durch den Feierabendverkehr von New Delhi bin ich wenige Minuten vor sechs doch noch bei der NR. Der Senior liest das Schreiben vom Ministerium durch und schickt dann einen Sekretär mit Anweisungen weg. Während wir auf die Erledigung warten, schlurft der kurz vor der Pensionierung stehende persönliche Adjutant des Officers heran und schenkt Tee ein. Nach einer halben Stunde kommt der Sekretär mit einer Fotogenehmigung der Northern Railway in fünffacher Ausfertigung zurück. Der Senior ist mit dem Wortlaut des Textes offenbar unzufrieden, denn nach einigen heftigen Worten verlässt der Sekretär erneut den Raum. Um kurz nach sieben ist es geschafft – innerhalb eines einzigen Tages ist es mir gelungen, der indischen Bürokratie ein hochoffizielles Dokument abzutrotzen!

Richtung Katmandu, mit Umsteigen im totalen Nichts am Abzweig nach Raxaul. Immerhin, verglichen mit der Anreise war die Fahrt halbwegs komfortabel. Aber zum Ausgleich leierte durch die Lautsprecher die nepalesische Version eines »Modern Talking«-Schlagers. (Damals wusste ich noch nicht, dass hierzulande ein einheimischer Rapper etliche Jahre später mit seiner Version von »Chery Lady« den Zauber der Dieter Bohlenschen Qualität noch einmal drastisch unterbieten wird …)

Da standen wir nun mitten in der Nacht an einer völlig toten Kreuzung und überlegten schon, die letzten 30 Kilometer zu laufen, als dann doch noch ein LKW vorbeikam. Zusammen mit ca. fünf weiteren Anhaltern stiegen wir dann ins Führerhaus und waren froh, kurz vor Raxaul lebendig wieder herauszukommen. Jetzt wurde die Zeit knapp: In nicht allzu weit entfernter Zeit sollte ein Zug nach Darbhanga abfahren, wo diverse (wie sich zeigte: leider geschlossene) Zuckerfabriken zu finden waren und es außerdem noch reichlich Meterspurdampf gab. Mit einer Fahrradrikscha ging es nun durch den Grenzort, vorbei an den Überresten einer weiteren, einstmals hier abzweigenden Bahnstrecke, die aber längst abgebaut war. Im Schnellmarsch dann zu Fuß über die nepalesische Grenze (menschenleer), und beinahe konnte man den indischen Bahnhof schon sehen. Aber vorher war da noch die indische Grenzkontrolle. Da stand nun eine Hollywood- besser Bollywoodschaukel mit Moskitonetz am Lagerfeuer im Freien, zwei freundliche Grenzer begutachteten gnädig unsere Papiere und weiter ging´s. Dachten wir jedenfalls. »STOPP!!!« Was denn jetzt? Ach ja, der Einreisestempel! Leider war um ein Uhr nachts das entsprechende Büro geschlossen und der zugehörige Beamte im Bett. Ich weiß zwar nicht mehr, wie, aber wir machten das Haus des Beamten ausfindig. Nörgelnd und schimpfend kam er heraus (»but it´s against the rule!«), schrieb unsere Daten in ein riesiges Buch, Stempel gezückt und... – »But – Mister! You already have the Emigration-Stamp from India!!!« Klar hatten wir einen Ausreisestempel aus Indien, wir wollten ja auch nicht aus-, sondern wieder einreisen. Langsam nur reifte bei unserem Gegenüber die Erkenntnis, dass er uns wohl falsch verstanden und das falsche Dokumentationsbuch herausgekramt hatte. Seufzend riss er die frisch eingetragene Seite aus dem Ausreisebuch. Dann das Einreisebuch her, ausfüllen, Stempel – und: »But – you have no Emigration-Stamp from Nepal!! It´s against the rule!!!!« Wir erinnern uns, an der nepalesischen Grenze war niemand. Jedenfalls nicht vor 7 Uhr. Kein nepalesischer Ausreisestempel – keine Einreise nach Indien: »It´s against the rule!!!« Nun erschien es uns nicht unbedingt verheißungsvoll, bis 7 Uhr warten zu müssen, um dann von indischer Seite kommend zum nepalesischen Grenzposten zu gehen, dort aber nicht nach Nepal ein-, sondern von dort ausreisen zu wollen… Der bloße Gedanke an die möglichen Komplikationen lässt mich auch heute noch schaudern. Wir wurden also massiv. Mit Bambiblick, einem unbeschreiblichen Deutsch-Englischen Redeschwall, zwei Aldi-Kugelschreibern und einer Packung Zigaretten ging plötzlich alles wie am Schnürchen. »But it´s against the rule! It is to-tal-ly against the rule!!!« Kurz danach saßen wir dann tatsächlich im Zug.

Bei unserer 1993er-Tour gab es zwar überall in Indien noch Meterspurdampf, aber wirklich enthusiastisch hinterher waren wir nicht. Unsere Prioritäten lagen eindeutig bei Breitspur- und Werksbahndampf. Es gab zwar unvergessliche Momente wie das nächtliche Warten in Motipur oder die geschilderte Führerstandmitfahrt, aber sonst nahmen wir das ganze eigentlich nur dann mit, wenn es gerade am Wege lag. Wie z.B. Darbhanga. Dieser Bahnhof hatte es in sich! Überall Dampfloks, die gerade ankamen, abfuhren oder rangierten, dazu ein recht großes Betriebswerk voller YP und YG, die von Hand per Kohlekorb bekohlt wurden. Dazwischen halbwildes Borstenvieh auf den Gleisen und Kinder, die mitten in der Weichenstraße der Bahnhofseinfahrt ihre Drachen steigen ließen. Das pralle Leben! Meine Laune besserte sich zusehends. Und dann eine Fata Morgana: Plötzlich erschien eine unglaublich gepflegte YG, angestrichen in nicht weniger als acht Farben – mit Windrad auf dem Dom! Auf dem Tender ein symbolischer Händedruck zwischen British- und Indian Railways – wie wir später erfahren sollten wurde mit einem gewissen L.G. Marshall ein nicht unbekannter britischer Enthusiast zu Besuch erwartet. Als wir dann noch am nächsten Tag im benachbarten Samastipur auf eine

Morgenstimmung im Depot Samastipur

verchromte und über und über mit Messing verzierte YP trafen, die die YG aus Darbhanga hinsichtlich Pflegezustand bei weitem in den Schatten stellte, waren wir mit der Region wieder vollends versöhnt.

Bereits ein bis zwei Jahre nach dieser Tour war in ganz Indien der Breitspurdampf schlagartig zu Ende. Die letzten Einsätze erfolgten im Punjab, und so wurde die in vergleichsweise geringer Stückzahl gebaute WL zur letzten Breitspurbaureihe Indiens. Auf Meterspur konnten sich die YP und YG auf einzelnen weniger wichtigen Strecken immerhin ungefähr bis ins Jahr 2000 halten, aber zu diesem Zeitpunkt waren es nur noch verschwindend wenige Exemplare. Es blieben bis heute nur noch die Darjeeling- und die Nilagiri-Bahn, wo zumindest ab und zu auf Bestellung, bzw. auf Teilstücken Dampfloks eingesetzt werden. Daneben existieren einige betriebsbereite Museumsloks z.B. in Rewari und eine Sammlung kalter Exemplare im Freilichtmuseum von Delhi. Selbst bei den Zuckerfabriken dürfte sich nicht mehr viel tun. Und der Verfasser? Nun ja, der hat inzwischen gelernt, dass es außer Dampf durchaus noch andere Gründe gibt, sich auf Tour zu begeben. Bevor ich die letzten Heizloks in China aufsuche, reise ich lieber für das Hollyfest nochmal nach Indien. Oder für Dieselloks in die Türkei. Oder für eine Dokumentation des Steinkohlebergbaus unter Tage nach Marl.

ANDREAS ILLERT *(EIN BERICHT AUS DEM JAHR 1996)*

IT'S A LONG WALK!
BESCHWERLICHE UND BEQUEME WEGE NACH MATHERAN

Dem Taxifahrer aus Bombay steht der Angstschweiß auf der Stirn. Diese höllische Straße soll er hoch? Unser Asphalt-Rambo, der sich vor zwei Stunden noch souverän hupend durch das Verkehrschaos von Bombay gedrängelt hat, blickt schaudernd auf die Felswand vor ihm. Es hilft nichts – das Taxi ist am Flughafen von Bombay im Voraus bezahlt, und auf dem Beleg steht deutlich lesbar das Ziel der Fahrt: Matheran.

Ein flehender Blick auf die Götterfigur am Armaturenbrett, dann lenkt der Chauffeur sein altes Fiat-Modell in die Spur der engen Serpentinenstraße. Mit brüllendem Motor schleicht das Vehikel den steilen Weg aufwärts – der Fahrer wagt nicht, aus dem ersten Gang hochzuschalten. In den Haarnadelkurven bietet sich jeweils ein atemberaubender Blick in den Abgrund unter uns. Die tiefstehende Abendsonne projiziert die Silhouette des Felsmassivs als langen Schatten in die Ebene. Laut rumpelnd überquert das Taxi die Gleise der 610 mm-Schmalspurbahn. Deren Trasse windet sich ebenso spektakulär die Felswand hinauf wie die Straße. Nach einer halben Stunde steilen Anstiegs erreichen wir einen dichten Laubwald. Kurz hinter dem Waldrand endet die Straße unvermittelt vor einem Schlagbaum. Zwischen den Bäumen sind einige Dutzend Autos geparkt. Ich erinnere mich im Reiseführer gelesen zu haben, dass Matheran autofrei sei. Unser Fahrer murmelt ein paar unverständliche Worte – er ist in erster Linie mit sich selbst und der bevorstehenden Rückfahrt beschäftigt. Sein Kommentar geht sowieso in den lautstarken Rufen der Träger, Rikschakulis und Pferdevermieter unter, die sich um die Türen des Taxis drängeln. Es ist Nebensaison, die Touristen kommen nur spärlich, und die unter akutem Rupienmangel leidenden Transporteure stürzen sich wie hungrige Wölfe auf die frisch eingetroffenen Geldsäcke.

Ein Gewaltmarsch in der Dämmerung

Zwei Träger machen das Rennen – ein Mann und eine Frau mittleren Alters. Ehe wir uns versehen, haben sie das Gepäck schon auf den Kopf gewuchtet und warten darauf, dass es losgeht. »Lord's Central Hotel« nenne ich als Adresse. Die Beschreibung dieser Unterkunft im Reiseführer hat uns am besten zugesagt. Erste

Am Rande des Abgrundes – im wörtlichen Sinn – taumelt der Zug auf schmalspuriger Trasse auf der Talfahrt Richtung Neral. (Foto: Karl-W. Koch)

Station ist das Kassenhäuschen am Sperrgitter. Der bärtige Beamte greift sich meinen 50-Rupien-Schein, reißt zwei Zettel von einem Block und reicht sie zusammen mit einem zerfledderten Packen Wechselgeld durch das Loch in der Scheibe zurück. »Capitation Tax – 7 Rupies« steht auf den Zetteln. Das englische Wörterbuch übersetzt diesen Ausdruck mit »Kopfsteuer«, die vornehmere deutsche Bezeichnung lautet »Kurtaxe«. Unsere Karawane passiert die Sperre und macht sich auf den Weg in den Kurort. Einer der Pferdevermieter lässt nicht locker. »You want a horse?« »No.« »It's a long walk!« »Yes.« »You need a horse!« »No.« »Horse riding Sir?« »No!!« Nach langer einseitiger Unterhaltung gibt der Pferdevermieter auf. Hinten an der Sperre wiehert höhnisch sein Gaul.
Unsere Träger legen auf dem staubigen Waldweg ein gutes Tempo vor. Weit und breit ist kein Haus zu sehen. Der Weg kreuzt die Bahn. Die Träger biegen auf die Trasse ab. Es wird langsam dunkel. Schweißgebadet hetzen wir an dem schwülen Abend unserem Gepäck hinterher. Der Taxifahrer aus Bombay und der zu kurz gekommene Pferdetreiber hätten an dem Anblick der schnaufenden Sahibs ihre helle Freude gehabt. Nach einer halben Stunde alternativer Streckenwanderung nähern sich die Schmalspurgleise wieder dem Weg. An den ersten Häusern von Matheran wechseln die Träger zurück auf die Staubstraße. Wir überholen eine Hand-Rikscha, die sich mit Grenzlast die Steigung hinaufkämpft. Auf dem Gefährt thront eine voluminöse indische Lady samt schwerem Gepäck, vorne müht sich der Rikscha-Wallah, hinten schieben zwei Kollegen nach.
Der Marsch durch die Hauptstraße von Matheran im allerletzten Licht des Tages hat etwas Unwirkliches. Kann man sich eine indische Stadt ohne Motorfahrzeuge vorstellen? Trotz fehlender Autos und Mopeds ist die Straße belebt: Reiter, Rikschas und Fußgänger bewegen sich ohne Hast zwischen den Kiosken und Bretterbuden, in denen die Snackverkäufer, Obsthändler, Fotografen, Schuhmacher und Friseure im Licht von Glühbirnen oder Petroleumlampen auf Kundschaft warten. Etwas zurückversetzt im Wald stehen größere Gebäude, meist Pensionen oder Restaurants mit dezenter Leuchtreklame.

Vierzig Minuten nach dem Abmarsch vom Parkplatz stehen wir vor »Lord's Hotel«. Das Gebäude ist in englischem Stil aus Holz errichtet. Der Chef des Hauses bittet uns in sein Büro und händigt zwei Anmeldeformulare aus. Zimmer? Um diese Jahreszeit Anfang Februar kein Problem. In der Nebensaison verirren sich nur wenige Inder und Touristen nach Matheran, allenfalls ein paar ausländische Stewardessen zwischen ihren Flügen. Der alte Hoteldiener bekommt die Schlüssel und führt uns zu einem Nebengebäude. Im Zimmer zeigt er eine Handglocke auf dem Nachttisch und erklärt, wenn wir einen Wunsch hätten, bräuchten wir nur zu schellen.

Das Abendessen wird in einem großen Raum im Hauptgebäude serviert. Leider ist der Saal keineswegs voll besetzt mit Stewardessen. Außer uns ist nur ein indisches Ehepaar zum Essen erschienen. Zum Menü aus Suppe, Huhn und Beilagen wird eine große Flasche Bier kredenzt. Wir erinnern uns an einen Gebäudekomplex auf halber Strecke zwischen Bombay und Matheran, bei dem es sich offenbar um eine Brauerei gehandelt hat: vor dem Gebäude die in Abgasschwaden gehüllte Fernstra-

Die PS in Matheran zur Forbewegung liefern die Namensgeber der Einheit: Pferde! (Foto: Karl-W. Koch)

Die Originaldampflok 739 der Matheran Light Railway steht heute im sehenswerten Museum in Dehli.

Auf in die Berge ... noch wirkt alles harmlos, der Zug hat den Bahnhof Neral erst vor wenigen Minuten verlassen und befindet sich derzeit »am Grund«. In wenigen Kilometern geht es am Berghang steil nach oben, auf der einen Seite mehrere Hundert Meter Abgrund, auf der anderen die Felswand. (Foto: Karl-W. Koch)

ße Bombay – Pune, rund um die Fabrik ein Meer von ärmlichen Wellblechhütten, und direkt am Zaun ein Teich, der offenbar die Funktion eines gemeinschaftlichen WC für die Slums erfüllt. Am Hauptgebäude der Fabrik prangte groß der Name des Produkts. Selbiger findet sich auf dem Etikett der Flasche vor uns: »London Pilsener«. Prost!

Sir Peerbhoys Eisenbahn

Morgens um Sieben dringt der erste Strahl der Morgensonne in unser Zimmer. Mein Magen beantwortet die Frage nach der Qualität des »London Pilsener« mit einem unbehaglichen Grummeln. Aus dem Nachbarzimmer ertönt das Schellen einer Glocke. Von der Veranda her ist das Zwitschern exotischer Vögel zu vernehmen. Das Läuten aus dem Nachbarzimmer wird lauter und energischer. Auf dem Dach plötzlich ein heftiges Poltern: die Affen sind aufgewacht. Nach einer Viertelstunde gibt das Nachbarzimmer das Läuten nach dem Hoteldiener auf. Über das Dach tobt inzwischen eine Horde von mehreren Dutzend Affen. Guten Morgen, Matheran!

Nach dem Frühstück führt uns der Weg zum Bahnhof. Dieser liegt etwas unterhalb der Hauptstraße auf einer planierten Fläche am Rand des Plateaus. Im Hauptgebäude finden sich zwei Fahrkartenschalter: ein »current booking window«, das 45 Minuten vor Abfahrt jedes Zuges öffnet, und ein »reservation window«, an dem Fahrkarten bis zu drei Tage im Voraus bestellt werden können. Diese Reservierung empfiehlt sich vor allem in den Monaten April und Mai, wenn Massen von Erholungssuchenden aus der Hitze der Ebene ins angenehme Klima von Matheran fliehen. Die Bevölkerung wächst dann auf einige Zehntausend, und die wenigen Zugpaare sind hoffnungslos überlastet.

Gegenüber vom Bahnhofsgebäude ist Dampflok Nr. 741 als Denkmal aufgestellt. Die von Orenstein & Koppel in Berlin gebaute Maschine gehört zu der Serie von vier Dampfloks, mit denen die Bahn im Jahr 1907 ihren Betrieb aufnahm. Vor dem Zweiten Weltkrieg wurde der Fahrzeugpark um zwei Schienenbusse mit Benzinmotoren erweitert, die man aus Straßenfahrzeugen der Firma Dodge umgebaut hatte. 1955 tauchten die ersten drei Dieselloks der Reihe ZDM1 (Z = Narrow gauge, D = Diesel, M = Multipurpose) auf der 610 mm-Schmalspurbahn auf. Auch diese Loks stammten wie die Dampfloks aus Deutschland, sie wurden bei der Lokomotivfabrik Arnold Jung entwickelt und gebaut. Vier weitere Dieselloks derselben Bauart übernahm man in den siebziger Jahren von der Schmalspurbahn Kalka – Shimla in Nordindien. Die Dampfloks blieben noch lange Zeit als Reserve im Depot von Neral. Erst 1982 wurde der Dampflokeinsatz offiziell beendet.

Reisetipps

Reisezeit: Hochsaison ist in Matheran im Oktober/November, um Weihnachten herum und in den Monaten April und Mai. Für einen Besuch empfehlen sich daher die Monate Januar bis März. Der Winter in Matheran ist mild und sonnig. Auch im Frühjahr und Frühsommer steigen die Temperaturen selten über 25 Grad. Der Monsun setzt Anfang Juni ein und dauert bis Ende September. Diese drei Monate sind geprägt von heftigen Regenfällen, tiefhängenden Wolken und dichtem Nebel.

Anreise

Mit dem Auto: Taxifahrer benötigen für die ca. 100 Kilometer von Bombay bis Matheran je nach Verkehr zwischen drei und fünf Stunden. Vom Parkplatz am Rand der Hochebene sind noch 3 Kilometer zu Fuß, mit Riksha oder per Pferd ins Stadtzentrum zurückzulegen.
Mit dem Zug: Ab Bombay Victoria Station halten einige wenige Fernzüge der Relation Bombay – Pune sowie alle S-Bahnen der Linie nach Karjat (annähernd Stundentakt) in Neral. Von Neral aus verkehrt die Schmalspurbahn ins Zentrum von Matheran. Ein Tagesausflug von Bombay aus ist möglich.

Unterkunft:

Hotels der Luxusklasse sind in Matheran nicht verfügbar. Die vorhandenen Unterkünfte der Kategorie ein bzw. zwei Sterne genügen jedoch in der Regel auch den Ansprüchen ausländischer Touristen. In der Hauptsaison empfiehlt sich eine vorherige Reservierung.

Die Schmalspurbahn von Neral nach Matheran war ursprünglich eine klassische Privatbahn. Die Familie des Industriemagnaten Sir Adamjee Peerbhoy aus Bombay finanzierte Planung und Bau. Sie hielt in der Folge alle Anteile an der »Matheran Steam Light Tramway Company« (MLR). Am 1. November 1951 wurde die MLR verstaatlicht und der Central Railway (CR) eingegliedert. Unter der neuen Leitung modernisierte man den Fahrzeugpark, erneuerte den Oberbau und weitete den Betrieb im Jahr 1982 erstmals auf die Monate des Monsuns aus. Zuvor war der Ort Matheran in der Regenzeit, die mit ziemlicher Regelmäßigkeit in der ersten Woche des Monats Juni beginnt, praktisch von der Außenwelt abgeschnitten. Der Zugverkehr während des Monsuns ist zwar riskant und erfolgt daher ohne Gewähr, aber man bemüht sich um Einhaltung des Fahrplans.

In der Ferne ertönt eine sonore Hupe, die sich langsam nähert: Der 10:40 Uhr-Zug von Neral erreicht sein Fahrtziel. Diesellok Nr. 500 zieht mit dröhnendem Tuckern und mächtigen schwarzen Rußwolken fünf kleine zweiachsige Wagen in den Bahnhof, allesamt wie die Lok blau und beige lackiert. Unmittelbar nach dem Halt vor dem Bahnhofsgebäude wird die Lok abgekuppelt und setzt ans andere Zugende um. Man spart sich offenbar die Rangierfahrt durch die Wendeschleife. Der Packwagen wird der Einfachheit halber gleich per Hand verschoben. Die Passagiere stauen sich derweil vor dem Kassenhäuschen der Capitation tax. Auf der anderen Seite der Sperre drängeln die Träger, Rikschakulis und Pferdevermieter. Eine Gruppe von etwa zehn Kindern im Alter von 10 bis 14 Jahren kann sich mit ihrem Erzieher nur mühsam den Weg durch das Gedränge bahnen. »Luggage only!« ruft der gestresste Betreuer zu einem Rikschakuli und versucht, dessen Kollegen davon abzuhalten, die Kinder in weitere Wagen zu verfrachten.

Talfahrt

Vor der Abfahrt des Mittagszugs hinunter nach Neral bleibt genug Zeit, um die Wagen von innen zu begutachten. Einer der Wagen führt die erste Wagenklasse, drei die zweite Wagenklasse und der letzte Wagen ein Gepäckabteil. Die Abteile der zweiten Klasse sind mit einfachen Holzbänken ausgestattet. Der modernere Wagen erster Klasse kann immerhin mit Kunststoffpolstern aufwarten. An den Innenwänden sind Verhaltensmaßregeln für die Fahrgäste angeschrieben: »For your safety keep windows open during storm as otherwise the bogies may get thrown« oder »Do not crowd on one side of the coach, it is dangerous!« Letztere Parole ist graphisch mit einem umstürzenden Waggon illustriert, an dessen einer Seite sich das Publikum als Knäuel von Strichmännchen ballt. Die Wägelchen scheinen recht leicht gebaut zu sein.

Unsere Reise beginnt mit einem Hupkonzert der Lok und eifrigem Wedeln grüner Flaggen aus dem Führerstand, dem Packwagen und dem Stellwerk. Zunächst geht es durch dichten Wald. An der Haltestelle Aman Lodge in der Nähe des Parkplatzes wird nur kurz gehalten. Etwa einen Kilometer hinter dem Haltepunkt öffnet sich der Blick in die Ferne, der Wald tritt zurück, und der Zug beginnt seinen steilen Abstieg am Hang hinunter ins Tal. Nach einer scharfen Kurve um die Felsnase des Panorama Point ist tief unten in der Ebene die Ortschaft Neral mit der zweigleisigen Hauptbahn von Bombay zu erkennen, dazu fast senkrecht unter uns die Trasse der Schmalspurbahn in mehreren Ebenen mit scharfen Haarnadelkurven. Während der Fahrt hangeln sich Händler an den Außenwänden der Wagen entlang und bieten den Passagieren Nüsse, Bonbons, Snacks und Getränke durch die offenen Fenster an. Die Aktion am schaukelnden Zug über der Steilwand erfordert einiges akrobatisches Geschick. Ein einziger Fehltritt, und die Bezeichnung »fliegender Händler« trifft zu im wahrsten Sinne des Wortes. Etwa auf halber Höhe des Steilhangs hält der Zug an der Station Waterpipe. Der Name deutet auf den ursprünglichen Zweck des Bahnhofs hin: Hier ergänzten einst die Dampfloks bei anstrengender Bergfahrt ihre Wasservorräte. Heute erfüllt der Halt für die Passagiere eher die umgekehrte Funktion: Aufgrund der fehlenden Toiletten in den Wagen hat das WC-Häuschen regen Zulauf. Nach einer Pause von etwa zehn Minuten beschleunigt die Diesellok ihren Zug laut tuckernd wieder auf die zulässige Höchstgeschwindigkeit

Die Sonnenauf- und untergänge in Matheran sind sehenswert. Rechtzeitig dafür geweckt wird der Gast von den tobenden Horden Hotel-Affen, die offenbar zu den Frühaufstehern gehören. (Foto: Karl-W. Koch)

Der abfahrbereite Zug wartet im Bahnhof Matheran auf das Startsignal. (Foto: Karl-W. Koch).

von zwölf miles per hour (mph; Meilen pro Stunde; entspricht ca. 20 km/h). In den scharfen Kurven zwischen den einzelnen Schleifen muss der Lokführer aus Sicherheitsgründen auf 5 mph abbremsen. Bei der vorletzten Haarnadelkurve durchfährt der Zug den »one kiss tunnel«, wobei das Längenmaß eher auf den Maßstäben der prüden indischen Filmindustrie, denn auf Hollywood beruht. Am Fuß der Steilwand legen wir in Jummapatti einen weiteren Halt ein.

Nach den letzten Kilometern Talfahrt an der Flanke eines kahlen Hügels passiert der Zug am Ortsrand von Neral ein Romalager und läuft dann in den Bahnhof ein. Der Bahnsteig der Schmalspurbahn liegt gegenüber des langgestreckten Empfangsgebäudes und der Bahnsteige der elektrifizierten Breitspurbahn. Von dort aus verkehren stündlich S-Bahn-Züge nach Bombay Victoria. Das Depot der Schmalspurbahn befindet sich am südlichen Ende der Bahnsteige. Der Chef führt uns nach Studium der offiziellen Fotografiererlaubnis höchstpersönlich durch seine Anlagen. Fünf der ursprünglich sieben Dieselloks seien noch vorhanden und dank der handwerklichen Fertigkeiten des Personals auch be-

erhalten im Eisenbahnmuseum von Delhi.

Anreise nach Matheran: die bessere Variante

Die Rückfahrt mit dem Abendzug nach Matheran ist ein optisches und akustisches Erlebnis. Der Diesel kann in Bezug auf Qualmentwicklung und Lärmpegel durchaus mit seinen dampfbetriebenen Kollegen in Darjeeling und Coonoor konkurrieren. Pünktlich zum Sonnenuntergang passieren wir den Panorama Point, der bei dieser Gelegenheit seinem Namen alle Ehre macht. Die Fahrt mit dem Zug endet schließlich direkt im Stadtzentrum von Matheran. Die Anreise per Bahn ist in der Tat weitaus bequemer als die Kombination von Taxi und Fußmarsch!

Über die Terrasse von Lord's Hotel tobt dieselbe Kinderschar, die wir mittags beim Aussteigen aus dem Zug beobachtet hatten. Jungen und Mädchen beschimpfen sich in akzentfreiem Deutsch. Die Klasse von der deutschen Schule in Bombay komme jedes Jahr nach Matheran, erklärt uns der Lehrer, wegen der Ruhe und der Nähe zur Natur. Das eindrucksvollste Erlebnis in Matheran seien die ausgedehnten Spaziergänge über das Hochplateau. Abseits der Hauptwege wäre es fast immer ruhig und friedlich, da sich die Inder vor wilden Tieren wie Panthern und Schlangen fürchten. Für die Kinder sei das größte Vergnügen allerdings ein Ausflug mit Pferden.

Später am Abend beklagt sich der Chef des Hotels über die Pläne einiger Unternehmer, die Straße nach Matheran hineinzuverlängern. Wenn die Autos kämen, sei es mit der Ruhe und dem Frieden im Ort vorbei, meint der Geschäftsmann nicht ohne Berechtigung. Die Einwohner von Matheran wehren sich gegen solche Pläne – mit welchem Erfolg, wird die Zukunft zeigen.

Nach dem Abendessen sitzen wir unter dem großen Baum vor unserem Zimmer und genießen die nächtliche Aussicht. Unten funkeln die Lichter von Neral. Auf dem Nachbarhügel glimmen die Reste eines Waldbrands. Der Sternenhimmel ist klar wie nirgendwo in Deutschland. Die Szenerie wird untermalt vom Konzert eines Ensembles einheimischer Insekten. Wir kommen zu der Überzeugung, dass es sich hier recht gut aushalten lässt. Vorausgesetzt, der Magen ist resistent gegen »London Pilsener«.

triebsfähig, erklärt der Meister stolz. Bis auf die Motoren seien die Maschinen noch weitestgehend im Originalzustand. Auf einem Nebengleis steht Triebwagen Nr. 898 in desolatem Zustand. Ein Jammer – das Fahrzeug wäre ein Prunkstück auf jeder Touristenbahn! Der zweite Triebwagen befindet sich etwas besser

Die Anreise nach Neral von Bombay aus funktioniert mit Nahverkehr und Schnellzug. (Foto: Karl-W. Koch)

CHRISTOPH OBOTH *(EIN BERICHT VON 1994)*

NEULICH IN CHINA
BERICHT EINES BEINAHE ZU SPÄT GEKOMMENEN

Es gibt viele Gründe, die einen dampfbegeisterten Eisenbahnfreund abhalten können, nach China zu reisen. Zuerst stellt die Sprachbarriere eine nahezu erschreckende Hemmschwelle dar, gleich darauf wird man von einem Artikel im »Spiegel«, der eine Überlandreise von Thailand nach Deutschland via China als apokalyptischen Albtraum aus Kriminalität, Korruption und Schmutz darstellt, nachhaltig eingeschüchtert. Ein anderes Mal lässt man sich durch eine Rumänien-Tour von seinen Übersee-Plänen abbringen. Schließlich schrecken die eisigen Wintertemperaturen ab und man schenkt darüber hinaus mahnenden Stimmen Glauben, die schlichtweg behaupten, der Einsatz von überwiegend QJ-Lokomotiven (QJ - Qian Jin - Vorwärts) sei überaus langweilig.

So geht wertvolle Zeit verloren, bis plötzlich Ende 1993 Gerüchte aufkommen, dass die spektakuläre Rampe von Zhongwei kurz vor der Verdieselung stehe. Schlagartig wird man sich seiner Fehler bewusst und versucht, durch eine umgehend zu erfolgende Reise zu den wichtigsten Dampfzentren Chinas den Schaden möglichst gering zu halten. Mitte März 1994 ist es dann schließlich so weit.

Der Zeitpunkt erscheint günstig. Seit Anfang 1994 besteht die offizielle Touristenwährung FEC nicht mehr. Wir beschließen daher, im Zuge einer allgemeinen Kostenbeschränkung auf Buchungen von Hotels und Tickets über das staatliche Touristenbüro CITS weitgehend zu verzichten und uns auf eigene Faust durchzuschlagen – angesichts völliger Unerfahrenheit in Sachen China kein allzu leichtes Unterfangen.

Nach einer erstaunlich günstigen Flugverbindung stehen wir bereits nach rund 16 Stunden vor dem Bahnhof von Lanzhou. Bis hierher ist alles glatt und unproblematisch verlaufen, wenn man einmal davon absieht, dass Yinchuan eigentlich ein wesentlich günstigerer Ausgangspunkt gewesen wäre (mangels passender Flüge konnten wir jedoch nicht am selben Tag dorthin gelangen). Selbst die Weiterfahrt von Lanzhou nach Zhongwei scheint gesichert: Um 19.46 Uhr verlässt Zug 202 die Millionenstadt Richtung Norden. Lediglich die Fahrkarten müssen noch besorgt werden, und hier stehen wir vor dem ersten Problem.

Bereits der Anblick des Bahnhofsvorplatzes verschlägt dem unvorbereiteten Beobachter die Sprache: Hunderte von Menschen drängen sich vor sämtlichen Eingängen. Der Zugang zur Empfangshalle wird zusätzlich noch dadurch erschwert, dass an der einzigen geöffneten Tür ein Röntgengerät aufgebaut ist. Erst viel später erfahren wir, dass diese Vorsichtsmaßnahme bisher nicht zum Alltag chinesischer Bahnhöfe gehört hat. Schockierende Plakate mit entsetzlich verstümmelten Leichen weisen in diesem Zusammenhang auf die Gefährlichkeit der Mitnahme von Feuerwerkskörpern und anderen brennbaren Stoffen in Personenzügen hin.

Nachdem wir im Gedränge die lästige Röntgenkontrolle passiert haben, suchen wir zunächst die Fahrkartenschalter – wobei wir

Eine SY an der Halde des Stahlwerks in Baotou. Der innen flüssige Schlackenblock platzt beim Herunterfallen auf, der unerschrockene Fahrer des Mannschaftstransporters lässt sich von der herausspritzenden glühenden Masse nicht beeindrucken

Der Lohn des Wartens: Nach einem kompletten Tag ohne jede Zugfahrt macht sich die Lok der Waldbahn Yabuli gerade noch rechtzeitig vor Sonnenuntergang endlich auf den Weg zum Übergabebahnhof.

allerdings noch nicht wissen, dass sich diese auf den meisten Großstadtbahnhöfen in einer Parallelhalle befinden. Allen Hindernissen zum Trotz finden wir ohne weiteres den Weg durch den hoffnungslos überfüllten Bahnhof, nur um uns dann angesichts der vielen – ausschließlich chinesisch beschrifteten – Schalter zu fragen, an welchem davon wohl die Tickets für unseren Zug ausgestellt werden. Ein freundlicher Polizist versucht zu helfen, und tatsächlich: Nach einigen Minuten inmitten der schubsenden und drängelnden Warteschlange halten wir glücklich das »souverän« mit Hilfe von Kurs- und Wörterbuch erworbene Ticket in Händen. Leider können wir nichts von dem, was auf ihm steht, entziffern...

Nicht wenige staunende Beobachter versammeln sich inzwischen rings um uns, um unter anderem Körper- und Schuhgrößenvergleich zu betreiben. Da die Türen zum Bahnsteig stets erst wenige Minuten vor Abfahrt der Züge geöffnet werden, ergreift uns eine zunehmende Unruhe, als man uns trotz Fahrkarte den Zugang verwehrt. Erst nach mehreren Minuten des gegenseitigen Aneinander Vorbei-Redens und Nicht-Verstehens begreifen wir, dass man uns Tickets für einen erheblich später verkehrenden Zug verkauft hat. Inzwischen wird der Stau hinter uns an der Bahnsteigsperre immer länger, und so lässt man uns letztendlich entnervt doch passieren.

Wer nun glaubt, alle Probleme überstanden zu haben, der irrt, denn auch dem Zugpersonal fallen die falschen Tickets sofort auf. Eine der in jedem Wagen anwesenden Schaffnerinnen führt uns durch mehrere der zu ca. 200 - 300 % besetzten Hartsitzwagen (YZ), deren Luftgehalt bereits vor der Abfahrt erfolgreich durch Zigarettenrauch ersetzt werden konnte. Als ausgesprochen hinderlich erweist sich das mitgeführte Gepäck und die sperrige Fotoausrüstung, zumal das Gedränge gerade an den Übergängen erheblich zunimmt. Im letzten YZ-Wagen vor dem Speisewagen werden wir der Zugführerin, die in jedem Zug ihren Platz an dieser Stelle hat, vorgeführt. Wir können ihr mühsam unser Problem erklären und merken nebenher an, dass wir, selbstverständlich gegen Aufpreis, an Plätzen im Liegewagen (YW) interessiert wären. Das erweist sich als machbar, aber kompliziert: Nach endlosen mathematischen Großoperationen seitens des versammelten Zugpersonals steht nach immerhin 45 Minuten der fällige Fahrpreis fest. Als wir schließlich erschöpft auf unsere recht ordentlichen Liegeplätze niedersinken, lassen vereinzelte Dampflokpfiffe einen ruhigen Schlaf immer noch nicht zu.

Hotelsuche in China

Bei der Hotelsuche in China ist zu beachten, dass nicht alle Hotels Ausländer beherbergen dürfen (oder zum Teil den westeuropäischen Qualitätsstandards bei weitem nicht genügen). In fast allen Städten gibt es große Touristenhotels (»Binguan«). Diese sind jedoch relativ teuer und zumeist nicht gerade in Bahnhofsnähe zu finden. Es ist daher schon strapazierend, nach mittlerweile mehr als 24 Stunden seit Abflug in Düsseldorf morgens um 3.30 Uhr an der Bahnhofsstraße von Zhongwei mit dem schlaftrunkenen und obendrein nur chinesisch sprechenden Personal eines billigen Hotels Buchungsverhandlungen auszufechten – besonders, wenn gleichzeitig zwei Rikschafahrer laut-

stark versuchen, den Reisenden von den Vorzügen des Touristenhotels zu überzeugen: »Bin-Guan!!! Bin-Guan!!! Bin-Guan!!!«
Bereits um 6.00 Uhr verlassen wir unser Zimmer wieder, um uns umgehend an die Strecke zu begeben. Ganz leicht ist dies in einer Kleinstadt wie Zhongwei allerdings nicht: Taxis bereichern nicht vor 8.00 Uhr das Stadtbild und Busse fahren ohnehin nicht in die Wüste. Bliebe nur noch ein Gang zum Bahnhof, wo man uns jedoch leider mitteilt, dass der einzige Personenzug erst um 11:30 abfährt. Während nun vor unseren Augen ein mit zwei QJ bespannter Güterzug nach dem anderen in der Dämmerung verschwindet, fällt uns der obligatorische Begleitwagen am Zugschluss auf. Und in der Tat erlaubt uns der einsame Zugführer des nächsten Zuges, im – von einem kleinen Kanonenofen nur leidlich warm gehaltenen – Packwagen in die Wüste mitzufahren.

Der arme Mann ist nicht zu beneiden: Die Fenster des Wagens schließen nicht richtig oder sind gar durch Pappe ersetzt. Überdies ist die Einrichtung mehr als spartanisch: Neben dem erwähnten Ofen befinden sich nur noch einige Brettersitze im ansonsten völlig leeren Wageninneren. Es ist zwar bereits Mitte März, jedoch hat ein unerwarteter Kälteeinbruch noch einmal zu nächtlichen Temperaturen von ca. -12 Grad geführt und überdies die Wüste mit einer fotogenen Schneedecke überzogen. Der Zugführer stochert in seinem Öfchen herum und befördert laufend gewaltige Mengen an Schlacke heraus, ohne dass die Temperatur spürbar anstiege.

Obwohl die Strecke im Jahre 1993 zweigleisig ausgebaut wurde, hält unser Kohlenzug im Bahnhof Mengjiawan, am Rande der Wüste Gobi gelegen. Dieser Halt dient jedoch nicht wie früher einer Kreuzung, sondern gibt dem örtlichen Personal die Gelegenheit, ihren Kohlevorrat aus den offenen Wagons zu ergänzen. Wir nutzen die Chance, um nach einem Langstreckenspurt erste Fotos vom ausfahrenden Zug anzufertigen. Bereits zu diesem Zeitpunkt lässt sich absehen, dass mit der für Juli 1995 vorgesehenen Elektrifizierung (die Verdieselungsgerüchte erwiesen sich als falsch) der Strecke ein schmerzlicher Verlust hingenommen werden muss – Landschaft, Zuglängen, Dampfwolken und Akustik bieten ein unvergleichlich grandioses Schauspiel. Deftige Flüche auf alles, was uns bisher an einer Reise hierher gehindert hat, hallen durch die Stille der Wüste. Den übrigen Tag verbringen wir wandernd und vor allem fotografierend – nicht weniger als 14 bergfahrende Dampfzüge geraten an diesem Tag vor unsere Linse. Die wenigen probeweise eingesetzten Diesellloks fallen zwar dadurch auf, dass

Auf der Zhongwei-Rampe konnte ungefähr alle 45 Minuten mit bergfahrenden Zügen gerechnet werden. Angesichts der Steigung und der Zuglängen fuhren alle Güterzüge doppelt bespannt.

sie den Dampfloks an Lärmentwicklung deutlich überlegen sind, stören ansonsten aber rein mengenmäßig nicht allzu sehr. Leider wurden die bekannten dreifach bespannten Züge größtenteils nicht mehr mit Dampf befördert.

Schwieriger als erwartet erweist sich die Rückkehr nach Zhongwei: Zwar hätte man ohne Weiteres mit dem mittäglichen Personenzug in die Wüste hinein-, aber nicht am gleichen Tag wieder hinausgelangen können. Denn der Gegenzug verkehrt, aus welchen Gründen auch immer, bei unserem Besuch erst einen Tag später. Ein Fußmarsch von mehr als 30 Kilometern ist nach einer Ganztags-Fototour von vorneherein ebenso völlig indiskutabel wie eine Übernachtung im Freien. Es bleibt somit nur die Hoffnung auf einen freundlichen Autofahrer, der bereit wäre, gleich drei Eisenbahnfreunde auf einmal mitzunehmen. Zwar ist der Straßenverkehr mitten in der Wüste nicht gerade übermäßig dicht und nähert sich gegen Abend bedrohlich Null an, deswegen jedoch in Panik zu verfallen ist unnötig. Es ist nur eine Frage von Geduld und Zeit, bis sich die ersehnte Mitfahrgelegenheit ergibt – in unserem Falle auf der Ladung eines LKW. Aufregend ist die Fahrt allemal. Zwar besteht westlich von Mengjiawan eine bestens ausgebaute Asphaltstraße, die jedoch im Berichtszeitraum leider nicht bis Zhongwei führt und auf Höhe der großen Flussschleife des Huang-He in eine miserable Sandpiste neben den Gleisen übergeht. Unser LKW legt eine derartige Geschwindigkeit auf der schlaglochübersäten Piste vor, die selbst abgehärtete Zugverfolger verblüfft. Glücklicherweise ist die Ladung mit Stricken festgezurrt, die auch drei sich leicht verkrampft festklammernden Eisenbahnfreunden im Kampf mit Flieh- und Schwerkräften zur Hilfe gereichen. Als wir am Ortsrand von Zhongwei bleich und staubbedeckt in einen Minibus umsteigen, steht unser Zustand gleich im Mittelpunkt des Interesses.

Dicke Luft in Baotou

Baotou ist eine relativ hässliche Industriestadt auf halbem Weg zwischen Peking und Zhongwei. Neugebaute nord- und südwärts führende Stichbahnen, die vor allem von QJ des Betriebswerks

◄ So geht Industrie! Die rostroten Wolken des Stahlwerks in Baotou konnte man zu Dampflokzeiten auch vielerorts im Ruhrgebiet erleben. Und hier wie dort war es nicht ungewöhnlich, dass die Wolken später in die Innenstädte zogen.
(Foto nächste Doppelseite:) Angesichts der zahlreichen Kehrschleifen im Zuge der Zhongweirampe genügte es vielfach, sich auf dem Fotohügel einfach nur um 180° zu drehen. Der abgebildete Zug ist bereits auf S. 77 zu sehen und ließ sich problemlos mehrfach ablichten.

Baotou befahren werden, erschließen die im weiteren Umland gelegenen Kohle- und Erzreviere. Doch die zahlreichen Staatsbahndampfloks stehen mangels spektakulärer Landschaft nicht im Mittelpunkt unseres Interesses. Die knappe Zeit zwischen zwei Zügen auf dem Weg nach Peking nutzen wir zum Besuch des Hauptarbeitgebers

▶ Das erste Foto der Tour! Ein freundlicher Zugführer nahm uns im Begleitwagen am Zugschluss mit und bot uns eine günstige Mitfahrgelegenheit in die Wüste Gobi. Wer stört sich angesichts solcher Szenen wie hier bei der Ausfahrt aus Mengjianwan noch an Müdigkeit und Kälte?

▼ Das Expresspaar 43/44 zwischen Peking und Lanzhou war der Starzug auf der Zhongweirampe. Auf dem schwierigsten Streckenabschnitt war die Dampflok unverzichtbar! An dieser Stelle tritt der gelbe Fluss aus dem Gebirge in die Wüste über und erhält seine namensgebende Farbe.

Ein aufziehender Sandsturm ließ den Aufenthalt in der Wüste zunehmend unangenehmer werden. Kurz vor dem Abbruch des Fototages musste aber noch dieser Güterzug kurz vor Changliushui abgelichtet werden.

der Stadt, des Stahl- und Eisenwerkes. Älteren Berichten zufolge sollen in diesem Werk neben mehreren Maschinen vom Typ SY (1'D 1'), YJ (1'C1') und JS (1'D1') noch einige Tenderloks der Baureihe ET 7 im Einsatz stehen. Hinter dieser Bezeichnung verbergen sich alte Bekannte, entsprechen sie doch vollständig den noch heute in einigen Exemplaren in Polen eingesetzten D-gekuppelten Industrieloks der Reihe Tkp.

Völlig unbürokratisch, schnell und überraschend preisgünstig organisiert das sehr hilfsbereite örtliche CITS-Büro einen Besuchstermin. Das Stahlwerk kündigt sich schon von weitem durch eine gigantische rostrot-orange Staubwolke an, die sich umgehend in Kleidung und Atemwege einfrisst. Die sich prompt einstellende Brüchigkeit sämtlicher befallener Textilien demonstriert drastisch, dass der Aufenthalt hier nicht gerade unserer Gesundheit dienlich ist. Die in dieser Region tätigen und wohnenden Arbeiter haben zwar einen recht krisensicheren Job, doch dürfte sich unter diesen Umweltbedingungen die Lebenserwartung dramatisch reduzieren. Zahlreiche Maschinen stehen dampfend an den Behandlungsanlagen nahe des Lokschuppens, andere versehen schwersten Rangierbetrieb im völlig eingenebelten Werksbereich. Enttäuschend präsentiert sich der Einsatz der ersehnten ET 7: Nur noch eine Maschine, noch dazu durch fehlende Kuppelstangen zum C1-Kuppler degradiert, dampft im Bw-Bereich still vor sich hin, alle anderen sind kalt oder völlig desolat auf dem Schrottgleis versteckt abgestellt. Dies trifft auch auf sämtliche Ct-Maschinen vom Typ XK zu, von denen hier momentan keine eingesetzt wird. Höhepunkt der Werksbesichtigung ist zweifelsohne der Besuch der außerhalb gelegenen Schlackenhalde. Eine SY drückt ihren aus Schlackenkübelwagen bestehenden Zug auf ein Gleis hart am Rande der Halde. Anschließend nähert sich die fahrbare Entladevorrichtung, die zunächst die Kübel umkippt. Die schon erstarrte Schlacke löst sich erst nach einigen Schlägen mit einer Art Abbruchbirne heraus und donnert als Block qualmend zu Tal. Auf diesen Moment haben wir gewartet: In dem Augenblick, als der Block den Boden erreicht, platzt er auf und gibt sein flüssiges Inneres frei, das rotglühend in alle Richtungen spritzt. Zusammen mit dem hoch auf der Halde stehenden Dampfzug ergeben sich nahezu dramatische Fotomotive – sofern man das Wagnis auf sich nimmt, die im Wesentlichen aus loser Asche und gewaltigen Schlackeklumpen bestehende Halde unter Auslösung unberechenbarer Geröllawinen hinab- und – weitaus schwieriger – wieder hinaufzuklettern.

Platzprobleme in Peking

Man sollte annehmen, dass den inzwischen auf alles vorbereiteten Reisenden im Hauptbahnhof von Peking keine großen Probleme erwarten. Erfreulicherweise existiert ein nur Touristen vorbehaltener Fahrkartenschalter, inklusive üppig ausgestatteter Wartehalle. Was die Stimmung jedoch drücken kann, ist die Tatsache,

Kaum irgendwo sonst konnte 1994 noch mit einer solchen Dampfzugdichte wie an der Brücke bei Datongua gerechnet werden. Der Sonnenuntergang führte von allen Seiten der Brücke zu eindrucksvollen Fotos.

dass selbst hier niemand englisch spricht und so der Grund für die Verweigerung von Liegewagentickets im Dunkeln bleibt. Wir müssen uns daher mit Hartsitzfahrkarten zufrieden geben – dunkle Vorahnungen beschleichen uns.

Zu Recht, denn sonderlich bequem reist man im YZ-Wagen nicht. Zwar sind die Sitze in Fernzügen nicht ganz so hart wie in lokalen Personenzügen (und darüber hinaus etwas sauberer), jedoch kann eine zehnstündige Fahrt durchaus zur Härteprüfung ausarten. Als Nichtraucher stellt man die absolute Ausnahme dar, und wenn man auch die von den überaus zahlreichen Mitreisenden pausenlos angebotenen Zigaretten gerade noch dankend zurückweisen kann, stellen sich durch die stark rauchhaltige Umgebung innerhalb kürzester Zeit ernsthafte Atembeschwerden ein. Erfreulicher ist hingegen, dass einige englischsprachige Zuginsassen sich ein Herz fassen und zaghaft versuchen, unter großer öffentlicher Anteilnahme ihre Fremdsprachenkenntnisse auszuprobieren, andere lassen uns wie selbstverständlich an ihren Mahlzeiten teilhaben. Eigentlich eine überaus sympathische Atmosphäre – wenn doch nur etwas frische Luft hereinkäme.

Am Ende dieser unbequemen Etappe finden wir uns nach nur einem Zwischenhalt mitten in der Nacht rund 800 Kilometer weiter nördlich in Shenyang wieder – wo wir vor der Weiterfahrt nach Tonghua mit gleich 50 in zwei Ebenen angeordneten Fahrkartenschaltern konfrontiert werden.

Im Zuge einer Busfahrt entdeckten wir eine Dampffahne hoch oben in den Hügeln – die Erzbahn von Hunjiang. Auf dem Weg zur Erzgrube wurde taubes Gestein aus der Erzaufbereitung kurzerhand an einer Brücke entsorgt.

Schneefall in Tonghua

Die von Tonghua ausgehenden Nebenbahnen sind eine landschaftlich überaus reizvolle Domäne der Baureihe JS. Wenngleich die nach Tonghua führende Hauptstrecke inzwischen weitestgehend verdieselt ist und sich einzelne Vertreter dieser Traktionsart bereits auch auf die Nebenstrecken hinauswagen, lassen sich aufgrund der hohen Zugdichte immer noch zahlreiche Dampfzüge an wunderbaren Fotopunkten in Daoqing und Dayangcha ablichten. Der erste Abend verläuft vielversprechend. Von der Fußgängerbrücke an der Ausfahrt Richtung Hunjiang lassen sich in herrlichstem Abendlicht mehrere ein- und ausfahrende Personen- und Güterzüge aufnehmen, Rangierfahrten vervollständigen das Bild. Wir beschließen, unser Quartier

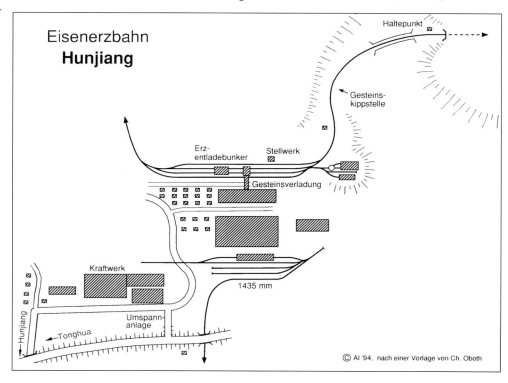

in Hunjiang aufzuschlagen, um einen günstigen Ausgangspunkt zu den interessantesten Fotopunkten zu haben. In einem hoffnungslos überfüllten Minibus rumpeln wir bei Sonnenuntergang auf der Neubaustraße, parallel zu einem kurzen Dampfgüterzug, dem ca. 80 km weit entfernten Hunjiang entgegen und können erste prüfende Blicke auf Landschaft und Strecke werfen: Tatsächlich bieten sich hier Fotomotive in Hülle und Fülle!

Am nächsten Morgen steigen wir in Daoqing aus dem Zug und werden prompt von einer geschlossenen Wolkendecke überrascht. Bis Mittag fotografieren wir lustlos einige Züge, die jedoch in der trüben Witterung nicht recht zur Geltung kommen. Nachmittags setzt heftiger Schneefall ein, wir müssen unverrichteter Dinge das Feld räumen – die Sichtweite sinkt unter 50 Meter. Der Schneefall hält unangenehmerweise einige Tage an, die Zeit muss daher damit totgeschlagen werden, die exzellenten kulinarischen Einrichtungen Hunjiangs zu studieren. Als wir vier Tage nacheinander dasselbe Restaurant aufsuchen, erwartet uns schließlich – auf Initiative des äußerst freundlichen Personals – ein Dolmetscher in Gestalt des Englischdozenten der örtlichen Hochschule.

Als Ausländer dürfen wir leider nicht die Hotels in unmittelbarer Nähe des Bahnhofs benutzen. Mit dem Zug an die Strecke hinauszufahren ist aufgrund des notwendigen Transports zum Bahnhof zeitlich zu aufwendig. Als zweckmäßig erweist es sich, einen der leerfahrenden Minibusse, die schon vor Sonnenaufgang die Hauptstraße auf und ab fahren, zu chartern. Auf diese Weise ist es ohne Weiteres möglich, relativ kostengünstig und ohne größere Fußmärsche direkt die Fotopunkte zu erreichen. Auf einer solchen Fahrt nach Dayangcha entdecken wir durch Zufall einen hoch oben im Gebirge fahrenden Dampfzug – weit weg von der im Tal verlaufenden Zweigstrecke nach Baihe. Zufällig sind wir auf die bekannte schmalspurige Eisenerzbahn von Hunjiang gestoßen, deren zwei landschaftlich überaus reizvolle Streckeräste unmittelbar oberhalb des Normalspuranschlusses des örtlichen Großkraftwerkes beginnen. Recherchen vor Ort ergeben, dass die westwärts abzweigende

Nach einer guten Woche ununterbrochenen Schneefalls endlich Sonne! Die Felsen bei Daoqing an der Strecke von Hunjiang nach Tonghua boten mehr als genug Motive für einen ganzen Fototag.

Blick in die Montagehalle im Ausbesserungswerk Changchun. Auch wenn es an einigen Stellen so aussah, als würden die Loks mittels Sprengstoff auseinandergenommen: Nein, dies ist keine Veschrottung, sondern eine Hauptuntersuchung.

Strecke unmittelbar vor der Elektrifizierung steht. Die Oberleitungsmasten stehen bereits, fabrikneue E-Loks stehen, gut verpackt, im Bw-Gelände herum. Günstiger sieht es momentan noch auf der östlichen Strecke aus, die kurz nach Verlassen des Bahnhofes über eine große Betonbrücke in einen langen Tunnel hineinführt. Kurz danach steigt die Strecke steil an. Hier lassen sich die zahlreichen Dampfzüge noch ohne störende Masten aufnehmen.

Ein Problem dieser Gegend stellt das unbeständige Wetter dar. Fast keine Fototour verläuft hier ohne mehrtägiges Warten auf besseres Wetter. Wenn allerdings tatsächlich einmal die Sonne scheint, ergeben sich hervorragende Motive, bei der herrschenden Zugdichte kommt jeder voll auf seine Kosten! Neben Dayangcha und Daoqing, wo steile Felswände landschaftliche Höhepunkte setzen, sei der Bahnhof Datonghua erwähnt. Neben dem Stahlwerk, dessen SY häufig in den Bahnhof kommen, gibt es einige Flussbrücken, die sich morgens und abends hervorragend für stimmungsvolle Streiflicht- und Silhouette-Schüsse eignen. Da sich die Strecke erst im weiteren Verlauf zu mehreren Nebenstrecken verzweigt, kann hier mit bis zu fünf Dampfzügen pro Stunde gerechnet werden.

Neue Dampfloks in Changchun

Nach nächtlicher Fahrt kommen wir morgens in Changchun, einer Millionenstadt in der Provinz Jilin, an. Der gesamte Bahnhof und seine Umgebung werden zurzeit völlig umgestaltet und präsentieren sich als riesige Baustelle. Leider zeigt es sich, dass die einzigartige Straßenbahn dem Umbau des Bahnhofsvorplatzes zum Opfer gefallen ist und sich aus den östlichen Stadtvierteln komplett zurückgezogen hat.

In direkter Nachbarschaft des Bahnhofs stoßen wir, versteckt im Hinterhof eines Luxushotels, auf das örtliche CITS-Büro, wo uns neben einer Bw-Besichtigung auch der Besuch der Lokomotivfabrik angeboten wird. Tatsächlich handelt es sich hierbei in erster Linie um ein großes Dampflokausbesserungswerk der Staatsbahn, wo nebenbei noch immer einige Loks vom Typ SY hergestellt werden (vermutlich aus vorgefertigten Teilen aus der Lokfabrik Tangshan). Gleich fünf, erst 1993 fertiggestellte Maschinen treffen wir unter den Nummern 3013 - 3017 im Frei-

gelände an, wo gerade je eine frisch untersuchte QJ und JS die Werkshallen verlassen.

Neue Maschinen befinden sich zwar Ende März 1994 nicht in Produktion, jedoch entschädigt das übrige Treiben im Werk vollends: Unvorstellbare Betriebsamkeit aller Orten, an allen Maschinen wird hektisch geschraubt und geschweißt, Hallenkräne hieven tonnenschwere Lasten in Kopfhöhe an uns vorbei. Zwar herrscht Helmpflicht, jedoch fallen dem westliche Sicherheitsstandards gewohnten Besucher sofort fehlender Lärmschutz, offene Gruben, herumliegende Klein- und Großteile, vorstehende scharfe Kanten und der allgegenwärtige Kranbetrieb als mögliche Quellen schrecklicher Unfälle ins Auge.

Nach einem enttäuschenden Besuch im Bw, wo die Dieseltraktion eindeutig die Oberhand gewonnen hat und das Fotografieren nur für 45 Minuten gestattet wird, legen wir die nächste Etappe bis Mudanjiang im komfortablen, aber unglaublich teuren Polster-Schlafwagen zurück. Wiederum lassen uns die Mitreisenden an ihrem mitgebrachten Festmahl teilhaben. Das Bier fließt in Strömen, die Stimmung ist ausgelassen; entsprechend unwirsch reagieren wir daher, als die Schaffnerin bereits um 3.30 Uhr strikt darauf besteht, die Betten abzuziehen – immerhin erfolgt die Ankunft erst um 5.30 Uhr.

Von der Nacht noch deutlich gezeichnet, beschließen wir, den Weg zum Hotel per Taxi zurückzulegen. Der freiwillig vom Fahrer genannte Preis von 10 Yuan lässt zwar bereits von vorneherein auf eine nicht allzu weite Entfernung schließen, als man uns jedoch schon sage und schreibe 20 Meter weiter wieder absetzt, staunen wir nur ungläubig ...

Dieselloks auf dem Vormarsch

Allzu viel Staatsbahndampf hat Mudanjiang mittlerweile nicht mehr zu bieten. Glaubwürdigen Berichten zufolge muss man schon einen ganzen Tag opfern, um wenigstens einige der verbliebenen Dampfzüge in der reizvollen Umgebung der Stadt aufzunehmen. In der großen Hufeisenkurve von Maodoshi muss darüber hinaus bei bergfahrenden Zügen mit Dieselvorspann gerechnet werden.

In Richtung Jiamusi sind es vor allem die wenigen täglichen Personenzüge, die noch von Dampflokomotiven (QJ und JS) befördert werden. Im Güterzugdienst trifft man mittlerweile fast nur noch Dieselmaschinen an, lediglich ein einziger QJ-bespannter Zug konnte von uns abgelichtet werden.

Die Brücke bei Datonghua ließ sich auch problemlos für Silhouette-Schüsse umsetzen. Selten konnte ein Sonnenuntergang mit so vielen Dampfzügen genossen werden.

Günstiger sieht es bei der Waldbahn Chaihe aus. Ungefähr alle zwei Stunden erreicht ein beladener Zug den Bahnhof, woraufhin häufig ein Leerzug in die Wälder abfährt. Doch selbst bei den Waldbahnen ist mittlerweile zur Eile geraten. Hier ist es mal nicht der LKW, der den Schmalspurbahnen den Garaus zu machen droht, das Problem ist wesentlich ernster. Denn hemmungsloser Raubbau an der Natur hat dafür gesorgt, dass in manchen Regionen große Teile des Waldbestandes abgeholzt sind und beispielsweise zu Einweg-Essstäbchen verarbeitet wurden.

Personenzug nach Nancha

Das aufziehende schlechte Wetter und der stark zurückgegangene Staatsbahndampf lassen keine allzu große Lust aufkommen, noch länger in der Stadt zu bleiben. Wir steigen daher in den dampfbespannten Frühzug nach Jiamusi. Trotz seiner Parade-QJ ist dieser Zug nicht gerade das Schmuckstück der chinesischen Eisenbahnen: Ausschließlich auffallend dreckige YZ-Wagen und kein Speisewagen. Auch die Länge der Fahrzeit ist beeindruckend: zehn Stunden für ungefähr 250 Kilometer. Völlig gerädert steigen wir schließlich mitten in der Nacht in Nancha aus dem Anschlusszug (ebenfalls YZ-Wagen) und finden gleich am Bahnhofsausgang ein einfaches, aber akzeptables Hotel als Basislager für die nächsten Tage.

Die Rampe in Nancha an der Strecke in Richtung Yichun stellt im April 1994 ein absolutes »Muss« für jeden China-Reisenden dar: Noch immer werden die meisten Personenzüge und alle Güterzüge mit QJ bespannt, jedoch lassen vereinzelt hinter Dieselpersonenzügen auftauchende Schubdiesel oder Leerfahrten keinen Zweifel daran, dass das Dampfzeitalter auch hier unwiderruflich zu Ende geht. Zum Trost sei jedoch gesagt, dass noch man nicht allzu lange warten muss, um einen bergfahrenden Dampfzug vor die Linse zu bekommen. Züge aus Richtung Nancha werden dabei mit je einer QJ an beiden Zugenden bespannt. Die Rauchkammer der Schublok weist stets in Richtung Nancha, da diese im Bahnhof Liushu unmittelbar als Vorspann auf den Gegenzug übergeht. Die bekannten dreifach bespannten (eine Lok davon stets am Zugschluss) Holzzüge verkehren zwar weiterhin, jedoch kann nicht mehr unbedingt mit drei Zügen täglich gerechnet werden.

Anfang April 1994 hat gerade eine langanhaltende Wärmeperiode begonnen. Die Folgen sind fatal: Zum einen hat durch das langanhaltende Tauwetter der Erdboden jegliche Festigkeit verloren und präsentiert sich nun als ziemlich undurchdringlicher, knietiefer Matsch. Störend sind ebenfalls die fotografischen Folgen, da mit zunehmender Wärme auch keine spektakulären Dampfwolken mehr zu erwarten sind. Außerdem konnte mit dem Auftauen des Bodens damit begonnen werden, an einer der schönsten Fotostellen der Südrampe (kurz vor dem Einschnitt am Scheitelpunkt) Masten für eine neue Stromleitung aufzustellen.

Als mittags ein doppelbespannter Holzzug von Liushu sich die Rampe hinaufkämpft und dabei fast kein Dampfwölkchen von sich gibt, kehren wir trotz strahlender Sonne umgehend nach Nancha zurück. Es erweist sich hinsichtlich der Dampfentwicklung als äußerst günstig, bereits weit vor Sonnenaufgang (d.h. im April ca. 5.30 Uhr) aufzubrechen, zumal ein ziemlicher Fußmarsch zu bewältigen ist. Nachdem uns selbst ein am Streckenrand herumliegender Totenschädel nicht weiter eingeschüchtert hat, wagen wir einen inoffiziellen Bw-Besuch. Bewaffnet mit einem von einer befreundeten Chinesin angefertigten Zettel mit den zweckmäßigsten Fragen und Bitten auf Deutsch und Chinesisch dringen wir über die Gleise ins Verwaltungsgebäude vor. Der Zettel verfehlt seine

Mittags nahmen die Temperaturen an der Zhongweirampe deutlich zu. Aber auch mit kleinerer Dampfwolke waren die endlosen Güterzüge ein Erlebnis!

Wirkung nicht: Bereitwillig lässt man uns ungehindert gewähren. Es erwartet uns Dampflokatmosphäre pur. Etwa zehn Maschinen werden gleichzeitig bekohlt, besandet und entschlackt, einzelne Loks fahren auf die Drehscheibe oder erreichen gerade das Betriebswerk, andere verschwinden in Richtung Bahnhof.

Stehend nach Harbin

Die Nebenstrecke nach Yichun verlangte mehr Zeit als geplant, wir müssen Nancha verlassen, ohne uns um den regen Dampfbetrieb auf der Hauptstrecke gekümmert zu haben. Mittags läuft unser Zug nach Harbin ein, der im weiteren Kurs bis Peking durchläuft. Leider haben wir vorher vernachlässigt, dass es sich hier um einen Langstreckenzug handelt. Diese zeichnen sich dadurch aus, dass sie gleich am Abgangsbahnhof derartig überfüllt sind, dass man keine Platzreservierungen mehr bekommt. Bei Ankunft des Zuges zeigt sich, dass nicht nur Reservierungen, sondern – noch schlimmer – generell Sitzplätze Mangelware sind.

Menschen überall: Vier Personen auf jeder Sitzbank, darunter und dazwischen pro Sitzgruppe drei, im Gang davor mindestens vier. Allesamt Kettenraucher! Mürrisch hocken wir uns auf unser Gepäck und müssen mitansehen, wie der uns zur Verfügung stehende Raum mit jedem Halt zusehends kleiner wird. Selbst die Stehplätze werden knapp. In den Speisewagen vorzudringen, erweist sich mit Gepäck als illusorisch, so bleibt uns nichts anderes übrig, als geduldig im immer dichter werdenden Gedränge auszuharren. Bewegungsfreiheit gibt es nicht, Luft allerdings noch weniger, da trotz 16 Grad Außentemperatur das Öffnen eines Fensters als unzumutbar angesehen wird. Zu allem Überfluss kämpft sich alle paar Minuten die Minibarkellnerin durch das Chaos und trägt entscheidend dazu bei, dass sich die Fahrgäste menschlich einander näherkommen. Gerade, als ich mich entschließe, entweder Amok zu laufen oder ohnmächtig zu werden, erreicht unser Zug nach sechs Stunden Fahrt Harbin. Am Rande eines Nervenzusammenbruchs beschließen wir, nie-nie-nie wieder längere Strecken im YZ-Wagen zurückzulegen!

Na, dann gute Nacht ...

Nach gründlicher Erholung steht am nächsten Morgen ein Besuch örtlichen CITS-Büros auf dem Programm. Eine solche Tortur wie die Fahrt nach Harbin soll nicht noch einmal passieren. Als wir eintreten, werden wir zu unserer völligen Verblüffung mit den Worten: »Ah! Sie sind doch bestimmt Eisenbahnfreunde! Waren sie schon im BW?« empfangen. Das unerwartete Outing ist leicht zu erklären:

Die beiden Hauptakteurinnen im Stahlwerk Baotou: die Baureihen JS (1′D1′) und die kleinere YJ (1′C1′)

Harbin wird im Allgemeinen nur von geschäftemachenden Russen und Eisenbahnfreunden besucht. Der sehr freundliche Mitarbeiter hat in der vergangenen Zeit bereits mehrere Reisegruppen begleitet und so seine Deutschkenntnisse perfektionieren können. Nachdem er uns recht teure Schlafwagentickets besorgt hat, verabschiedet er sich von uns mit einer Reihe Fototipps für das Stadtgebiet von Harbin, die in der Vergangenheit zwar wahrscheinlich recht hilfreich gewesen wären, jedoch angesichts moderner Hochhausbebauung und vergammelten QJ in untergeordneten Diensten leider nicht mehr zu besonders eindrucksvollen Fotos führen.

Guter Dinge besteigen wir abends den Schlafwagen nach Shenyang und schlafen recht bald ein. Als ich jedoch merke, dass sich etwas auf meinem Bein bewegt, wache ich schaudernd auf. Tatsache! Eine mittelgroße, braune Ratte schickt sich gerade an, mein Bett wieder zu verlassen! Fassungslos muss ich beobachten, wie sie kurz darauf auf dem Heizungskasten am Kopfende wieder auftaucht und sich in Richtung des schnarchenden Chinesen gegenüber davonmacht. Die daraufhin herbeigerufene Schaffnerin knipst kurz das Licht an, sieht keine Ratte und geht wieder. Keine Ratte zu sehen – keine Ratte da – Fall erledigt. Als unwesentlich später von der oberen Koje her ein Plumpsen und ein über die Rückenlehne huschender Schatten wahrzunehmen ist, ziehe ich mich in den Speisewagen zurück, wo ich den Rest der Nacht verbringe.

Schlussbemerkungen

Nach einem deprimierenden Besuch im mehr an einen Schrottplatz erinnernden Eisenbahnmuseum in Sujiatun bei Shenyang geht unsere Reise versöhnlich in einem benachbarten Ausbesserungswerk für Industrieloks zu Ende. Angesichts der hervorragend aufgearbeiteten Maschinen vom Typ YJ, SY und JS und einer kleinen C-gekuppelten Tenderlok vom Typ GJ im Verschubdienst sind alle Strapazen der letzten Tage vergessen.

CHRISTOPH OBOTH

DIE GENEHMIGUNG

EINE POSSE AUS DER BUNTEN WELT DER AMTSSTUBEN IN SECHS AKTEN

Eisenbahnen zu fotografieren ist nicht immer die reine Freude. Mal macht dem Reisenden das Wetter einen Strich durch die Rechnung, mal streikt die Fotoausrüstung. Dann wieder kann die ersehnte Dampfstrecke verdieselt sein. Besonders unangenehm wird die Fototour, wenn – aus welchen Gründen auch immer – das Fotografieren von höherer Stelle untersagt wird.

Einen solchen Fall haben wir beim Tunnel von Xinxing vor uns: Seine in China wahrlich nicht allzu häufig anzutreffende Anlage als Kreiskehrtunnel inmitten einer schönen Berglandschaft macht ihn zum wichtigsten Ziel im Umfeld der Grenzstadt Tumen. Leider hört man von hier nur wenig Positives: Die meisten ohne polizeiliche Genehmigung anrückenden Fotografen werden von der Tunnelwache am Fotografieren gehindert und umgehend in den nächsten Zug zurück nach Tumen gesetzt.

Die unklare Lage, ob die Gegend um Xinxing mittlerweile frei zugänglich ist, trägt schließlich dazu bei, einen tollkühnen Plan heranreifen zu lassen: eine offizielle Genehmigung zu besorgen.

1. AKT: FREMDENPOLIZEI VON TUMEN

Was liegt näher, als in der nächstgrößeren Stadt bei der Fremdenpolizei vorstellig zu werden? Tatsächlich ist die Behörde relativ leicht in der Nähe des Bahnhofs zu finden. Leider müssen wir feststellen, dass die Fremdenpolizei samstags geschlossen ist – in einem Land wie China fällt es leicht, Wochenenden zu übersehen ...

2. AKT: NOCHMALS FREMDENPOLIZEI IN TUMEN

Am Montag sind wir gleich früh morgens zur Stelle. Mit einer überlegenen Geste präsentieren wir dem gegenübersitzenden Polizisten unser zweisprachiges Kärtchen (»Wir würden gerne eine Genehmigung zum Aufenthalt in der Gegend von ... erhalten.«). Noch bevor wir ihm auf der Landkarte zeigen können, welche Gegend wir überhaupt meinen, winkt er ab und sagt lächelnd: »Yanji.« Aha ... Wir haben uns also an vorgesetzte Stellen in der Bezirkshauptstadt Yanji zu wenden. Wir nehmen uns vor, für die bevorstehende Expedition hinreichend schlechtes Wetter abzuwarten.

3. AKT: CITS-BÜRO IN YANJI

Einige Tage später stehen wir folglich in Yanji. Leider hat uns der Fahrer des gecharterten Wagens statt bei der Fremdenpolizei am staatlichen Touristenbüro abgesetzt. Das soll uns nicht allzu sehr stören – vielleicht kann man auch hier zum Ziele kommen. Während wir uns noch über das im Flur aufgehängte Schild mit der Aufschrift »Foreign exchange cigarette« wundern, erklärt uns die freundliche Mitarbeiterin, dass wir keine Probleme zu erwarten hätten: Schließlich sei der Bezirk Wangqing, zu dem Xinxing gehört, offenes Gelände. Als wir nachhaken und um eine schriftliche Bestätigung bitten, bricht leichte Hektik aus: Nein-nein-nein-nein, das sei völlig unmöglich. Das könne nur die Fremdenpolizei!

4. Akt: Fremdenpolizei in Yanji

Der ein ziemlich gutes Englisch sprechende Polizist begrüßt uns sehr freundlich. Nein, da gebe es ü-ber-haupt kein Problem. Als wir darauf bestehen, dass dort kurz zuvor Bekannte sehr wohl auf gewisse Probleme gestoßen seien, wird er nachdenklich: Naja, vielleicht ist der Tunnel ja doch verboten …

Nun, auf so eine Antwort sind wir vorbereitet: Deswegen seien wir ja auch gekommen, um eine Genehmigung zu bekommen! »Just a minute!«, ruft er uns zu. Das müsse er mit seinem Vorgesetzten ausdiskutieren.

Wenn Eisenbahnfreunde sich langweilen, kommen sie manchmal auf recht unsinnige Gedanken. Gerade, als man überlegt, wer aus der Gruppe zum Gelingen der Aktion geopfert werden soll, erscheint unser Sachbearbeiter, entschuldigt sich für die lange Wartezeit und bittet, bevor er erneut verschwindet, nochmals für »just a minute«. Kein Problem – schließlich warten wir erst seit zwei Stunden …

5. AKT: IMMER NOCH FREMDENPOLIZEI IN YANJI

Inzwischen wird es in unserem Warteraum bedrohlich dunkel; die anwesenden Polizisten bereiten sich allmählich auf ihren Feierabend vor.

Nachdem wir mittlerweile geschlagene vier Stunden sämtliche Aspekte der Inneneinrichtung hinreichend auf uns haben wirken lassen, erscheint der freundliche Polizist erneut – diesmal in Begleitung seines Vorgesetzten.

Die Mitteilung, die sie uns machen, haben wir eigentlich erwartet: Eine Genehmigung könne auf Weisung der extra konsultierten Provinzregierung keinesfalls erteilt werden. Wozu auch? Schließlich handele es sich bei der Region Wangqing um offenes Gelände …

Unser Einwand, dass eventuell einige Dorfpolizisten davon noch nichts gehört haben könnten, wird gekonnt pariert: Das könne nicht sein, da die Öffentlichkeit von der Öffnung des Gebietes extra durch das Amtsblatt unterrichtet worden sei. Nein, eine Kopie des Amtsblattes kann man uns auf keinen Fall aushändigen – schließlich ist das streng geheim und längst nicht jedem zugänglich.

Eine amtliche Bestätigung, die wenigstens den Bezirk Wangqing als offenes Gebiet ausweist, könnten wir selbstverständlich ebenso wenig erhalten; wir sollten da doch lieber direkt in Xinxing nachfragen. Oder vielleicht könnte man uns im Hotel eine kurze Notiz darüber aufschreiben, die man dem Tunnelwächter vorlegen könnte … Jedenfalls, alles völlig unproblematisch. Allerdings sollten wir doch lieber einen großen Bogen um den Tunnel machen. Ist zwar nicht verboten, aber vielleicht doch.

Nach kollektivem Aufschluchzen unsererseits erklärt sich der Vorgesetzte nun zögerlich doch noch bereit, uns wenigstens den Satz »Das Gebiet um Wangqing ist ohne Genehmigung zugänglich« auf Chinesisch aufzuschreiben (selbstverständlich nicht auf offiziellem Papier…). Beim Abschied schärft er uns allerdings nochmals ein, besser nicht nach Xinxing zu gehen. Alles Gute und Tschüss.

SCHLUSSBILD: TUNNEL VON XINXING

Nach einigen (lichtbedingten) Fernschüssen in der näheren Umgebung des Tunnels steht die Sonne am frühen Nachmittag endlich so günstig, dass wir ein Foto mit beiden Gleisebenen mitsamt Tafelberg im Hintergrund versuchen wollen.

Zu diesem Zwecke postieren wir uns oberhalb des Tunnelportals und entdecken in der Ferne endlich den ersehnten bergfahrenden Zug. Gleichzeitig erscheint nun auch der Tunnelwärter. Ihn scheint es gar nicht weiter zu interessieren, ob Xinxing nun zugänglich ist oder nicht – hier geht es schließlich um SEINEN Tunnel. Bald schon sitzen wir bei herrlichstem Wetter im Zug nach Tumen.

OBWOHL ...

Bleiben wir gerecht: Trotz allem kann man sich als Eisenbahnfotograf gerade in China einiges herausnehmen. Wo, zum Beispiel, ist es sonst schon möglich, ohne Voranmeldung – oftmals noch am selben Tag – Industriebetriebe oder Ausbesserungswerke zu besichtigen? Im Falle Xinxing sind wir lediglich Opfer des undurchdringlichen Dschungels der Bürokratie geworden.

Diese wiederum ist keine chinesische Erfindung: Wer jemals versucht hat, auf offiziellem Wege eine Genehmigung für die Zeche Emil-Mayrisch bei Aachen, Thyssen oder das Werksmuseum von LHB zu bekommen, der kennt die Bedeutung der Vokabel »Frust«. Und auch der unangenehmste Fall, ein ungewollter Kontakt mit der Polizei, verläuft in China meist glimpflicher als in Deutschland; der Verfasser erinnert sich mit Grausen an die lockeren Colts zweier hyperaktiver Polizisten am stillgelegten Tunnel bei Albringhausen.

Eines jedoch sollte unser Erlebnis gezeigt haben: Anstatt an Schlechtwettertagen zu versuchen, eine Genehmigung für Xinxing zu bekommen, ist es wesentlich sinnvoller, sich an solchen Tagen mit dem Testen des chinesischen Bieres zu beschäftigen.

KARL-W. KOCH *(EIN BERICHT AUS DEM JAHR 2001)*

WENN MASOCHISTEN URLAUB MACHEN – II
ES GIBT NOCH EINE STEIGERUNG!
BEI -15 °C UND EINEM STRAMMEN WESTWIND

Die beiden ersten Tage in Peking waren weitgehend unspektakulär, große Mauer und eine Minenschmalspurbahn. Letztere hatte zwei Maschinen unter Dampf (von Loks wage ich in diesem Zusammenhang nicht zu sprechen), bei denen doch berechtigter Verdacht aufkam, sie seien nur irgendwie unter Dampf gesetzt worden, um den »Langnasen« (den Besuchern aus Europa) zu imponieren.

Dass sie in der Lage sein sollten, die mit Granit beladenen Loren auch nur zu bewegen, geschweige denn die höllisch steilen Steigungen hinaufzuziehen, glaubte keiner. So wurde dann auch eifrig stundenlang an ihnen rumgewerkelt, vereiste Schläuche ab und – in der Ofenglut (!) enteist – wieder angeschraubt, drei Meter gefahren (aus eigener Kraft?) der Tender ab- und wieder angekuppelt … kurz, die Veranstaltung hatte Show-Charakter.

Dann wurde es ernst: Softsleeper nach Baotou. Die Gruppe war klein und übersichtlich … und nicht durch »4« teilbar. Pech für unser kanadisches Ehepaar, dem der Reiseleiter vermutlich etwas Gutes tun wollte und sie vermeintlich allein in ein Abteil buchte. Nur, die CR sah das anders, schließlich war der Zug gerappelt voll. Also nichts war's mit der trauten Zweisamkeit, sie wurde von zwei chinesischen Herrn mittleren Alters gestört.

Dass die Zugtoiletten ab den späten Abendstunden offenbar von Mitreisenden zum Schlafplatz umfunktioniert wurden und logischerweise gegen unerwünschte Störungen verrammelt waren, war ein Highlight der Reise. Nun, Not macht erfinderisch, über weitere Details schweigt des Schreibers Höflichkeit…

JingPeng-Pass: Die erst recht spät von westlichen Eisenbahnfreunden »entdeckte« private Bahnstrecke war aufgrund der landschaftlichen Höhepunkte und des Dampflokeinsatzes schnell ein Hauptreiseziel.

Der Wind, der Wind, das teuflische Kind

Wer den Unterschied zwischen saukalt und dem, was ein Amerikaner mit dem hässlichen »fucking cold« umschreiben würde, endlich mal am eigenen Leib verspüren will, der möge bei windstillen -15 °C und bei mittlerem Westwind und -15 °C Streckenaufnahmen machen – anschließend kennt er den Unterschied. Bei letzterer Gelegenheit werden die Möglichkeiten, sich irgendwie irgendwo aufzuwärmen zur Lebensnotwendigkeit. Da bot die übrigens hervorragende Kantine des Bws Benhong eine gute Gelegenheit, hat der Esser doch hier direkten Blick auf die Maschinen. Ansonsten wird der Aufenthalt in vor dem Wind ungeschützten Lagen nicht nur zur Qual, sondern auch tatsächlich lebensbedrohlich. Die oben zitierten -15 °C an windstillen Tagen sind dagegen relativ gut auch über Stunden im Freien zu ertragen, entsprechend warme Kleidung vorausgesetzt. Aber ohne die sollte sich um diese Jahreszeit ohnehin niemand in der Region blicken lassen.

Den ersten ungeschminkten Kontakt mit den erwähnten -15 °C und strammem Westwind mache ich an unserem ersten Tag in der chinesischen Provinz an der Strecke Baotou – Shiguai. Landschaftlich reizvoll, doch leider sind die Kohlenminen weitgehend ausgebeutet, was einen geringen Güterzugverkehr zur Folge hat. Und so stehe ich mittlerweile zwei Stunden fernab vom wärmenden Kleinbus und warte auf einen Personenzug, der eigentlich vor einer Stunde hätte kommen sollen. Der Fotopunkt ist »nett«, aber weitgehend windungeschützt, trotzdem frage ich mich sehr ernsthaft, was ich denn um Himmels willen hier eigentlich mache? Leichte Zweifel am eigenen Geisteszustand werden wach, verstärkt durch einen Grippalen Infekt in den Gliedern, den ich mir auf den letzten Drücker in Deutschland eingefangen habe. Nach einer erstaunlich gut überstandenen Nacht in einem im Vergleich zu gestern fantastischen Frühjahrswetter (windstill, ca. 5 °C wärmer – durch den fehlenden »windskillfactor« scheinen es ca. 20 °C mehr zu sein) und einer Fernsicht bis zu den in etwa 25 km Entfernung die Umwelt verpestenden Abgasschornsteinen von Dongsheng geht es mir wesentlich besser. Und dann, als die erste Dreifachbespannung (zwei QJ vor dem Zug und eine als Schub) mit einer gewaltigen Rauch- und Dampfentwicklung in 10 km Entfernung sichtbar wird und sich der Fotografenschar nähert, dann – ja dann weiß ich plötzlich wieder, warum ich eigentlich hier stehe! Kohlenzüge mit Dreifachtraktion und 3600 t in 60 Waggons bei windstillem, kalten Sonnenscheinwetter auf schwerer Bergfahrt haben eine ganz besondere Erlebnisqualität – für den, der´s mag.

Klopapier und geschredderte Hühner

Hotels in der chinesischen Provinz sind ein Kapitel für sich. Die Räume sind i.d.R. sauber, aber recht beengt, die Betten ultrahart, die Kissen häufig mit Reis gefüllt. Standard scheint mittlerweile ein Fernseher mit bis zu 27 chinesischen Kanälen (davon auf 26 die chinesische Version von »Gute Zeiten – schlechte Zeiten« oder Truppenparade und der Marinechor der 38. Pazifikflotte – falls es die gibt?) zu sein, ebenso wie eine Multifunktionsnachtkonsole, allerdings meistens ohne Wecker und einer jedes Mal anderen Belegung der Schalter und Knöpfe. Heißes Wasser und grüner Tee gehörten schon immer dazu, mittlerweile scheint eine Hygienegrundausstattung mit Kamm, Zahnbürste, Duschhaube und Gel hinzugekommen zu sein. Ob es wohl eine Kaderschulung für alle Hotelfunktionäre gab, bei der dies als das »Nonplusultra« des Hotelmanagements dargestellt wurde – der Reisende ist versucht, das zu glauben. Zumal, quasi im Gegenzug das Klopapier allerdings immer noch blattweise abgezählt wird, wenn es denn überhaupt vorhanden ist. Dies kommt besonders gut bei Verdauungsproblemen.

Immerhin haben wir diesmal einen eingeborenen Genossen Landschaftsbilderklärer. Bei meiner ersten Chinareise 1996 waren wir in Südchina weitgehend ohne diesen Komfort ausgekommen, mit der nicht gänzlich unwillkommenen Folge, dass ich gut fünf Kilo in einer Woche abnahm – ohne irgendwelche Magenprobleme zu

haben – nur so – mangels der Erlangung genießbarer Speisen ... Dieser Genosse hatte eben u.a. den nicht unterschätzbaren Vorteil, zu wissen, welche der mannigfaltigen Schriftzeichen für geschredderte Hühnchen mit geschredderten Knochen und welche für geschredderte Hühnchen ohne Knochen stehen. Das hatte die unangenehme (?) Folge, dass das Abnehmen zugunsten der hervorragenden nordchinesischen Küche diesmal ausfiel. Erwähnenswert an den besuchten Lokalitäten erscheint, dass fast überall als erster Gang Pommes (meist in hervorragender Qualität) kredenzt wurden. Der Verdacht, dass jeweils bereits einige englische

Jetzt nur keinen Meter Lokbewegung ... Der Wartungsplatz am unter Dampf stehenden Objekt war nicht ganz ungefährlich.

DIE HERREN IN DEN LEDERMÄNTELN:
Worüber man ungern spricht

Über die Fotogenehmigungs-Mafia am JingPeng-Pass berichtete Hans Schäfer im Jahr 2001 im Fern-Express:

Der als »JingPeng-Pass« berühmte Abschnitt Reshui – Jingpeng der provinzeigenen JiTong-Eisenbahn, erst in den neunziger Jahren »entdeckt«, wurde in Folgejahren von Eisenbahnfans aus aller Welt besucht. Nach wenigen Jahren wurden die Fotografen an der Strecke von Einheimischen aufgesucht. Diese forderten dann Geld für eine »Fotogenehmigung« ein:

- Zunächst verkauften ab 1997 Personen in Reshui Dokumente mit der Aufschrift »Chifeng Tourist Bureau«. Nach 1997 wurde diese Version nicht mehr angeboten.
- 1999 und 2000 wurden insbesondere auf der Reshui-Seite des Passes Dokumente mit der Aufschrift »Aodu Travel Service« an den Mann gebracht. Die Aufmachung dieser Fotogenehmigung war identisch mit den Berechtigungen, die an Besucher des Depots in Daban ausgegeben werden.
- 2001 wurde schließlich berichtet, dass das Tourist Bureau auch auf der westlichen Seite der Passstrecke mit der Einforderung von Geld begonnen hat.

Ein Teil der Geldeintreiber war in der Szene bekannt. Dabei war nicht sicher, ob sie tatsächlich beim Fremdenverkehrsbüro oder der Eisenbahngesellschaft angestellt waren. Es hätten auch genauso gut Einheimische sein können, die das Geld in die eigene Tasche einsackten und möglicherweise die offiziellen Stellen beteiligten, wie offenbar an anderen Orten geschehen.

Die Geldeintreiber kooperierten offenbar mit der örtlichen Polizei. Sie wussten, welche Ausländer in der Umgebung übernachten. Selbst wer sich abseits der Straßen bewegte, entkam ihnen nicht. Die Hotels mussten den offiziellen Stellen über jeden Gast berichten, und diese Information gelangt offenbar unverzüglich an die Mafia. Ein Betroffener: »Eines Abends entschieden wir uns, den Aufenthalt in Reshui um einen Tag zu verlängern. Am nächsten Morgen wussten sie von unseren Plänen und verlangten eine Nachzahlung«.

Die Fotomafia suchte die Eisenbahnfans üblicherweise im Hotel, in den bekannten Restaurants oder an Fotostellen nahe der Straße. Berichte aus dem Jahr 2001 stimmten darin überein, dass die Geldeintreiber kein Englisch sprachen, aber ein Dokument in englischer Sprache mit sich führten, in dem ihre Forderungen nach Geld erklärt werden.

Drei Berichte aus dem Jahr 2001:

»Leider geht der Nepp weiter. Das KeQi Tourist Bureau ist wohl das einzige Unternehmen seiner Art weltweit, dass Touristen für den Besuch seiner Region bestraft. Die Kosten sind 50 RMB pro Tag. Die Nepper haben allerdings ihre Taktik geändert. Sie patrouillieren die Straße zwischen JingPeng und Reshui jeden Tag zwischen 10:30 Uhr und 11:30 Uhr mit einem braunen VW Santana, Zulassung D 20374. Wir sahen sie sowohl auf der Hauptstraße als auch auf der alten Straße durch Xiakengzi. Es ist nicht bekannt, ob sie nur bis Shangdian kommen oder die gesamte Strecke bis Reshui absuchen.«

»Sehr ärgerlich war der Besuch dreier Herren, angeblich vom KeQi Tourist Bureau, in meinem Hotel zur Eintreibung von 50 RMB pro Tag für eine Fotogenehmigung. Ohne einen einheimischen Führer, der von den Herren in die Zange genommen worden wäre, schaffte ich es, den Preis auf 50 RMB für die gesamte Dauer des Aufenthalts zu drücken. Ich empfehle jedem, nicht mehr zu zahlen oder zumindest einen höheren Preis an die Behörden in Peking zu melden. Die Ausstellung von Fotogenehmigungen ist Angelegenheit der Eisenbahn oder der staatlichen Stellen, nicht aber der lokalen Behörden, schon gar nicht im zentralistischen China.«

»Wir haben sie heute getroffen. Sehr aufdringlich und arrogant! Sie drohten uns damit, den Weg zu versperren oder die Polizei zu rufen oder die Filme zu beschlagnahmen, falls wir nicht zahlen. Wir sind nicht darauf eingegangen, und sie wurden ausgesprochen aggressiv. Sie folgen dir, wo immer du bist. Am Nachmittag parkt ihr Auto an der berühmten 90-Grad-Brücke von SiMingYi. Sie fahren hinauf zum Ziegelei-Viadukt in einem Seitental nahe ErDi und klettern auf die Hügel nur zum Abkassieren.«

Gruppen durchgeschleust worden waren und dabei nicht unmaßgeblich die Menüfolge beeinflusst hatten, drängte sich auf.

Hardsleeper und Softsleeper

Wenn sich der Unterschied Hardsleeper und

Softsleeper an einer Stelle nicht zeigt, dann ist dies die Qualität der Betten. Sind die Hotelbetten hart, so können die Sleeperbetten nur noch als bretthart bezeichnet werden, mit der Folge, dass dem Reisenden durch das Geschaukel nach einer Stunde sämtliche Knochen im Leib wehtun. Ein gutes Mittel dagegen ist, die zum Zudecken gedachte Decke einfach als Unterlage zu zweckentfremden – warm genug ist es in der Regel. Wenn nicht, Mantel oder Jacke tun auch denselben Zweck wie die Zudecke. Und die Hardcore-Methode mancher Chinesen (und tatsächlich auch vereinzelter Touristen) sollte man tunlichst sowieso – auch im Softsleeper unterlassen – Nachtgarnitur mit Pyjama etc.! Die Information des Schaffners, es sei Zeit zum Aussteigen, kommt i.d.R. – wenn überhaupt – dann, wenn der Zug bereits im Bahnhof steht. Wer dann mit Morgentoilette starten will, hat verdammt schlechte Karten, noch rechtzeitig rauszukommen.

Fazit

Noch mal nach China im Winter? Hilfe – NEIN!!! Die Bildausbeute dieser Reise sollte ich dann allerdings tunlichst nicht mehr in die Finger bekommen, sonst werde ich sicher rückfällig.

▲ Ein in Betrieb befindlicher Dampfkran im Depot Daban lässt seine Wasserdampfwolken von der Abendsonne vergolden.

◀ Einer der zahlreichen Viadukte in Einfachbauweise der JiTong-Strecke.

Dreifachtraktionen der Kohlenzüge Daliuta - Bautou, hier bei Dongsheng, waren allein schon eine Reise wert.
leeren Kohlezüge ließen sich dagegen mit nur einer QJ befördern. Für das Dromedar war das Stroh interessanter als das fauchende Ungetüm im Hintergrund.

Lok 1355 überquert am 13. Februar 2003 die Brücke über den Río Caunao, dem tiefsten Punkt der 2003 noch verbliebenen Strecke von Mal Tiempo. Die Eisenbahner nannten den Ort La Bija. Der Leerzug muss auf dem Weg zur Ladestelle Potrerillo auf den nächsten dreieinhalb Kilometern den Scheitelpunkt erklimmen, fast 40 Meter Höhenunterschied. Deswegen hat der Heizer den Ölhahn weit aufgedreht und der Ölbrenner wummert durch den stillen Morgen. (Foto: Bernd Seiler)

ANDREAS ILLERT

CHICLETS
DIE GROSSE ALIEN-SHOW!
– EIN BESUCH IN KUBA 1998

Potrerillo entspricht in allen Aspekten seiner dörflichen Infrastruktur genau jenen Kriterien, die nach deutschem Verständnis zur Einordnung in die Kategorie »Kuh-Kaff« führen. Das kubanische Leben in den paar Dutzend Häusern und Hütten läuft offenbar in beschaulichen Bahnen. Wenig Abwechslung für die Dorfjugend – gäbe es da nicht jedes Jahr für wenige Monate ein Phänomen, dessen Unterhaltungswert jede andere Freizeitaktivität in den Schatten stellt: die große Alien-Show!

Die Show steigt, sobald mit Beginn der Zuckersaison die Schlote der Fabrik »Mal Tiempo« zu qualmen beginnen und die Dampfbahn zu den Zuckerrohrfeldern von Potrerillo in Betrieb genommen wird. Nach der Schule sammeln sich dann die Kinder des Ortes am Bahnübergang und warten gespannt auf die Fremden. Ob sie kommen, wann sie kommen, und wie viele es sind, kann man nie im Voraus wissen. Aber selten warten die Kinder vergeblich. Irgendwann im Laufe des Nachmittags, meist so gegen vier Uhr, steigt eine Staubwolke über den Hütten am Ortsrand auf. Hühner flattern aufgeregt von der Straße, kleine schwarze Schweinchen flüchten quiekend hinter schützende Hecken. Ein großes hypermodernes Auto fegt im Slalomkurs um die Schlaglöcher herum auf den Bahnübergang zu. Vorm Andreaskreuz wird das Fahrzeug abrupt an den Rand des Weges gelenkt.

Zwei, manchmal drei Männer mittleren Alters verlassen hektisch den Wagen und schauen ganz gebannt in die Ferne, wo die Schienen zwischen den Hügeln am Horizont verschwinden. Die Kinder wissen es natürlich besser: Der Zug war noch nicht da. Nach einiger Zeit haben das auch die Aliens begriffen. Sie wenden sich wieder dem Auto zu und sind dabei merklich ruhiger geworden. Nun beginnt der interaktive Teil der Show. Die Kinder scharen sich um das Auto, vorne die Großen, in der zweiten Reihe die Kleinen. Mit

möglichst viel Nachdruck in der Stimme trägt der Anführer die Forderung der versammelten Dorfjugend an die fremden Eindringlinge vor: »Chiclets!« ... »Pen!«

Die Fremden scheinen das Spiel zu kennen – sie reagieren auf die Forderung nach Kaugummi (Chiclets) und Kugelschreibern (Pen) mit stoischer Ignoranz. Die Kinder haben sich daran gewöhnt, dass der erste Angriff selten zum Erfolg führt. Im Alien-Spiel ist Ausdauer gefordert. Während die Fremden, beladen mit Stativen und Kameras, langsam entlang der Gleise zum Fotohügel trotten, folgt die Kinderschar: »Chiclets?!« ... »Pen?!«

Am Fotohügel angekommen machen es sich die Fremden im Gras gemütlich. Sonderlich begeistert über die Anwesenheit der Kinder scheinen sie nicht zu sein. Doch die Aliens werden nicht flüchten – nicht bevor der Zug durchgefahren ist. Zeit genug für die Kinder, vorübergehend auf Smalltalk umzuschalten. »Que pais? Ingles? Aleman?« Vorsichtshalber dann noch eine Erinnerung an den eigentlichen Grund der Unterhaltung: »Chiclets!« Und ohne Penetranz kein Pen: »Pen!«

Irgendwann steigt fern am Horizont eine grau-schwarze Wolke auf. Die Fremden stehen auf, man merkt ihnen die gespannte Erwartung an. In dieser Phase der Show haben die Kinder nur eine Beobachterrolle. Die Fremden schauen abwechselnd zum Horizont, zum Himmel und in ihre Kameras. Dann spürt man ein leichtes Vibrieren des Bodens, der Ölbrenner der Lok ist zu hören, pechschwarzer Qualm steigt über dem Gleis auf, gefährlich schaukelnd naht die Dampflok und donnert mit kaum erwartetem Tempo an der gemischten Gruppe vorbei.

Während die letzten Wagen vorbeipoltern, schrauben die Fremden bereits ihre Kameras von den Stativen. Ihr Gesichtsausdruck ist zufrieden und gelöst: sie sind glücklich. Nun werden die Kinder hektisch, denn das Ende der Show naht, und noch immer ist die Trophäenjagd erfolglos: »CHICLETS!!« »PEN !!!«.

Die Aliens rennen zu ihrem Transporter. Kofferraum auf, Stative rein, Kofferraum zu, ins Auto, Zündschlüssel, der Blick fällt auf die armseligen Hütten am Dorfrand. Schlechtes Gewissen? Der Beifahrer greift ins Handschuhfach, zum Vorschein kommen zwei Kugelschreiber. Siegesgeschrei in der Kindermeute, Positionskämpfe vor der Beifahrertür. Viele kleine Arme greifen nach den aus dem Fenster gereichten Stiften. Während der Transporter der Aliens bereits in mörderischem Tempo über die Dorfstraße fegt, halten zwei von den großen Jungen stolz ihre Jagdbeute in die Höhe, neidisch begutachtet von den Gleichaltrigen, bewundert von den Jüngeren.

Das Grundschema der großen Alien-Show ist immer dasselbe, und doch gleicht kein Nachmittag dem anderen – dafür sorgt schon

Plattgedrückte Nasen an der Autoscheibe, Aliens bekommt man nicht jeden Tag geboten.
(Foto: Wolfgang Clössner †)

die große Vielfalt an Autos und Insassen. Diese sind meistens in der Opferrolle, nur selten schaffen es die Fremden zum ebenbürtigen Partner. Denkwürdig daher der Auftritt eines britischen Profi-Pädagogen: Er mustert cool die Kinderschar, fängt an laut zu zählen. »One, Two, Three, Four, Five, …. , Fourteen. Fourteen Pens?!!« Dann greift er ins Auto und reicht einen einsamen Stift in Richtung der Kinder. Das übliche Handgemenge, der stolze Schrei des Siegers, plötzlich erstaunte Rufe und lautes Lachen aus der zweiten Reihe: der vermeintliche Stift ist nur ein kleiner trockener Ast. Der Sieger grinst verlegen, die Menge johlt. Zum guten Abschluss überreicht der britische Meister zwei echte Kugelschreiber – einen im Austausch für das Holzstück, den zweiten an den kleinsten Buben aus der zweiten Reihe.

Es gibt Nachmittage in Potrerillo, an denen das Verkehrsaufkommen auf der Staubstraße zum Bahnübergang höher ist als auf der Carretera Central, der größten Landstraße Kubas. Dazu tragen insbesondere jene Reisegruppen bei, die ihre Teilnehmer nicht in Bussen transportieren, sondern zwecks besserer Geländetauglichkeit auf mehrere Miet-PKW verteilen. Der ortskundige Reiseleiter prescht voran, der Rest folgt ihm so gut es geht. Die jugendlichen Zuschauer an Potrerillos Schlaglochpisten erleben bei solchen Gelegenheiten staunend die mutwillige Verschrottung fast neuwertiger (nach kubanischem Verständnis also unermesslich wertvoller) Limousinen koreanischer Bauart. Große Begeisterung unter den Zuschauern kommt auf, als sich die Wagen beim Einparken fast gegenseitig rammen. Szenenapplaus, als die Besatzung des letzten

Auf dem Tender von 1322 sitzend fahren wir bei Sonnenuntergang der Zuckermühle entgegen, hinter uns sechs schwer beladene Wagen und der »Caboose«. 25. März 2003 (Foto: Bernd Seiler)

Fahrzeugs trotz fulminanten Endspurts nicht mehr rechtzeitig zum Zug am Fotohügel eintrifft. Und dann hat der Reiseleiter als Kenner Kubas einen großen Sack voller Bleistifte dabei – ein Festtag für die Jugend von Potrerillo!

Das andere Extrem des motorisierten Dampfloktourismus, die großen klimatisierten Reisebusse, kommen wegen der schlechten Straßen nicht in die Reichweite der Chiclets-Bande von Potrerillo. Die Alien-Mutterschiffe bleiben auf asphaltierten Straßen und suchen daher bevorzugt die Zuckerfabriken auf. Vierzig bis fünfzig kamerabewaffnete Enthusiasten fallen dann gleichzeitig in das Depot der jeweiligen Zuckerbahn ein, stürzen sich auf das Rollmaterial und finden dabei mit sicherem Gespür auch den im entferntesten Winkel des Rangierbahnhofs seit Jahrzehnten vor sich hin rostenden Lokomotivtorso. Reiseleiter und Kunden agieren wesentlich bedächtiger als die hektischen Horden von Potrerillo. Trotzdem schafft so eine Reisegruppe bequem vier bis fünf Centrals pro Tag – zumindest quantitativ die bessere Ausbeute. Angesichts des massiven Aufmarschs halten sich die Kinder an den Centrals eher im Hintergrund und beobachten von Ferne, wie sich Dutzende von Fotografen vor einer herausgeputzten Dampflok aufbauen. Eine kleine Zuschauerin weiß denn auch schon ganz genau, mit welchem Beruf sie später viel Geld verdienen wird: »gran model!«

Die erwachsenen Einwohner von Potrerillo verhalten sich den Fremden gegenüber reserviert. Ein freundlicher Gruß aus dem Auto wird stets erwidert, aber die Neugier ihrer Kinder teilen sie nicht. Zwei Anhalter, mitgenommen von Potrerillo nach Cruces, wissen ganz selbstverständlich, was Fahrer und Beifahrer in diese gottverlassene Gegend treibt: »la maquina!« – die

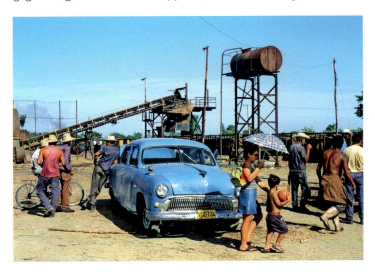

Während die Verladeanlage rattert und 1355 wartet, gibt es viel Zeit für den Austausch der letzten Neuigkeiten, die dann mit dem Zug von Potrerillo nach Mal Tiempo gelangen. (Foto: Bernd Seiler)

▲ Amerikanische Klassiker unter sich: Die Asphaltstraße von Mal Tiempo nach Cumanayagua führt direkt an der wichtigsten Ladestelle von Mal Tiempo südlich von Potrerillo vorbei. Hier kam es öfter zu interessanten Begegnungen. Am 25. März 2003 macht sich die Hundertjährige 1322 (Baldwin 23282/1903) gerade auf den Weg nach Mal Tiempo, als ein rund 50 Jahre jüngerer, ebenfalls bestens gepflegter Amerikaner am Bahnübergang warten muss. (Foto: Bernd Seiler)

◀ Die Alien-Show nähert sich dem spannenden Höhepunkt: Gibt es Kaugummi oder Kugelschreiber im Kofferraum? (Foto: Peter Illert)

▶ oben: Das Lokpersonal von No. 1345 giert nach Zigaretten. Wenn's klappt, wird bei der nächsten Vorbeifahrt gequalmt und freundlich gewunken. Wenn nicht, bleibt der Ölhahn zu. (Foto: Peter Illert)

▶ Bei Sonnenaufgang hat Lok 1355 das Central mit einem Leerzug verlassen und dampft nun dem Ladepunkt Potrerillo entgegen. (Foto: Bernd Seiler)

Dampflok der Zuckerbahn. Der spanische Begriff »los locos« fällt auch – aber damit sind offenbar weniger die Loks als deren Fans gemeint. Dass die Kubaner trotz der abschreckenden Demonstration kapitalistischer Dekadenz nicht felsenfest von den Vorteilen des Kommunismus überzeugt sind, ist einmal mehr ein deutlicher Hinweis auf den desolaten Zustand der Zuckerinsel.

Es ist nur eine Frage der Zeit, bis der Spleen der Eisenbahnfans auch auf das Personal der Dampfzüge abfärbt. In Potrerillo ist dies bereits geschehen. Während der Mittagszug in angestrengter Bergfahrt an einem Stativ mit aufgeschraubter Videokamera vorbeischnauft, springt ein muskulöser Schwarzer vom Tender

▶ Arbeitspause eines von der Sonne und dem Alter gezeichneten Macheteros (Foto: Wolfgang Clössner †)

▼ Raus aus dem Tal des Rio Caunao. Hier muss der Heizer den Ölhahn aufdrehen, will er nicht wegen Dampfmangels liegen bleiben. Im Hintergrund qualmt die Zuckerfabrik. (Foto: Carsten Gussmann)

108 | REISEN AUF GLEISEN

und ist mit wenigen Sätzen neben dem verdutzten Bediener des Hi-Tech-Geräts. Fotoverbot? Geld oder Leben? Weit gefehlt: »Pen!« Zwei Sekunden Sprachlosigkeit, fünf Sekunden für die Übergabe aus der Kameratasche an den Rangierer, und während die Wagenschlange noch mit 10 km/h an dem Stativ vorbeirumpelt, turnt der Held schon wieder am Seitengitter eines der Wagen nach oben, baut sich in Triumphatorpose auf der Ladung auf und streckt mit stolzgeschwellter Brust die Beute in Richtung der Lok zehn Wagen vor ihm.

Einige Dampflokpersonale haben inzwischen damit begonnen, bei Verweigerung von Tributzahlungen den Qualm abzustellen. Die Fotografen reagieren mit Versteckspielen hinter Büschen und Bäumen, und haben dabei sogar ihren Spaß. Das mag so bleiben, solange niemand auf die ebenso einfache wie gemeine Idee kommt, welche den Fotohügel von Potrerillo zum Albtraum der internationalen Dampflokfotografen (und vor allem der Videofilmer!) machen würde: die Aufrüstung der Chiclets-Bande mit einem Sack voller Trillerpfeifen.

Es hat geklappt. Satter Ölqualm über dem Fotohügel von Potrerillo kündet von geglückter Zigarettenübergabe. Das Lokpersonal ist zufrieden, die Fans sind begeistert, Mutter Natur ist sprachlos und selbst die Kuh im Hintergrund staunt!
(25. März 2003, Lok 1322; Foto: Bernd Seiler)

ANDREAS ILLERT *(EIN BERICHT AUS DEM JAHR 1998)*

BUFFERVOGN MED SANDSEKKER

Häufig ist das Entziffern norwegischer Texte nicht sonderlich schwierig. Als Beispiel sei obiges Zitat aus einem Plakat im Bahnhof Dombås angeführt. Auf dem Plakat ist eine Dampflok zu sehen, darüber in großen Lettern das Motto »Raumabanen – Aprildagene 1940«, und darunter die Einladung zu einem Sonderzug am 4. Juli 1998.

Am Morgen des fraglichen Tages scheint die Sonne von einem für norwegische Verhältnisse nur locker bewölkten Himmel. Der Museumszug des Norsk Jernbane Klub ist schon um 9 Uhr am Hausbahnsteig des Bahnhof Dombås vorgefahren. Vor die übliche Garnitur, bestehend aus 2'C-2'2'-Dampflok 30a 271, Thunes mekaniske verksted 1914 und sechs Schnellzugwagen mit Holzaufbau, haben die Museumsbahner einen Flachwagen gekuppelt. Auf diesem Flachwagen ist ein Wall aus Sandsäcken errichtet. Hinter den Sandsäcken hocken zwei Männer in olivgrünen Uniformen an einem Maschinengewehr. Von ihrer provisorischen Festung aus beobachten sie das Geschehen auf dem Bahnsteig. Dort patrouillieren acht Kollegen in dunkelgrünen Lodenjacken und ebensolchen Schirmmützen, allesamt bewaffnet mit Armeegewehren und ledernen Patronengurten.

Der Auftritt der Hobbykämpfer markiert die Ouvertüre zur Sonderfahrt anlässlich des »Tag der Rauma-Bahn«. Diese Veranstaltung wird jedes Jahr von den Anliegergemeinden Dovre, Lesja und Rauma organisiert. Sie ist stets einem historischen oder kulturellen Thema in Zusammenhang mit der Bahn gewidmet. Die beschriebene Sonderfahrt erinnert an die Apriltage des Jahres 1940, als die Strecke von Dombås nach Åndalsnes im Mittelpunkt heftiger Kämpfe während des Vormarschs der deutschen Truppen stand. Während die Männer am Maschinengewehr vergnügt in die Kameras der Touristen grinsen und sich offensichtlich schon auf die bevorstehende Reise mit Logenplatz freuen, halten die Ehefrauen der Hobbykämpfer ein Schwätzchen vor dem Empfangsgebäude. Auch der weibliche Teil der Truppe ist stilgerecht in ländliche Textilien der vierziger Jahre gekleidet. Selbst der Nachwuchs passt ins historische Bild: Ein kleines Mädchen schiebt einen stromlinienförmigen Vorkriegskinderwagen über den Bahnsteig. Ihr Bruder in umgekrempelten Militärhosen und leicht überdimensioniertem Stahlhelm schleppt etwas weniger flink eine voluminöse khakifarbene Umhängetasche zu Papi. Zur Belohnung darf Junior dann auch kurz hinters Maschinengewehr.

Die Dampflok wird angesichts der Darbietung auf dem Bahnsteig fast zur Nebensache. Umso lauter betätigt der Lokführer die Pfeife zur Begrüßung des einfahrenden NOHAB-Diesels vor dem Personenzug aus Åndalsnes. Dessen Fahrgäste staunen nicht schlecht, als sie beim Verlassen der Wagen in ein Maschinengewehr blicken. Auch hinter den Fenstern des Schnellzugs von Trondheim nach Oslo, der wenige Minuten später in den Bahnhof einläuft, sind verwunderte Gesichter zu beobachten.

Der Blick der Hobbykämpfer hängt derweil gebannt am Himmel, wo ein einsames Flugzeug seine Runden dreht und schließlich drei Fallschirmspringer über Dombås aussetzt.

Der Absprung der Fallschirmspringer vom »Lesja Fallskjermklub« leitet die eigentliche Veranstaltung ein. Diese beginnt zunächst

Bild linke Seite: Zum Glück datiert die Aufnahme von Karl-W. Koch aus dem Jahr 1998. Die norwegische Heimwehr interessiert sich mehr für den Schnellzug auf dem Nachbargleis als für den fotografierenden Deutschen fünf Meter vor ihrem Maschinengewehr. Dieselbe Situation 58 Jahre früher und das Buch hätte wohl einen neuen Herausgeber gebraucht.

Auf der Rückfahrt goss es wie aus Kübeln! Was zunächst den Fotografen verstimmte, zeigte sich im Nachhinein als Segen: Wasserfälle an Dutzenden von Stellen! (Foto: Karl-W. Koch)

etwas abseits vom Bahnhof mit einer Kranzniederlegung auf dem Friedhof. Es dauert etwa eine halbe Stunde, bis der Pulk der Honoratioren die Straße zum Bahnhof hinaufmarschiert. Auch in dieser Gruppe befinden sich Uniformen, allerdings in aktueller Ausführung und mit auffällig hoher Anzahl goldener Sterne auf dem Schulterblatt. Der amerikanische Militärattachée ist unter den Gästen, des Weiteren hohe norwegische Militärs und natürlich die lokale Prominenz.

Zur Begrüßung treten die Hobbykämpfer neben dem an der Güterrampe aufgestellten Rednerpult an. Die Präzision dieser Aktion ist nach preußischem Verständnis eher mäßig und offensichtlich auch nicht anders gewollt, was dem Sympathiefaktor der Truppe eher zuträglich ist. Ein Zivilist tritt ans Rednerpult, prüft kurz die Funktion der Lautsprecheranlage und richtet dann das Wort an die anwesenden Gäste.

Die Rede ist kurz und endet nach zehn Minuten unter dem Beifall der militärischen und zivilen Gäste. Dies ist das Signal für einen bereitstehenden Eisenbahner, seine Fahrraddraisine zu besteigen und an der Güterrampe vorzufahren. Der amerikanische Militärattachée wird kurz instruiert, dann steigt er auf das Brett hinter dem Fahrersitz, hält sich an der Schulter des Eisenbahners fest und hat trotzdem sichtlich Mühe mit der Balance, als der Norweger sein Gefährt etwas ruckartig in Bewegung setzt. Doch schnell kommt der Bahner in Tritt, der General nimmt korrekte Haltung an (die Preußen wären zufrieden), und leicht quietschend verschwindet die ungewöhnliche Fuhre in Richtung auf das Tunnelportal etwa 300 m vom Bahnhof. Ein halboffizieller Videofilmer bemerkt, dass er etwas verpasst, schultert in Panik seine Kamera samt Stativ und hetzt der Draisine hinterher. Laut Programmheft erfolgt nun am Tunnelportal eine weitere Kranzniederlegung an jener Stelle, wo der erste amerikanische Soldat im Zweiten Weltkrieg fiel. Die deutsche Wehrmacht war in der Nacht vom 8. auf den 9. April 1940 mit Schiffen in Oslo gelandet. Die Gegenwehr der norwegischen Armee war zunächst nicht allzu heftig, reichte jedoch aus, um Zeit für die Evakuierung des Königs und der Parlamentsabgeordneten per Zug nach Hamar zu gewinnen. Die Deutschen landeten weitere Truppen und begannen den Vormarsch nach Norden. Wegen Schnee im Hochland konnte die Wehrmacht nur über das Gudbrandsdal (entlang der Eisenbahn) in Richtung Trondheim vorrücken. Unter den Zügen, die in dieser Zeit den Bahnhof Dombås Richtung Åndalsnes passierten, befand sich ein Transport, der auf Weisung der Begleitoffiziere nicht in die Bücher des Fahrdienstleiters eingetragen wurde. In den

Abfahrt der Rückleistung aus Åndalsnes (Foto: Karl-W. Koch)

Güterwagen war das Staatsgold verladen, welches dem norwegischen König ins Exil nach Großbritannien folgte. Einige Tage nach Beginn der Invasion trafen alliierte Soldaten zur Unterstützung der einheimischen Truppen in Norwegen ein. Die Deutschen nahmen Dombås dennoch nach Bombardierung und nachfolgenden Gefechten Ende April ein. Mit den Kranzniederlegungen am Friedhof und am Tunnelportal ist der protokollarische Teil der Veranstaltung in Dombås abgeschlossen. Das bunt gemischte Publikum entert nun die Teakholzwagen des Sonderzugs – mit Ausnahme des halbprofessionellen Videofilmers, der sein Stativ hinter den beiden Hobbykämpfern auf dem Flachwagen vor der Lok aufbaut. Zur Abfahrt des Sonderzugs um 11 Uhr hat sich die Sonne verabschiedet, der Himmel ist geschlossen bewölkt. Längs der Strecke nach Lesja warten einige neugierige Anwohner und winken freudig dem sonderbaren Zug entgegen. Die Lok fährt nicht mit vollem Tempo, aber selbst bei 60 km/h macht der Fahrtwind dem exponierten Videofilmer schwer zu schaffen. Schon bald kniet er nicht mehr hinter dem Sucher seiner Kamera, sondern liegt flach im Windschatten der Sandsäcke.

Als der Zug in Bjorli einläuft, ist der Bahnsteig von bewaffneten Soldaten gesichert. Die Gesichter sind uns inzwischen bekannt: die Hobbytruppe hat den Zug offenbar mit dem Auto überholt. Vor dem Empfangsgebäude sind diverse historische Militärfahrzeuge aus dem Zweiten Weltkrieg in Paradeaufstellung geparkt. Dazwischen bullert eine Feldküche. Die Fahrgäste werden mit Suppe und Brot versorgt, während die Dampflok ihre Vorräte am Wasserturm ergänzt. Derweil ist das Militärdistriktmusikkorps Trøndelag am Bahnsteig angetreten und unterhält die Gäste mit Marschmusik. Die Zuhörer haben sich im Halbkreis um die Musiker aufgebaut. In ihrer Mitte sitzt ein ergrauter Herr auf einem Klappstuhl – laut Programmheft kann es sich nur um den Ehrengast der Veranstaltung handeln, den »Krigsveteranen og sabotøren Joachim Rønneberg«.

Dank des guten Essens aus der Feldküche und einiger Zugaben der Militärkapelle verzögert sich die Abfahrt in Bjorli um mehr als eine halbe Stunde. Der halbprofessionelle Videofilmer hat den Platz vor der Lok geräumt. Möglicherweise kennt er sich mit dem Wetter in der Gegend aus, denn die aus dem Talkessel der Rauma heraufquellenden Nebelschwaden verheißen nichts Gutes. Die Hobbykämpfer verharren jedoch wacker auf ihrem Posten hinter den Sandsäcken, als der Zug in die Nebelbank hinabrollt. Wegen der Verspätung entfällt der geplante Fotohalt an der Kylling-Brücke. Die Fahrgäste nehmen dies gelassen hin, zumal es bereits in Strömen regnet.

Bei der Ankunft in Åndalsnes hat weder die Verspätung des Dampfzugs noch die Intensität des Regens abgenommen. Die Fahrgäste spurten durch das Empfangsgebäude zu den bereitstehenden Bussen, denn auch die Kriegsgräber am Fjord warten auf ehrenvolle Bekränzung. Für den Abend ist zum Abschluss der Festveranstaltung ein Vortrag von Kriegsveteran Joachim Rønneberg über die Sprengung der Raumabahn vorgesehen. Unser größter Respekt in dieser Stunde gilt jedoch den wackeren Hobbykämpfern, die total durchnässt ihr MG vom Flachwagen abbauen und wohl den Rest des Tages im Kampf mit Gegner Rost verbringen werden.

KARL-W. KOCH *(SO ERLEBT IM JAHR 2000)*

MAMA, WANN KOMMT EEEEENDLICH HANNIBAL?

Es ist frisch an diesem Aprilmorgen um kurz nach 8.00 Uhr in Hammamet. Heute steht Tunis auf meinem Programm. Neben Stadtbummel und Eisenbahnfotos soll es mit der S-Bahn nach La Marsa gehen, quer über einen famosen Damm durch die »El Bahira« genannte Bucht. Diese ist von zwei Landzungen fast völlig vom Meer angeschnitten und stellt somit einen der natürlichsten und sichersten Häfen der Welt dar.

Morgendliche Rituale

Diese sind nach wenigen Tagen schon Gewohnheit: Taxi vom Hotel zum Bahnhof, heute wieder einmal mit eingeschalteter Uhr – 1,650 TD. Wenn die Taximeter irgendwann auch einmal geeicht waren, so sind sie es schon lange nicht mehr ... Auf exakt derselben Strecke bei fast identischen Verkehrsbedingungen kamen Beträge zwischen 1,200 und 1,800 raus. Wenn der Herr Fahrer einmal nicht beliebt, das Taximeter einzuschalten, bekommt er kurzerhand 1,500 und dann noch mal 0,200 draufgepackt – es hat keiner auch nur unfreundlich geschaut. Das »Quetschen« (Taxifahrerjargon für »ohne Uhr fahren«) richtet sich hier wohl auch eher (wie in Deutschland) gegen den Arbeitgeber und/oder den Vater Staat als gegen den Fahrgast. Allerdings sollte die Strecken möglichst beim ersten Mal mit eingeschaltetem Taximeter gefahren worden sein, um den ungefähren Preis zu kennen.

Am Fahrkartenschalter wird für Pfennigbeträge die Reservierung für den »Direct Climatisé« ab dem Umsteigebahnhof Bir Bou Regba gelöst. Eine »Carte Bleu« für eine Woche habe ich mir gleich am ersten Tag besorgt. In der 1. Klasse kostet diese Netzkarte für eine Woche ca. 40,- DM, ein durchaus geldwerter Preis. Für die Fernreisezüge muss jedoch jeweils ein Zuschlag gelöst werden, welcher etwas verschämt als »Reservierungskosten« getarnt ist. Tatsächlich wird vereinzelt auch eine Sitz-Nr. und Waggon-Nr. ausgewiesen, allerdings i.d.R. ohne jeglichen Nährwert: Ist der Waggon vorhanden und alle nicht gekennzeichneten benummert, so ist spätestens der Platz besetzt. Der einzige erkennbare Vorteil ist der, dass eine völlige Überbuchung der Klasse einigermaßen sicher verhindert wird. Im Verlauf meiner Fahrten habe ich praktisch jedes Mal eine anders aussehende Reservierungsbescheinigung bekommen – mit und ohne Sitznummer. In Tunis wird der Zugang zum Zug einigermaßen streng anhand des Reservierungsbelegs kontrolliert.

Mit meinen kümmerlichen Französischkenntnissen tausche ich die üblichen Nettigkeiten mit dem äußerst liebenswürdigen und hilfsbereiten Bahnhofsvorsteher und Schalterbeamten in Personalunion aus.

Noch ein paar Minuten bleiben. Die Gunst der Stunde für einen jungen Tunesier, seinen vermeintlich neuesten Trick zu präsentieren: Scheinheilig wird mit den üblichen Floskeln ein Gespräch mit dem »Touri« angezettelt. Nach wenigen Sätzen und der Erkenntnis des Herkunftslandes (Allemagne?) blinkt eine 2,- DM Münze in seinen flinken Fingern. Sie stamme von seiner Frau Mutter (Oma, Tante, Cousine ...), diese habe sie als Trinkgeld bekommen und leider, leider tauschten die Banken keine Münzen und ob der liebe Touri nicht ...? Der lässt sich nicht lumpen und holt seinen Geldbeutel. So ganz exakt ist jetzt der Wert der deutschen Münze nicht einzustufen, der Tunesier hat seine Finger im Münzteil und schlägt erst die eine, dann die andere, dann eine Kombination von 2 oder 3 tunesischen Münzen als Gegenwert des Tausches vor. In dieser Phase der Geschäftsbeziehungen kommt das handwerkliche Talent des Gegenspielers zum Zuge: Bei mir hat er beim ersten Versuch trotz äußerster Wachsamkeit immerhin einen von drei 10,- TD-Scheinen erwischt – mehr war nicht im Portemonée, bei einem norddeutschen Backpacker war der Gegenwert von 100,- DM futsch.

Personenzug mit Lok 040DO325 in Le Sers *(Alle nicht gekennzeichneten Fotos dieses Beitrags sind von Urban Niehues.)*.

Triebwagenzug in Mateur

Allerdings ist der Trick dermaßen inflationär in Anwendung, dass er sicher nicht mehr lange »läuft«. Ich kenne ihn, wie geschildert, ja auch schon ausführlich und mache mir auf Kosten meiner 10 TD-Investionen jetzt jedes Mal einen Spaß aus dem Probieren der verschiedenen Abwehrstrategien. Forschungsfrage: Welcher Trick hilft am besten? Heute ist die Variante »Nicht verfügbare Geldmünzen« dran. Auf die Frage nach dem Herkunftsland muss mit Italien, Österreich, Liechtenstein (!) o.ä. geantwortet werden. In Ermangelung einer entsprechenden Münze wird der Täterstatus abrupt hinfällig. Eine andere bewährte Gegenmaßnahme ist die entsprechenden tunesischen Münzen in der Hosentasche zu haben, auf das Spiel einzugehen und mit absolut sicherem Blick und Auftreten das 2,- DM-Stück einzusacken und dem verblüfften Gegenspieler ein paar Münzen in die Hand zu drücken. Auf die dann einsetzende Diskussionsrunde sollte man sich allerdings nicht einlassen ...

Mein nicht zum Zuge gekommener Münzentauschpartner bearbeitet mittlerweile das nächste Opfer, das Oberhaupt einer nach »deutscher Lehrerfamilie auf Bildungsreise« aussehenden Reisegruppe: Vater, Mutter, pubertierendes Töchterchen und 10-jähriger Steppke mit Gameboy. Meine Vorurteile gegen deutsche Pauschaltouris im Ausland und meine Hilfsbereitschaft gehen kurz miteinander in den Ring: Die Hilfsbereitschaft siegt nach Punkten! Ich trete zu der Gruppe und weise den Herrn auf Deutsch auf das Ziel der Begierde seines Gesprächspartners hin. Dieser bekommt daraufhin ein leicht panisches Flimmern im Blick und sucht schlagartig das Weite – er gehört an diesem Morgen sicher nicht zu meinem ausgewiesenen Fanclub. Der Herr Oberlehrer schaut mich allerdings mit einem Ausdruck an, der zu sagen scheint, das sei ihm doch alles völlig klar gewesen, wie ich dazu käme und überhaupt ... Zum Glück erlöst ihn der einfahrende Triebwagen von lästigen Verpflichtungen wie Bedanken oder Ähnlichem, Töchterchen grinst sich eines, während Sohnemann von der ganzen Szene wohl nur etwas mitbekommen hätte, wäre ihm der Gameboy geklaut worden. Frau Gemahlin rettet das Ansehen der Familie, indem sie ein nettes »Dankeschön« haucht, wohl in der Hoffnung, dass der Göttergatte dieses In-den-Rücken-Fallen nicht merkt.

Moderne Bahn

Der 1975 von Alsthom gelieferte Triebwagen ist in ansprechendem Orange mit farblich gut passenden Zierstreifen versehen und macht einen ordentlichen Eindruck. Er hat an beiden Enden Führerstände, auch der Beiwagen kann als Steuerwagen eingesetzt werden, wenngleich dies offenbar nur in Ausnahmefällen zu passieren scheint. Durch die schmalen Türen zwängen sich die wartenden Passagiere, ein paar Einheimische und Touristen, in den Waggon und schon rumpelt dieser los. Mit wildem Pfeifen geht es durch die Bebauung in die Steppe. Nach wenigen Minuten ist der Abzweigbahnhof Bir Bou Regba erreicht. Dessen moderne, gepflegte Bahnhofsanlage würde vermutlich 95 % deutscher Kleinstadtbahnhöfe ausstechen: Einzig die Ermangelung einer Unterführung weist auf Afrika hin. Am Gleis 2 warten bereits einige Dutzend Reisende auf den eintreffenden Fernzug aus Sousse nach Tunis. Dieser kommt auch einigermaßen »im Plan«, für deutsche Verhältnisse würde man von »fast pünktlich« sprechen. Die »African Standardtime« (regelmäßige Verspätungen bis zu sechs Stunden) scheint in Tunesien ohnehin nicht zu gelten. Eine sehr amerikanisch aussehende Lokomotive (Einheitstyp GM) zieht wild hupend fünf grau-blau-grüne Waggons in den Bahnhof. Die Reisenden verteilen sich überwiegend auf die 2. und 1. Klasse, die nochmal deutlich teurere »Luxusklasse« scheint doch etwas weniger nachgefragt zu werden. Die Touris finden sich überwiegend in der 1. Klasse wieder, auf dieser Strecke meistens bestehend aus zwei oder anderthalb Waggons (Rest des 2. Wagens ist dann ein Imbissabteil oder die Luxusklasse). Freie Plätze sind für alle, wenn auch gerade noch, vorhanden.

Die Oberlehrersippe findet sich eine Sitzgruppe neben mir wieder, was weitere Unterhaltung garantiert. Zunächst muss natürlich der »absolut heruntergekommene« Zustand des Waggons mit den ICE-Abteilen der DB AG verglichen werden, eine etwas unfaire Aktion. Angemessener wäre sicher ein Vergleich mit einem ausgelutschten Silberling im Schülerverkehr, und da würde er weiß Gott gar nicht schlecht abschneiden. Sicher, die Polsterungen gerade an den Armlehnen hat etwas gelitten, aber für einen wahrscheinlich ca. 20 Jahre im Dauerstress stehenden Schmalspurwaggon in einem Wüstenland der 3. Welt finde ich ihn bemerkenswert gut erhalten. Sohnemann hat wahrscheinlich noch nicht bemerkt, dass er den Zug gewechselt hat, das Kling-ggrrrck-fipfipfip-rasselschepper-boing-Teil hat seine akustische Dauerberieslung der Umgebung bisher nach meiner Beobachtung noch nicht unterbrochen. Töchterchen hat mittlerweile einen Taschenroman (sieht nach »Arzt und Nonne« aus) ausgepackt und vertieft sich in die Probleme des Zusammenkommens der »lieben Liebenden«.

Karthago, wir kommen

Vater hat offenbar den Reiseführer aus dem Handtäschchen geholt, jedenfalls wird jetzt fachmännisch das Programm des Tages geplant und dabei, als Nebenprodukt, Töchterchen examiniert (»Karthago hattet ihr ja wohl schon in der Schule, oder?«). Schnell kommt das Gespräch auf Hannibal und seine Invasion des römischen Reiches durch den hinterhältigen Einfall von Norden via Alpen. Sohnemann schnappt etwas von Hannibal auf und wird schlagartig hellhörig: »Hannibal? Wir sehen heute Hannibal? Cooool!!!« und grinst sich einen. Frau Mutter wundert diese Begeisterung für vorchristliche Geschichte genauso wie mich, sie schaut ihren Filius leicht irritiert an.

Der Zug hat mittlerweile ordentlich Tempo aufgenommen, mit schätzungsweise knapp 100 km/h donnert er über einen Oberbau, der das Qualitätsduell mit der Federung deutlich für sich entscheidet. Die Strecke ist durchgehend zweispurig ausgebaut, ab dem Endbahnhof des S-Bahn-Verkehrs Tunis, Bordji Cedria, kommt ein drittes Gleis hinzu. Alle Gleise können offenbar signalgesteuert je nach Bedarf in beide Richtungen befahren werden. Das System scheint recht sicher zu funktionieren.

Während draußen Dörfer und Steppe sich mit landwirtschaftlicher Nutzfläche abwechseln, rumpelt der einheimische »Mitropa-Service« durch den Gang. Töchterchen bekommt eine sehr kunststoffgefärbt aussehende Fanta für umgerechnet 0,80 DM (»Unverschämte Preise haben die Kameltreiber!«) genehmigt, dagegen wird der gewünschte Kauf eines offenbar recht lecker mit Käse, Salat und Tomate belegten Brotes wegen des erwarteten Gesundheitsrisikos abgelehnt (»In diesen komischen Ländern kannst Du nuuur Abgepacktes essen ...!«). Ich muss gestehen, dass sich mir

Bahnhof Monastir. Der Zug ganz links ist die »Metro du Sahel« – früher wohl Metro Sur.

Straßenbahn Tunis am Hauptbahnhof

diese Logik nicht ganz erschließt, weil, wenn da irgendein Ferkel seine ungewaschenen Finger im Spiel hatte, könnte das ja auch VOR dem Abpacken gewesen sein, oder?

Der Halt in Hammam Lif, einem Städtchen an der Peripherie von Tunis, liegt hinter uns und seit dem Durchfahren von Bordji Cedria hat der Verkehr doch sehr zugenommen. Regelmäßig finden jetzt Parallelfahrten mit S-Bahnen statt oder Züge kommen uns entgegen. Selbst Sohnemanns Interesse richtet sich wieder etwas auf die Außenwelt. Ich überlege ernsthaft, ob ich ihn nach seinen Batterien bzw. Akkus fragen soll, deren Haltbarkeit und Lebensdauer hat mir mittlerweile Respekt abgenötigt. Mit der Annäherung an Tunis meint Herr Oberlehrer die nötigen Verhaltensmaßregeln für den Kriegseinsatz erteilen zu müssen: »Auf Pass und Geldbeutel achten, weil … die Araber sind von Natur aus alle Ganoven!«

Der Zugschaffner hat sich mittlerweile bis in unseren Waggon durchgekämpft und möchte natürlich neben Fahrkarten auch die »Reservierung« genannten Zuschläge sehen. Wo nicht vorhanden, werden diese problemlos zum normalen Satz nachverkauft, was den Sinn als Zuschlag demonstriert und die Reservierungsmasche ad absurdum führt. Das sieht unser Oberlehrer ähnlich, der sich fürchterlich aufregt, dass er fünf Minuten vor Ankunft noch vier Mal umgerechnet 0,70 DM für Reservierungen bezahlen soll. Auch die geduldigen Ausführungen, dieser Zuschlag wäre grundsätzlich und immer für diesen Zugtyp zu entrichten, überzeugen nicht. Die Aussage: »In Deutschland gibt es so eine Halsabschneiderei nicht …!« zeigt allerdings höchstens, dass der werte Herr in seiner Heimat wohl schon lange nicht mehr Zug gefahren ist. Unter Ab-

singen hässlicher Lieder werden die paar Mark Fuffzisch entrichtet, mit der geharnischten Drohung, die tunesischen Bahnen fürderhin zu boykottieren. Ich beschließe im Rahmen meines Feldversuches diese Boykottdrohung zu beobachten, wage allerdings zu bezweifeln, ob es denn, zumindest für die Rückfahrt, überhaupt eine durchführbare Alternative gäbe.

Tunis Hauptbahnhof

Ich gebe mich verständlicherweise zunächst einmal der Lokphotographie im erfreulich gut in Licht und Betrieb stehenden Hauptbahnhof von Tunis hin. Nach einiger Zeit ist alles auf Zelluloid gebannt, was auf Schienen steht, also auf zu neuen Ufern. Am Bahnhofsvorplatz verkehren alte Bekannte: Die grünen DUEWAG-Straßenbahnen habe ich immerhin schon abgestellt in Krefeld-Uerdingen vor ihrer Verschiffung gesehen. Die Schienenverlegung auf dem Bahnhofsvorplatz ist etwas unorthodox, die Ein- und Ausfahrtgitter, teils automatisch, teils Wärter-bedient sind ebenfalls ungewöhnlich. Einigermaßen scheint das System aber den Zweck, zu viele Passanten und vor allem Autos auf den Gleisanlagen zu verhindern, zu erfüllen.

Der Ticketverkäufer weist mich ausdrücklich darauf hin, auf meinen Geldbeutel zu achten und grinst befriedigt, als er sieht, dass ich diesen in einer Jackeninnentasche verstaue. Das Ticket nach La Marsa (wie die Tickets nach Karthago) sind ab hier durchgehend zu lösen, sie berechtigen sowohl für die Straßenbahn bis zur Endstation als auch anschließend für die Metro. Dazu müssen sie beim Verlassen der Straßenbahn auf der Rückseite mit Datumsstempel gültig gestempelt werden.

Fremde Hände in der Tasche

Doch bevor es soweit ist, kommt beim Verlassen der Straßenbahn einer der ältesten Tricks der Welt: Zwei »Herren« drängeln sich direkt vor mich, steigen aus und machen mitten auf den Stufen eine Vollbremsung, zwei weitere nachfolgende »Herren« rumpeln mit Vollkraft auf mich. In dem entstehenden Gedränge scheint sich zumindest eine fremde Hand in meine Hosentaschen verirrt (?) zu haben. Jedenfalls baumelt meine massiv angekettete Taschenuhr außerhalb der Hosentasche und dies tat sie definitiv zwei Minuten zuvor noch nicht! Mir kommt spontan die Warnung des Ticketverkäufers in den Sinn und ich beglückwünsche mich zu meiner schon lange praktizierten Methode, nie etwas Wichtiges in die Hosentaschen zu stecken.

Mittlerweile stehe ich im Endbahnhof der Metro und warte darauf, mit den anderen Passagieren den nächsten, schon eingefahrenen Zug besteigen zu dürfen. Ein einheimischer Junge hat mich zu einem »Verkaufsduell« herausgefordert. Meiner Weigerung, ihm einen Kaugummi zu sehr eindeutig auf »Touristenniveau« liegenden Preis abzukaufen, hat er durch das mit In-die-Jacke-Stecken des Verkaufsgegenstands unterlaufen. Jetzt wartet er in sicherer Entfernung den günstigsten Moment zum Kassieren ab, wobei er nah genug kommen muss, seine Forderung zu übermitteln und das Geld entgegenzunehmen, aber weit genug weit bleiben muss, damit ich mich mit »Zurückstecken« des potentiellen Verkaufsobjektes nicht schadlos halten kann. Ein schwieriges Unterfangen, zumal ja die Abfahrt des Zuges dem Ganzen irgendwann ein natürliches Ende bereitet. Ich schlage eine klassische Finte und stecke ihm den Kaugummi dann hinten in den Kragen, was ihn wohl etwas aus dem Konzept bringt. Er grinst, erkennt an dieser Stelle seinen Meister und sucht sich ein neues Opfer.

Ein Damm führt durch die »El Bahira« genannte Bucht. Diese ist von zwei Landzungen fast völlig vom Meer angeschnitten und stellt somit einen der natürlichsten und sichersten Häfen der Welt dar. Neben einer Schnellstraße führt die Metrostrecke über den Damm. Auf der ca. 12 km langen Strecke können die MAN-Fahrzeuge zeigen, was in ihnen steckt. Oberlehrers haben es – oh böser Zufall – auch in diese Metro geschafft, allesamt kräftig Kaugummi kauend ...! Die Verkaufsmasche scheint nicht so ganz ohne zu sein. Gesprächsthema ist allerdings die eingebüßte Geldbörse des Herren Oberlehrers – wir scheinen mehrere gemeinsame »Geschäftspartner« in der letzten Stunde gehabt zu haben. Selbstverständlich ist die Frau Gemahlin schuld, hatte sie doch offenbar die Aufgabe, derartige Vorfälle mittels Wachsamkeit zu verhindern. Der Gameboy war offenbar leider nicht Zielobjekt beim Zugriff – schade. Allerdings würde mich brennend interessieren, ob da immer noch der erste Satz Batterien duddelt. Sohnemann quengelt: »Wann kommt endlich Hannibal?«, während Töchterchen ihren Roman unterbrochen hat, um einen gutgebauten jugendlichen Einheimischen so anzuschmachten, dass dieser schon nicht mehr weiß, wo er noch hinblicken soll.

Oberlehrers haben sich mittlerweile darauf geeinigt, dass der Bahnhof Salammbo wohl der geeignetste für die Erkundung des Ruinenfeldes sei. Strittig zwischen Herrn Oberlehrer und Frau Gemahlin scheint lediglich, ob es denn zuerst das »Amphitheater«, dann die Thermen und schließlich zuletzt das Nationalmuseum sein soll oder ob eine umgekehrte Reihenfolge nicht sinnvoll sei und wann man die örtliche Polizei aufsuchen solle,

▼ Bahnhof Sfax ▼▼ Frauen auf dem Markt ▼ Tunis: Metro MAN-Triebwagen in Sidi Bou

Güterzug in Mateur

wegen des Geldbeutels und der arabischen Ganoven.

Sohnemann schaltet sich zum Erstaunen der Eltern unvermittelt in das Gespräch ein und besteht darauf, dass selbstverständlich zu allererst Hannibal dran sei! Zu meinem außerordentlichen Bedauern wird in diesem Moment der anvisierte Bahnhof Salammbo erreicht, so dass ich die weitere Entwicklung nicht mehr verfolgen kann. Ich selbst lege auf einem der nächsten Bahnhöfe einen Fotostopp für die Metro ein, bevor ich nach La Marsa, der Endstation, weiterfahre. La Marsa ist ein reizendes Fischerstädtchen, leicht touristisch unterwandert, aber immerhin nicht so schlimm wie das immer wieder als Künstlerkolonie gepriesene Sidi Bou Said. Dieses ist zwar auch sehenswert, aber fürchterlich überlaufen. Ein Milchkaffee, ein Stündchen aufs-Meer-gucken mit einer Runde Dösen und dann mache ich mich auf den Rückweg. Bei La Goulette habe ich ein nettes Motiv entdeckt, das ich bei Nachmittagslicht umzusetzen gedenke. Da ich sicher nicht auf Anhieb den besten Standpunkt finden werde, mache ich mich rechtzeitig auf den Weg. Kurz nach 17.00 Uhr sollte ich wieder in Tunis sein, um meinen Rückzug zu erwischen.

Petri heil

Nach einer Ehrenrunde zu Fuß durch La Goulette habe ich den Blick auf die Brücke der Metro, den ich mir vorgestellt habe, Angler inklusive. Als bestes Motiv entpuppt sich die völlige Seitenansicht. Allerdings wird es fast etwas eng, den kompletten zweiteiligen Triebzug in die Optik zu bekommen, aber mit Weitwinkel klappt es. Nach einigen Aufnahmen verabschiede ich mich mit freundlichem »Au revoir« vom genauso erfolgreichen Angler, der seine Fänge allerdings leider immer nur in der Zug-freien Zeit herausholte – da ist durchaus noch ein gewisser Koordinierungsbedarf gegeben!

Mit der nächsten Metro geht es dann problemlos wieder zurück nach Tunis und nach Übergang in die Straßenbahn an den Hauptbahnhof. Auch das Lösen der Reservierung ist mittlerweile Routine, heute scheint der gewünschte Zug noch nicht ausgebucht, wie dies vorgestern tatsächlich der Fall war. Dann bleibt der eine halbe Stunde später verkehrende Triebwagen direkt nach Hammamet oder der Wechsel in die 2. Klasse oder in die Luxusklasse. Noch schnell ein paar »Westentaschenfotos« der gängigen Baureihen – wieder herrscht ein Licht zum »in-die-Dose-Packen« und ein paar nette Schüsse der S-Bahn mit (elegant umschrieben) »historischer Bausubstanz« im Hintergrund und es wird Zeit, meinen reservierten (!) Platz im Zug nach Hause aufzusuchen.

Reservierte Plätze

Ich habe mir gerade einen schönen Fensterplatz in Fahrtrichtung ausgesucht, der Waggon füllt sich langsam, ich harre der Abfahrt des Zuges – und ... – Sie kennen das Liedchen vom alten Mütterchen und dem Handtäschchen und dem Geldtäschchen in der Straßenbahn ...? Mein »altes Mütterchen« an diesem Tag scheint Familie Oberlehrer zu sein. Der traute Tenor dringt bereits an mein Ohr, bevor ich auch nur die geringste Chance habe, Blickkontakt zu bekommen. Lautstark in hannebüchenem Schulfranzösisch wird offenbar von dreisten Einheimischen die Räumung der reservierten Plätze eingefordert. Es sieht so aus, als habe man die Lektion mit den »Reservierungen« gelernt. Die Tunesier, die nicht nur mangels Sprachschwierigkeit nicht verstehen, was hier abläuft – im Umfeld der geforderten Sitze sind schließlich fast alle anderen noch unbelegt – nehmen ihr Gepäck und ziehen kopfschüttelnd eine Reihe weiter.

Nach und nach füllt sich der Waggon und ziemlich pünktlich um 17.40 Uhr verlässt der Zug Tunis. Herr Oberlehrer scheint mittlerweile gemerkt zu haben, dass er sich mit seiner Aktion selbst »ins Knie geschossen« hat: Die Jalousie am Platz hat den Geist aufgegeben und lässt sich nicht auf »Aussicht« stellen, außerdem ist ausgerechnet die Rücklehne seines Sitzes defekt und verharrt trotz mehrerer Aufstellversuche weitgehend in Liegestellung. Vater Oberlehrer grübelt derweil wahrscheinlich darüber nach, ob die Platzreservierung denn wirklich so verbindlich wie von ihm gehandhabt sei und vor allem darüber, ob das Erkämpfen dieses offenbar schlechtesten Platzes im gesamten Waggon den Auf-

Die Überreste von Karthago, aber wo ist Hannibal?
(Foto: Copyright Tim E White/Getty Images)

wand wert war. Sohnemann ballert immer noch Außerirdische ab (immer noch der erste Batteriesatz?), Töchterchen schmökert weiter in dem Liebesroman.
Muttern liest im Reiseführer nach, wo sie denn heute überhaupt war. Die Frage nach dem besichtigten Museum scheint längst Vergessenes zu wecken. Sohnemann fällt offenbar wieder der am Morgen fest versprochene Hannibal ein, der wohl nicht seinen Vorstellungen entsprechend besichtigt wurde: »Sacht mal, von wegen Museum – wann kommt denn jetzt eigentlich Hannibal?« Selbst Töchterchen unterbricht den Roman für einen Lachanfall, Mutter schaut seeeeehr irritiert, während Oberlehrers Kopf leicht rot anläuft – tief im blauen Polster des Liegesitzes versunken ein sehenswerter Farbkontrast! Mutter stottert etwas von Museum, was Sohnemann zur tiefschürfenden und zumindest aus seiner Sicht der Dinge durchaus berechtigten Frage veranlasst: »Was hat denn dieser kaputte Säulen-Schrott mit Hannibal Lector zu tun? Ich wusste doch, dass das Schwindel war! So was Cooles haben die hier doch garnich!«
Der Vorstand und Fahrkartenverkäufer des Bahnhofs Hammamet in Personalunion steht vor seiner Tür, wohl auch nicht böse über den bevorstehenden Feierabend. »Einen guten Tag gehabt?« fragt er mich lächelnd auf Französisch. »Einen sehr guten Tag« gebe ich, ganz der Wahrheit verpflichtet, ebenso lächelnd zurück.

Triebwagenzug YZ bei der abendlichen Einfahrt in Mateur.

KARL-W. KOCH *(EIN BERICHT AUS DEM JAHR 2002)*

WENN MASOCHISTEN URLAUB MACHEN – III

... UND KARAOKE ZUM DINNER!

Nach den Leidenstouren durch Südafrika im Sonderzug und in den winterlichen Norden Chinas stand dieses Mal Java auf dem Programm. Immerhin hatte der Autor beschlossen, »Zuckerbahnen müssen jetzt auch mal sein«, nachdem der Freundeskreis seit Jahren von Kuba und eben der Hauptinsel des südostasiatischen Staates schwärmte ...

Indonesien ist laut

Wesentliche Utensilien für den Urlaub in Indonesien sind Ohrstöpsel ... Indonesien ist laut, sehr laut! Da lärmt zum Einen der Verkehr. Auspuffanlagen heißen – wahrscheinlich noch aus der holländischen Kolonialzeit – »Knallpot«. Diesen Namen tragen ca. 95 % aller Auspuffe völlig zu Recht. Ergänzt wird das Konzert von Hupen aller Art. Hupen muss der javanesische Autofahrer ständig, aber das ist eine andere Geschichte, zu der wir noch kommen ...

Ein cleverer Werbestratege hat offenbar vor einiger Zeit der indonesischen Geschäftswelt klar gemacht: »Noise sells«. Die Anzahl der Ghettoblaster im Straßenbild ist faszinierend: Es scheint zum guten Ton im hiesigen Geschäftsleben zu gehören, für eine adäquate Beschallung des Geschäftsumfelds zu sorgen. Dies wird mittels überdimensionierter regelrechter Soundmachines versucht. Die Standfläche der Boxen scheint ausschlaggebend für das Image zu sein, nicht die Verkaufsfläche. Zumindest für die Beschallung eines mittleren Fußballstadions müssen die Dezibel ausreichen, sonst droht Prestigeverlust.

Höchst unterschiedlich ist die Qualität des Dargebotenen. So reichen die Ergebnisse vom blechernen Gescheppere (Hauptsache laut) bis zu einem derart perfekten Sound, dass selbst Pink

◀ Die grüne Lok Nr. 7 der Zuckerfabrik Olean (Orenstein&Koppel, 1910) ist in den Feldern nördlich von Duwet unterwegs.

Die Landschft lädt auch ohne »Dampf« zum Erholen ein.

chen deiner Liebe nicht allahahein«. Unklar ist, wofür die Knaben Geld erwarten – dafür, dass sie weitermachen (weil´s so schön war) oder dafür, dass sie aufhören (weil´s so grausam war). Ich muss gestehen, eine Wertung der Beiträge führt zu keinem eindeutigen Ergebnis. Es waren Kandidaten vertreten, die es bei »Deutschland sucht den Superstar« problemlos in die Endausscheidung gebracht hätten, aber auch solche, bei denen sich die Fußnägel merklich wölbten …

Schräges Schreien

Die Krönung der Kakophonie jedoch ist … Karaoke!!! Man stelle sich vor: Mensch Floyd erblassen würde. Auch die gewählte Musikrichtung ist sehr unterschiedlich, zwischen westlich, chinesisch und arabisch ist so ziemlich alles vertreten. Vermisst (??? ne, nicht wirklich) habe ich nur die »gute« deutsche Volksmusik nach Art des Mutantenstadels, sonst war wirklich alles zu hören, bis zur neuesten Nr. 1 der US-Hitparade.

Auch in der Nacht wird es keineswegs ruhig. Der Verkehr kennt keine Sperrstunde und die Hotels liegen verkehrsstrategisch meist sehr günstig. Weiterhin gibt es im Zimmer Lärmquellen. Die Klimaanlage hat hierbei eindeutig eine Spitzenposition. Es bleibt also nur die Alternative, schlecht und zu warm oder schlecht und zu laut zu schlafen. Bei den gängigen Temperaturen von deutlich über 30 °C geht der Trend eindeutig zu »laut«. Diese Entscheidung wird dadurch wesentlich erleichtert, dass aus den Nachbarzimmern durch die dünnen Wände ohnehin Geräusche aller Art ihren Weg in die Ohrmuschel des nach Schlaf Dürstenden finden … Fernsehfilme, Gespräche, Badewannengeplätscher … Wenn also schon Stöpsel in den Ohren, dann soll es wenigstens eine gut gekühlte Ruhe werden!

Gitarrensolo an der Ampel

Als wäre der Verkehrslärm nicht ausreichend, mischt im öffentlichen Straßenraum eine weitere Spezies mit. Was in der amerikanischen Großstadt der Autoscheibenputzer, ist in der javanesischen Stadt der Gitarrenklimperer. An jeder Kreuzung tritt ein Rex-Gildo-Verschnitt an das erste Auto in der Schlange vor der Ampel heran und trällert die indonesische Version von »Lass das Mäd-

Schwefelträger am Ijen-Vulkan, die »Foto-Modell«-Honorare sind ein beliebtes Zubrot zum mageren Lohn für das Schleppen der 50 und mehr kg.

sitzt beim Essen, eine wie üblich erlesene Folge chinesischer und/oder indonesischer Genüsse wird aufgetischt – da – auf einmal ein schauderhaft schrilles schräges Schreien aus dem Nachbarraum! Mord – und der Mörder ist doch der Koch und nicht der Gärtner? Das Lämmlein für den 3. Gang wird gerade abgestochen? (Aber nein, die schweigen ja, wie wir dank Hollywood wissen!) Der Sohn des Gastwirtes hat wieder eine »6« in Mathematik heimgebracht und wird gezüchtigt? NEIN!!! KARAOKE!!!! Ein Blick in den Nebenraum bestätigt den Verdacht: Der vollhüftige Knarriton wimmert zum Gotterbarmen ins Mikrophon, den Text auf dem Fernsehmonitor ständig im Blick behaltend, die Lautstärke lässt die Teller hüpfen, die Frequenz bringt neben den Hüften auch die Scheiben zum Schwingen.

Eine CC201 erreicht mit einem wahrscheinlich tiefgekühlten Personenzug am frühen Vormittag Bandung.

Elvis »Li« Presley läuft mittlerweile zur Hochform auf, der Text hinkt nur noch drei Sekunden hinter der Musik her, aktuell wird tatsächlich bereits jeder fünfte Ton getroffen. Schon (!!) nach der vierten Nummer (nach dem King aus Memphis kamen Madonna, Eagles und Cliff Richard) übergibt der begnadete Sänger das Mikrophon an ... nein, bitte nicht, NICHT die dicke alte Lady. Wenn die so klingt, wie sie aussieht, dann gute Nacht. Wo zur Hölle sind meine Ohrstöpsel????

Haustiere aller Art

Fans der Fauna sind in Indonesien genauso richtig am Platz wie die Freunde der Dampflok. Hier lässt sich Brehms Tierleben studieren, wenn auch eher im Kleinen als im Großen. Kakerlaken sind die Standardausstattung in den Hotels, was ich aber nach etlichen Reisen in Ländern der entsprechenden Klimazone als normal empfinde. Die Überlebensfähigkeit dieser Tierchen liegt nach meinen Erfahrungswerten allerdings recht eindeutig über dem Durchschnitt, »nur« Draufhauen zeigt praktisch keine Wirkung. Nachdem an einem der ersten Abende eine Riesen-Kakerlake gemächlich über das eigentlich für mein wertes Haupt vorgesehene Kissen marschierte, gewöhnte ich mir schnell an, künftig vor dem Zu-Bett-Gehen auch IM (!!) Bett nachzusehen, was sich einige Male bewährte.

Zum Sehenswertesten des Landes zähle ich die Geckos und dabei besonders deren Fähigkeit, sich an scheinbar glatten Wänden und vor allem kopfüber an glatten Decken zu bewegen. Die Technik mittels Härchen via Haftkraft (oder sind es Saugnäpfe? – Biologen, bitte aufklären!) an den Füßen ist sogar eines der berühmten Vorbilder für die Technik aus der Natur. Dazu kommt eine offenbar perfekt abgestimmte Bewegungsfolge. Es müssen ja immerhin auch beim Laufen genügend Füße Haftung haben, sonst droht (oder erfolgt, wie auch einmal erlebt) ein »Abschmieren«. Manchen Abend habe ich die munteren Tierchen beobachten können und jede Minute mit einer Szene frei nach Monty Python gerechnet: Ein Absturz von der Decke platschend in die dampfende Suppenterrine! Zu meiner großen Enttäuschung siegte immer die Haftkraft. Das erwähnte »Abschmieren« vollzog sich außerhalb der Essenszeiten, bei Kompetenzgerangel und anschließender heißer Verfolgungsjagd zwischen Großgecko und Möchte-Gern-Chef-Gecko an der Wand und nur über ca. 2 Meter, war aber auch ganz sehenswert.

Gästebuch an der Wand

Deutlich unangenehmere Zeitgenossen sind die Moskitos. Nach Region unterschiedlich, können sie zwischen „Null" und in nordskandinavischer Sommerwiesen-Stückzahl vorkommen, und das IM Hotelzimmer. Da hilft nur noch ein gutes Moskitonetz, welches sich glücklicherweise (dank der Empfehlung eines Insiders) auf der Beschaffungsliste befand. Dieses will allerdings

Dier Zuckermühlen selbst sind weitgehend ebenfalls schon Technikmuseen und einen Besuch wert.

auch aufgehängt werden – und damit können Schwierigkeiten verbunden sein: Die Decke in 4 m Höhe erschwert die Anbringung genauso wie geweißter Beton als Wandfläche. Umgekehrt hat auch ein zu brüchiger Putz Nachteile ... Gut geeignet sind dagegen Holzdecken, Steinwände (Hammer und Nägel nicht vergessen!), einsame Highlights sind bereits vom Vorgänger angebrachte Haken.

Das Passieren des Netzes in Richtung Bettinneres hat mit äußerster Sorgfalt zu erfolgen. Gelingt es dem einen oder anderen Tierchen mit durchzuwitschen, ist der Schutzeffekt hinüber und die Nachtruhe im A.... Auch ist die Eingangs-Nahtstelle sorgsamst zu verschließen (Sicherheitsnadeln!), die Findigkeit der lieben Kleinen ist bewundernswert. Füße aus der Bettdecke rausschauen zu lassen, führt garantiert zu einer Rekordstichzahl in diesem freigelegten Bereich!

Ein Tipp, wenn Sie sich über die Notwendigkeit des manchmal umständlichen Gebrauchs des Netzes unklar sind: Schauen Sie mal an die Wand! Mehr als eine Handvoll Blutflecken deuten nachhaltig auf nötige Schutzmaßnahmen hin ...

Kampfbus auf Ideallinie

Zurück zum Straßenverkehr. Wollte man das Wort »Anarchie« dokumentieren – HIER ist die Vorlage! Allerdings – der Ehrlichkeit halber – mit EINER Einschränkung: Es gibt ZWEI Regeln – die erste: Der Stärkere hat immer recht! Es sei denn – zweitens – der Schwächere ist deutlich schneller und wendiger. Eng wird es, wenn der schnelle Schwächere die Geschwindigkeit des Stärkeren unterschätzt. Die Bandbreite der unterschiedlichsten Teilnehmer verkompliziert das Ganze zusätzlich (in der Reihenfolge der Hackordnung von unten gesehen): Fußgänger, Radfahrer, Rikschafahrer, Mopeds, Mopeds mit Lastanhänger oder beladenem Beiwagen, PKWs, Pickups, Geländewagen, Minibusse, Kleinlaster, Busse, LKWs, Sattelschlepper. Bezüglich Geschwindigkeit spielen Mopeds, Minibusse und Busse ein bis zwei Klassen höher als ihnen gewichtsmäßig zusteht. Die Busse nehmen somit die tatsächliche Spitzenstellung im Verkehrsgeschehen ein! Ein »guter« (??) Busfahrer fährt Kampflinie. Auf normalen Straßen wird grundsätzlich überholt, Gegenverkehr ist dabei kein Argument. Schließlich reicht die Straße oft für drei Fahrzeuge in der Breite – und wenn mal nicht, wird der entgegenkommende PKW schon in Richtung Randstreifen oder Graben ausweichen. Und falls er das wider

Erwarten doch nicht macht, wird halt rücksichtslos in die eigene Spur zurückgedrängelt. Nur mit LKWs legen sich die Busfahrer tunlichst nicht an, diese sind aber bezüglich Geschwindigkeit und vor allem Beschleunigung hoffnungslos im Hintertreffen.
Eine ausgesprochen große Fangemeinde innerhalb der anderen Verkehrsteilnehmer haben Bus- und Minibusfahrer im innerstädtischen Liniendienst! Deren Fahrstil unterscheidet sich keinen Deut von dem der Kollegen, nur dass sie alle 300 Meter eine Vollbremsung hinlegen, um Leute aus- oder einsteigen zu lassen. Dies geschieht grundsätzlich auf der Ideallinie, also auch mitten in Überholvorgängen oder gerade nach dem Abdrängen des Nachbarn in den Graben ... wo halt die Kundschaft steht oder hinwill! Wenn Sie einmal einen Bericht über Lynchjustiz an Busfahrern auf Java lesen, wundern Sie sich nicht ... Ein Blick in die Unfallstatistik würde mich brennend interessieren. Denn erstaunlicherweise haben wir in über drei Wochen keinen einzigen schweren und kaum einen leichten Unfall gesehen. Gleichzeitig war jedoch die Anzahl sog. »kritischer« Situationen beeindruckend!!!

Moscheen braucht das Land

In jeder zweiten Ortschaft kommt es zum Stau: An einer Mautstellen nicht unähnlichen Verengung wird energisch und mit Nachhalt für die örtliche Moschee gesammelt. Wundern Sie sich nicht, wenn Sie gerade an einer prächtigen Moschee vorbei gefahren sind: Dann ist die Sammlung für die Renovierung, den Ausbau, den Neubau in der Nachbargemeinde (die leider nicht so verkehrsgünstig liegt), ein neues Dach oder zusätzliches Minarett ... Die Beträge werden auf Tafeln ausgewiesen und täglich aktualisiert. Dank Eigeninitiative der Gemeinde und zahlreichen Sach- und Geldspenden Betuchter dürfte der geplante Neubau im einstelligen Jahreszahlbereich entfernt liegen. Die angezeigten Beiträge und vor allem deren vermeintlich minimale Steigerungsraten haben nur eine geringe Aussagekraft.

▼ Waldbahn Cepu: Der E-Kuppler von Schwartzkopff (Berlin, 1928) kommt mit einem Holzzug aus Richtung Einschlaggebiet zurück.

Weitere Impressionen von den Zuckerbahnen:

▲ Vielerorts wurden damals die Zuckerrohrwagen vor Ort mit zwei oder auch vier oder sechs »WBS« (Wasserbüffelstärken) rangiert. Interessant wäre zu sehen, ob auch diese durch Technik wie Traktoren ersetzt wurden oder immer noch »in Betrieb« ist.

▶ Unbedingt erforderlich ist eine gute Pflege der »Betriebsmittel« in den Arbeitspausen.

Linke Seite
◀ oben: Lok XIV der PG Tasik Madu (Ducroo&Brauns, 1923)
▶ oben: Lok 6 der PG Rejosari (Orenstein&Koppel, 1913)
◀ mitte: PG Purwodadi mit der blauen Lok 5 (Orenstein&Koppel, 1920)
▶ mitte: Lok 7 »Hiyang« der PG Olean (Orenstein&Koppel, 1910)
◀ Unten: Zwei Loks der Zuckerfabrik Merican (Lok 5: Orenstein&Koppel, 1923 mit einer weiteren, unidentifizierten Lok)

Kühlschrank auf Schienen

Wollen Sie eine Alternative zum Straßenverkehr, und sind – wie ich – gegen Inlandsflüge, wo immer diese vermeidbar sind? Fahren Sie Bahn! Aber, wenn Sie Luxus-Klasse reisen, ziehen Sie sich warm an! Es gibt drei Klassen: Die normale 2. Klasse (in aller Regel unklimatisiert), die 1. Klasse und die sog. „Exekutive", letztere gut gekühlt. Bei einer Fahrt quer über die Insel holte ich mir trotz Pullover (bei 35 °C Außentemperatur) eine gepflegte Erkältung, es waren meiner Schätzung nach höchstens 18 °C im Waggon! Die Züge sind durchaus komfortabel, halbwegs pünktlich und meistens gut besetzt. Bahnfahren ist sicher die angenehmste Art der Überwindung langer Distanzen in Java. Für Verpflegung ist mittels „Mitropa"-Service und normalerweise einem Speisewagen gesorgt. Die Sicherheit liegt im grünen Bereich, wobei zu berücksichtigen ist, dass einem auch im deutschen ICE der Geldbeutel geklaut werden kann.

Toast mit Schokostreusel

Zur Verpflegung ist das Wesentliche eigentlich schon gesagt. Wer asiatische und/oder chinesische Küche mag, kommt voll auf seine Kosten. Die kleinsten Schnellrestaurants am Straßenrand bieten ein Bami oder Nasi Goreng (gebratener Reis oder gebratene Nudeln) an, das jedem hiesigen indonesischen Fresstempel zur Ehre gereicht.

Die besseren Restaurants tischen an Fisch, Fleisch und Gemüse auf, was Meer und Bauernhof bieten, in bester Manier und immer wieder neuen Kombinationen. Nur eine Scharte hat die kulinarische Karte. Das Frühstück! Toast und Schokostreusel sind am ersten Tag noch lustig, am etwa vierten Tag sehnt man sich nach guten Wurst-, Käse- oder Marmeladenbrötchen ... (oder einer indonesischen Frühstücksvariante, die aber leider nur höchst selten angeboten wird).

◀ Auf der 9,5 km langen Route zwischen Bedono und Ambarawa hält sich hartnäckig ein sehenswerter Mueumsbetrieb, bestritten von Esslinger Zahnraddampfloks. Die B25 03 auf Talfahrt, zurück vom Ausflug nach Bedono

▲ Die Dampfloks der PG Asembagus waren nicht mehr regelmäßig eingesetzt, standen aber für Sondereinsätze zur Verfügung. Die Lok 11 ist hier mit einem Fotosonderzug auf einem Ausflug.

Eine ehrliche Schlussbemerkung

Ich bin – ohne übertreiben zu wollen – schon ein wenig herumgekommen in der Welt. In KEINEM Land habe ich so viel herzliche Menschen erlebt und getroffen wie auf Java. Um es an einem krassen Gegensatz deutlich zu machen: Wird der Fremde in der chinesischen Provinz neugierig angestarrt (und wenn er Pech hat, aufdringlich betatscht), so wird er auf Java herzlich angelacht und begrüßt. Ein paar Brocken Englisch – und wenn es ein freundliches »Hello Mister« ist – oder deutsch (!) – »Beckenbauer!?« hat jeder zweite parat. Und die anderen, vor allem Älteren, lächeln spätestens bei einem netten Kopfnicken zurück.

... und ein Fazit

Zweierlei ist sicher: Es wird in absehbarer Zeit noch einmal nach Java gehen, nicht nur Zuckerbahnen, auch die Staatsbahn und eine fantastische Landschaft reizen – von den außerordentlich liebenswerten Menschen gar nicht zu sprechen. ABER mit einigen Sätzen der neuesten Bauart Ohrstöpsel Marke NASA: lärmdicht und ohrenschonend!!!

KARL-W. KOCH

ATLANTIK – PAZIFIK

2004: 1 x TRANS-KANADA, ABER BITTE DIE VOLLE LÄNGE!

Der Held geht von Bord. Die lange, stürmische Atlantiküberquerung liegt hinter ihm, jedoch neue Herausforderungen harren seiner: Die Durchquerung des nordamerikanischen Kontinents an einer seiner breitesten Stellen. Aber das Besondere an Helden ist, dass derartige Herausforderungen sie nur stärken. Wilde Indianer werden versuchen ihn aufzuhalten, Büffel und Grizzlys seine Wege kreuzen. Aber sein Ziel vor Augen, wird er seinen Weg gehen, die Zeiten sind eben so – und er ist ein Held!

So oder so ähnlich hätte wohl vor 150 Jahren die Einleitung der folgenden Reisebeschreibung begonnen. Heutigentags stimmt nichts mehr davon, außer eben der »Durchquerung des nordamerikanischen Kontinents an einer seiner breitesten Stellen«. Der »Held« steigt in Halifax aus dem Flieger oder kommt wie ich bereits von Toronto mit dem Zug hier an. Büffel gibt es nur noch in den Naturparks und die Indianer in den Reservaten oder – angepasst und unauffällig – im Alltag. Die paar in der Nähe von Zivilisation frei herumlaufenden Grizzlys, die der Mensch zu Gesicht bekommt, haben vor diesem meistens mehr Angst als umgekehrt (was sich allerdings auch ab und zu als ein verhängnisvoller Fehler seitens des sich Überschätzenden herausstellen kann).

Und letztlich: Der »Held« wird sich in einen bequemen Zug setzen und mehr oder minder passiv das Land durchqueren, er wird quasi gegangen, während unser Vorbild dies sehr mühselig selbst unter Wundreiten seines Allerwertesten bewerkstelligen musste. Die Zeiten sind eben NICHT mehr so, manches ist auch besser geworden.

Also beginnen wir – wie vorgesehen – in HALIFAX:

1. HALIFAX – MONTRÉAL
Bob, die Leiter zum Bett und der unbekömmliche Salat

Das eingesetzte Waggonmaterial gehört erkennbar der neuesten Generation an: Hightech in einer gerade noch ansprechenden, überwiegend blaugrünen Lackierung. Die Türen lassen sich mittels Plastiklochkarte öffnen und somit auch verschließen. Die Klimaanlage lässt sich allerdings nicht abstellen, sie brummt sonor die ganze Nacht vor sich hin. Kommen wie bei einer Fahrt in diesem

◄◄ Der »Canadian«, Train No. 1: Durch den schönsten Abschnitt Richtung Westen fährt er leider nur in der Nacht, es sei denn die Reisenden haben das »Glück« einer massiven Verspätung von mehreren Stunden.
◄ So sieht es im Domecar aus …

HALIFAX – MONTRÉAL (Alle Zugdaten aus dem Jahr 2004)			
Verkehrstage		täglich, 1 Zug pro Tag, Zug-Nr. 15	
Zugname:			»Ocean«
Durchschnittliche Geschwindigkeit:			70,8 km/h
Km	an	ab	Tag
0	Halifax	13:05	1
1.346	Montréal	08:00		2

Schlafwagentyp noch Scheppergeräusche loser Teile dazu, dann sind die mitgelieferten Ohrenstöpsel – ebenfalls der neuesten Generation: Ohren schonend! – ihr Geld wert.

Das erste Abendessen im Zug, die Spannung steigt. Ich habe für den zweiten Durchgang reserviert, was angesichts des Füllungsgrades des Speisewagens auch kein übertriebener Luxus war. Der zuständige Kellner platziert mich gegenüber von Bob. Bob ist in der Werbebranche tätig, stammt aus New York (»genauer gesagt: Queens«), ist recht massiv gebaut und reist zum ersten Mal in seinem Leben per Zug.

Die Einführungsrunde des Schlafwagenschaffners, die offenbar nur auf Nachfrage durchgeführt wird, hat er irgendwie verpasst. Daher hat er erhebliche Bedenken bezüglich seiner Nachtruhe. Bislang hat Bob nur das obere Bett registriert und fürchtet, dieses müsse er per Leiter erklimmen. Bei seiner Lebendmasse wäre das allerdings eine Vorstellung, die Angst einflößen könnte. Ich kann ihn beruhigen, indem ich ihm erkläre, wie aus dem unteren Sitz ein zweites Bett gebaut wird – ohne Leiter erreichbar. Bob atmet hörbar auf, jetzt schmeckt das Essen doch gleich viel besser. Den Salat lässt er allerdings wieder zurückgehen, nachdem er erfolglos versucht hat, mir diesen zukommen zu lassen. Er habe gesundheitliche Probleme mit Salat, da habe er gaaaanz schlechte Erfahrungen gemacht, er vertrage ihn einfach nicht, erklärt er wortreich in seinem schauderhaften Slang, bei dem ich jedes zweite Wort erraten muss, um der Unterhaltung einigermaßen folgen zu können.

Aber Bob ist ein lieber, umgänglicher Kerl und sehr redselig. Bis zum Hauptgang (Hühnchen, Loriot würde urteilen: »sehr übersichtlich«) haben wir die Themen Sport (Lance Armstrong, die deutsche und US-amerikanische Fußball-Nationalmannschaft, die Olympiabewerbung von New York für 2012) und Politik (Bush mag er auch nicht, der Mann gefällt mir!) abgearbeitet und sind bei Reiseplanungen. Bob reist offenbar gern und viel, auch Deutschland steht neben Skandinavien und der Tschechischen Republik auf dem Programm. Jugoslawien, das er aus irgendeinem unerfindlichen Grund ebenfalls in seine Reiseüberlegungen einbezogen hat, versuche ich ihm auszureden, ohne mir ganz erklären zu können, wieso ausgerechnet ein US-Amerikaner bei Belgrad an Urlaub denkt. Spanien – Marokko mit dem Hoverkraft-Schnellboot hat er schon hinter sich. Daher stammen offenbar auch zum Teil seine Aversionen gegen hohe Geschwindigkeiten.

▶ Dunkel war's ... Montréals Hauptbahnhof ist ein finsterer, ungastlicher Ort, eine Herausforderung für jeden Fotografen.

◀ Güterzüge sind zumindest vom Fotografen gern gesehen: Ein Kohlezug zur Westküste durchfährt den Thompson-Canyon in British Columbia, ca. vier Kilometer Zug mit drei Loks. Die Lok in der Mitte hat den Zweck, die Belastung der Kuppplungshaken in Grenzen zu halten.

Kanada: Atlantik – Pazifik | 135

Allerdings, wie erwähnt, ist dies Bobs erste Bahnreise. Er staunt über die Reisegeschwindigkeit (zu diesem Zeitpunkt ca. 100 km/h) und staunt noch weiter, als ich ihm ausführlicher über die Hochgeschwindigkeitszüge der DB AG und der SNCF berichte, von denen er immerhin schon gehört hat. Die von ihm angenommene Übertragung der Schwankung des VIA-Zuges bei Tempo 100 (gerade zum Zeitpunkt der Diskussion nicht unerheblich, da wird schnell klar, warum keine Suppe auf dem Speiseplan steht) auf 300 km/h lässt ihn allerdings nicht ganz zu Unrecht vermuten, dass dies nicht gut gehen kann. Meine Ausführungen zu einem der Geschwindigkeit angepassten und somit dem kanadischen deutlich überlegenen Oberbau und Schienenzustand bei DB AG und SNCF lassen ihn erneut hörbar aufatmen.

Da mundet die Dreifach-Schokokäsesahne an Himbeermousse doch noch einmal so gut. Obwohl, Himbeermousse verträgt Bob auch nicht und dieses Mal willige ich ein, seinen Anteil zu übernehmen. Immerhin kennen wir uns ja mittlerweile näher.

Mein allein genutztes Doppelabteil ist eng, aber komfortabel. Es besteht aus einer Sitzbank, zwei (wie auch Bob mittlerweile weiß) ausklappbaren Betten und einer eignen Toilette. Der Trend zum »private Restroom« hat Vorteile, bei den Einzelabteilen, wo das Ganze dann nicht separat abgetrennt, sondern quasi mitten im Raum postiert ist, finde ich es etwas arg übertrieben. Aber wer´s mag ... Bei den Doppelabteilen, mit getrenntem Waschraum ist es ein Stück willkommener Komfort.

Stromanschluss im Abteil gehört, wie auch in der VIA1 zum Standard, die Anzahl reisender Manager scheint nicht unerheblich zu sein. Für Video- und Digitalkamerafans hat es auch sein Gutes: Die Lademöglichkeiten sind uneingeschränkt, vorausgesetzt, der entsprechende Übergangsstecker befindet sich in der Ausrüstung.

Im schon klassischen Kampf Oberbau gegen Federung ergibt sich zumindest auf diesem Teilstück ein klarer Punktsieg für die Federung. Der Oberbau scheint grottenschlecht zu sein, das Gerüttel und Geschüttel ist teilweise atemberaubend.

Als Highlight kommt in dieser Nacht das zum Glück nicht repräsentative Vergnügen dazu, direkt auf einer Flachstelle schlafen zu dürfen. Es wird eine unruhige Nacht, etliche Male werde ich etwas in die Luft geschleudert und lande recht unsanft, auch das sonst eigentlich beruhigende Dauergeklacker nervt sehr.

MONTRÉAL: Rasierklingen, Quetschkommode und eine Bärenkette

Eisenbahn- oder Bahnfreunde (hier die Zunft der Nahverkehrsfans eingeschlossen) sollten Montréal vergessen. Straßenbahn gibt es keine, die U-Bahn ist recht langweilig (wenngleich auch gummibereift, eigentlich eher ein vielteiliger elektrisch-betriebener Spurbus), die S-Bahn nur noch ein müder Abklatsch alter Tage. Die Fahrleitungen sind weitgehend demontiert, obwohl im Vorfeld des Hauptbahnhofes nicht nur weiterhin Drähte hängen, dort steht auch aufgebügelt eine Elektro-Triebwagengarnitur herum. Allerdings ist nicht ersichtlich, ob eine Linie noch elektrisch betrieben wird, der eine Tag Aufenthalt reicht auch leider nicht aus, hier Schienenarchäologie zu betreiben. Die gängigen, dieselbetriebenen S-Bahn-Züge sind eigentlich nur im Berufsverkehr von Bedeutung. Kein Vergleich mit Torontos GO.

Aber Montréal als Stadt »brummt«. Der Unterschied zwischen den Städten Toronto und Montréal könnte nicht größer sein, wenn sie in zwei Welten lägen. Dennoch, sie liegen im selben Staat, in Kanada! Ist Toronto englisch – oder besser amerikanisch, das »New York Kanadas« – geprägt, so hat Montréal etwas Orientalisches. Zollt der Besucher bei dieser Einstufung dem

Die sehr sehenswerte Kathedrale von Montréal sollte auch auf dem Programm stehen.

französischen Einfluss Tribut, so muss er schon Marseilles im Kopf haben, und auch dort die ganz exotischen Viertel.

In der Fußgängerzone haben sich Gruppen um Artisten gebildet. Ein Zauberer, er stellt sich selbst als Peter Snow vor, zieht – durchaus fernsehreif – Jung wie Alt in seinen Bann, futtert Rasierklingen und spuckt sie aufgereiht auf einem Faden wieder aus, jongliert mit nachprüfbar massiven Ringen, die er aneinander kettet und wieder löst – und alles in perfekt zweisprachiger, sehr unterhaltsamer Kommentierung. Einige Dutzend Meter weiter zeigt ein Einrad fahrender Jongleur seine Künste. Die unvermeidlichen Inkamusik-Schänder dagegen verkneifen sich ihre El-Condor-Pasa-Vergewaltigung, sie hätten bei diesen Könnern als Konkurrenz ohnehin keine Chance auf Einnahmen. Zwei Exilrussen mit Quetschkommode haben diese zwar auch nicht, sind aber zumindest konsequent und ziehen ihr Programm durch, inklusive der »kleinen Kneipe in unserer Straße«.

Aber auch das andere Gesicht Montréals ist exotisch. Wenige Ecken weiter steht eine Schlange fast komplett um einen ganzen Häuserblock herum: Zerlumpte Gestalten, ihre Habe in wenigen Plastiktüten verstaut. Einige etwas »Wohlhabendere« schließen ihren Luxus, ein Fahrrad, mit martialisch anmutenden Ketten, die einen ausgewachsenen Grizzly zähmen könnten, an einen Baum und reihen sich ein. Andere auf der gegenüberliegenden Straßenseite beäugen das Ganze misstrauisch, unschlüssig, ob sie sich einreihen sollen.

2. Montréal – Toronto
Schokotorte, Diskriminierung von Minderheiten und Unsinniges in Blindenschrift

Beim sogenannten »Korridor«-Verkehr spürt der Reisende sehr deutlich die Konkurrenzsituation zum Flugzeug. Auch die Sicherheitsbelehrung erinnern an einen Flug: »Zu Ihrer Rechten befinden sich die Notausgänge ... blablabla«. Nur die »Schwimmwesten unter den Sitzen« fehlen aus mir nicht nachvollziehbaren Gründen. Es wird, bei der spärlichen Zahl an Reisenden an diesem Morgen, sonst vermutlich nicht unbedingt, sogar eine individuelle Belehrung durchgeführt: »So geht der obere Teil der Tür auf, so der untere, und mit der Fußtaste lösen Sie das Ausfahren der Trittstufen aus. Bitte im Notfall immer auf der Seite aussteigen, auf der sich KEINE Gleise befinden.« Was allerdings in dem Fall zu machen wäre, wenn auf beiden Seiten Gleise wären, verstehe ich nicht ganz, es bleibt zu hoffen, dass der Nothalt, wenn überhaupt, auf einem höchstens zweigleisigen Abschnitt vonstattengeht.

MONTRÉAL - TORONTO			
Verkehrstage:	täglich, max. 7 Zug pro Tag (werktags), Zug-Nr. 51 - 57		
Zugname:			»Korridor«
Durchschnittliche Geschwindigkeit:		zwischen 83 und 134 km/h	
Km	an	ab	Tag
0	Montréal	9:40	1
539	Toronto	15:09		1

Hier in der VIA1 ist der Service gut und ebenfalls luftfahrtmäßig: Essen und Getränke werden am Platz serviert, das Essen selbst ist köstlich, das Rinderfilet ein Gedicht (wenngleich auch wiederum sehr übersichtlich) und die Schokotorte zum »Reinsetzen«. Der Buchungsgrad wird zumindest an diesem Tag dem nicht gerecht, ob es an der Ferienzeit oder den doch stolzen Preisen liegt, bleibt offen. Die Landschaft bleibt zunächst weiter tundraähnlich, niedrige Wälder wechseln sich mit Sumpf- und Seenlandschaften und offenem Buschland ab. Später geht sie deutlich mehr in genutztes Acker- und Weideland über, bevor »Greater Toronto« seinen Ein-

Kanada: Atlantik – Pazifik | 137

fluss geltend macht. Einige Male kommt auch der St. Lorenzstrom bzw. später der Ontariosee bis direkt an die Strecke heran. Nette Motive ließen sich hier ablichten, wäre denn die Zeit gegeben. Der Güterverkehr ist offenbar nicht die Hauptsache auf dieser Strecke, obwohl durchgehend zweigleisig ausgebaut, kommt es kaum zu Kreuzungen und nur zu wenigen Überholungen. Beide Gleise können offenbar beliebig in beide Richtungen benutzt werden, es wird abwechselnd rechts und links gefahren, ohne erkennbares System.

Der Umgang mit Rauchern liegt ebenfalls auf Airlinie-Niveau: Es geht gar nix! Dem Nichtraucher entlocken die Durchsagen bezüglich des Rauchverbots ein müdes Grinsen, dem chronisch Süchtigen dürfte es einen Adrenalinschub versetzen und die Zornesröte ins Antlitz treiben – und diesen aufs Auto ausweichen lassen, wenn es irgendwie geht: »Dies ist eine Nichtraucher-Zugfahrt, es herrscht Rauchverbot im gesamten Zugbereich, auch in den

Toiletten. Bitte beachten Sie die dort angebrachten RAUCHMELDER« Das Nichtrauchergrinsen wird deutlich süffisanter. »Das Rauchverbot gilt auch auf den BAHNSTEIGEN.« Oha, DAS ist hart, die Armen ...

Nun, immerhin wird letzteres offenbar nicht ganz so verbissen gesehen, im Gegenteil, bei den meisten Stopps wird von manchem schnell eine »vor der Tür« gepafft, Zugpersonal inklusive ...

Ein einsames Highlight bleibt allerdings der Hinweis in Blindenschrift in den Zugtoiletten, dass dort Rauchen nicht gestattet ist. Die Vorstellung, dass ein blinder Nikotinjunkie erst alle vier Wände des Lokus abtastet, um dann in der Mitte einer Wand diesen Hinweis zu entdecken und somit seiner Sucht zu entsagen, erscheint selbst mir chronischem Nichtraucher schon fast zu bescheuert, um wahr zu sein.

TORONTO: Fotoverbot im Hauptbahnhof, Doppelstock-S-Bahnen im Fünf-Minuten-Takt und eine falsche Abfahrtzeit

Auch der Hauptbahnhof von Toronto liegt auf der Skala der fotogensten Bahnhöfe im unteren Zehntel, allerdings mit sehr deutlichem Abstand VOR Montréal. Es lässt sich was machen, oder genauer gesagt, es ließe sich was machen, wenn man denn dürfte. So sind morgens und abends die Ausfahrten in der einen oder anderen Richtung gut im Licht. Die Bahnhofshalle – als Flachbau ausgeführt – ist zwar wenig fotogen, aber die Skyline im Hintergrund macht einiges gut. Allerdings dürfen die Bahnsteige nur bei Abfahrt und Ankunft des Zuges betreten werden. Wohlgemerkt, wir sprechen hier nicht vom Verlassen des Bahnsteigs, Marschieren durch das Gleisvorfeld oder ähnlichen Nettigkeiten. Faktisch handelt es sich um nichts anderes als ein Fotoverbot. Zuwiderhandlung wird als »Trespassing« geahndet (wer jemals im nördlichen Amerika Eisenbahnen fotografiert hat, kennt und hasst dieses Wort!) und kann zu einer Festnahme und/oder einer Strafe bis zu 1.000,- $ führen. Nachdem mich der zuständige Sicherheitsoffizier freundlich, aber bestimmt und ausführlich belehrt hat, geleitet er mich zum Ausgang. Immerhin kommt in diesem Gespräch auch zum Ausdruck, dass zumindest die derzeit (Juli 2004) verschärfte Anwendung dieser Bestimmung mit Terrorwarnungen vor Anschlägen zusammenhängt. Ich akzeptiere dies zähneknirschend, aber irgendwo dann doch einsichtig. Zum einen habe ich meine Aufnahmen im Kasten, zum anderen tut der gute Mann nur seinen Job, und dies immerhin höflich, zuvorkommend und mit Verständnis. In Deutschland habe ich in vergleichbaren Situationen schon ganz Anderes erlebt.

Und es bleiben, anders als in Montréal, jede Menge gute, legale Fotomöglichkeiten. So führen z.B. westlich des Bahnhofs mehrere Straßenbrücken über die Gleise, die teilweise abends auch Aufnahmen mit dem CN-Tower und dem »Dome« sowie der Skyline von Downtown ermöglichen. Einziger Wermutstropfen: Die eigentlich sehr fotogenen grünweißen S-Bahnzüge der GO-Transit werden in Richtung Westen grundsätzlich geschoben, fahren also Steuerwagen voraus. Ich erinnere mich an die Worte eines guten Freundes aus »DDR«-Dampftagen, wenn denn mal eine Lok mit dem Tender voraus kam: »Wat willste denn, mach `ne Uffnahme, die sind halt so gelohfen«. Ich beherzige diese zeitlose Weisheit und mache sogar mehr als eine Aufnahme, zudem kommen dann doch noch ein paar »richtig-rum« laufende VIA-Züge mit dazu, der Abend ist gerettet. Das GO-Transit-System ist etwas anderes als der müde Abklatsch in Montréal. Mit den 16 Waggon-Doppelstockzügen lassen sich in

kürzester Zeit mehrere Zehntausende Pendler in die und aus der City bringen, was dem Zentrum – auch wieder anders in Montréal – einige hässliche Stadtautobahnen erspart hat. Am nächsten Morgen beschließe ich, entgegen sonstigen Unarten (und es war ein sehr weiser Entschluss) früh aufzustehen und das gute Wetter zu nutzen, um einige weitere Aufnahmen von Straßenbahnen und der GO-Transit zu bekommen. Meine Abfahrt habe ich im Hinterkopf am Abend »irgendwann so um 18.00 Uhr« abgespeichert, also vermeintlich viel Zeit. Irgendein Ur-Instinkt verleitet mich nach den ersten gelungenen Straßenbahnaufnahmen doch mal im Ticket nach der genauen Abfahrtszeit zu sehen: 9:00 Uhr!!! Raaaaah – Aufstand, Terror, Panik!!!! Ein Blick auf die Uhr sagt 7:42 Uhr. Das könnte gerade noch so klappen, wird aber ein heißer Ritt. 18:00 Uhr war wohl Winnipeg, die übernächste Abfahrt.

Also im Stechschritt zurück ins Hotel – 7:56 Uhr – einpacken, auschecken – meine Güte, was brauchen die Fahrstühle heute ewig lange – und ins Taxi. Es ist 8:12 Uhr. Natürlich sind jetzt Rushhour und der morgendliche Stau, aber irgendwie wird doch der Bahnhof erreicht –

Die Alternative zur Bahnhofsfofografie: die Straßenbrücke wenige Hundert Meter in Richtung Westen

Kanada: Atlantik – Pazifik | 139

8:24 Uhr. Wie war das noch: Gepäckaufgabe eine Stunde vor Abfahrt des Zuges? Nööö, ganz so verbissen sieht man das offenbar nicht, der Koffer wird auch noch um 8:30 Uhr angenommen. Ufff. Das ging ja gerade noch mal gut, aber beim nächsten Mal werden die Abfahrtszeiten DREIMAL, und zwar RECHTZEITIG überprüft, diesen Adrenalinschub hätte ich nicht unbedingt gebraucht.

3. Toronto – Winnipeg
Train No. 1, schöne, stehende Güterzüge und warum es im Outback kein Omelett gibt

TORONTO - WINNIPEG			
Verkehrstage	Dienstag, Donnerstag, Samstag, Zug-No. 1		
Zugname:			»Canadian«
Durchschnittliche Geschwindigkeit:			87,2 km/h
Km	an	ab	Tag
0	Toronto	09:00	1
1.943	Winnipeg	15:45	2

Endlich, da steht er, der Traum seit meinen Kindertagen: Train No. 1! Und entgegen den Befürchtungen von wegen neuem Wagenmaterial, es ist der »alte« Zug: blau-silbrig glänzend, majestätisch, insgesamt 25 Waggons lang (bis zu 37 sind möglich), drei Speisewagen, vier Domecars. Das Poster seiner Vorbeifahrt an Morant's Curve bei Banff ziert seit meinem ersten Kanada-Aufenthalt 1993 meine Schlafzimmerwand. Ich bin beeindruckt, und das bin ich, was Eisenbahnen angeht, leider eigentlich nur noch sehr, sehr selten. Also an Bord, in das Abteil, dieses Mal ein Einzel-Schlafabteil und dann Genuss pur, 1. Teil.

Nach wenigen Kilometern staunt der Fahrgast, wahrscheinlich auch, wenn er nicht wie ich gerade im End-Aussichtswagen Platz genommen hat: Der Zug nimmt nach einem kurzen Stopp wieder Fahrt auf, allerdings in die falsche Richtung. Ein Bahner hat in der Spitze des Aussichtswagens Position bezogen und instruiert offenbar per Funk die Lokmannschaft. Des Rätsels Lösung ist schnell gefunden: Der Zug muss irgendwo gedreht werden, er läuft nach seiner Ankunft in Toronto am Vortag in die falsche Richtung, ist aber ein »Einrichtungszug«, d.h. er kann nur »Vorwärts«. Also geht es in den Bahnhof, in Richtung Westen wieder raus (die eigentliche Reiserichtung wäre zunächst Osten, dann Norden) und am nächsten Gleisdreieck wird einfach umgesetzt. Ich überlege, wie viel Dienstvorschriften in Deutschland für dieses Verfahren geändert werden müssten – wahrscheinlich würden die Züge als Zweirichtungsvariante ausgelegt, das wäre mit Sicherheit einfacher als DIESES Manöver in Deutschland genehmigt zu bekommen.

Nach Toronto wird die Landschaft etwas hügeliger, ohne dass man schon von Gebirge sprechen könnte. Niedrige Wälder lösen sich mit landwirtschaftlich genutzten Flächen ab. Altertümliche Traktoren ziehen ihre Runden. Die Strecke ist jetzt eingleisig, was den Betriebsablauf nicht unbedingt flüssiger macht. Häufig werden Güterzüge gekreuzt und meistens hat die VIA die A...karte und muss warten.

Mittlerweile hat sich die Verspätung doch schon etwas aufaddiert, und nach sechs Stunden Fahrt haben wir immerhin schon fast zwei Stunden Verspätung. Der etwas gehässige Kommentar eines

Ausfahrbereiter VIA-Zug im Hauptbahnhof von Toronto

Mitreisenden beim – wiederum exzellenten – Mittagessen, als wir einmal durchfahren dürfen und der entgegenkommende Güterzug warten muss: »Ist das nicht schön, EINMAL einen STEHENDEN Güterzug zu sehen …?!«

Das Publikum ist breit gefächert: Eine deutsche Reisegruppe ist ebenso im Zug wie Touristen aus Wales (»not England: WALES!«), kanadische Geschäftsleute, eine charmante ältere Dame aus Toronto, die ihren Sohn in Winnipeg besucht und vieles mehr. Gespräche ergeben sich von selbst.

Die meisten Reisenden fahren die gesamte Strecke bis Vancouver oder aber unterbrechen in Jasper, um dann mit dem relativ neuen »Skeena«-Service nach Prince Rupert zu reisen und von dort mit dem Fährschiff die berühmte Inline-Passage nach Vancouver-Island zu nehmen, das Programm, das ich mir ebenfalls vorgenommen habe.

Die Entfernungsangaben an der Strecke sind aus nicht nachvollziehbaren Gründen in Meilen und nicht in Kilometern ausgeführt, m.W. einzigartig im sonst vollständig »metrischen« Kanada. Vermutlich wurden bei der Umstellung von Meilen auf das metrische System die Kosten für die Neuvermessung und die neuen Schilder gespart. Bei Meile 185 (ab jedem Betriebspunkt wird neu »meiliert«, kilometriert kann ich ja schlecht sagen) bekommt der mitreisende Güterzughasser einen vielleicht für ihn noch erfreulicheren Anblick als der stehende Güterzug. Eine Langsamfahrstelle mit Bauarbeiten, die rechte Seite neben der Strecke erkennbar aufgewühlt und durchgefurcht. Da, liegt da nicht ein Drehgestell im Gras, dort ein zweites? Eindeutig ja, gleich darauf folgt ein kompletter Güterwaggon, noch mit Container beladen. Nun, DER wurde wohl nicht »just in time« zugestellt. Hier hat es vor sechs Tagen einen halben Güterzug »erwischt«, ca. 50 Wagen liegen

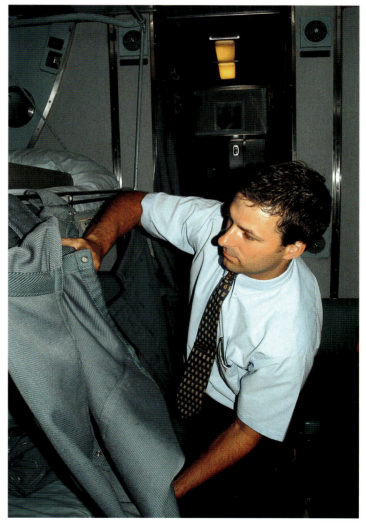

Grandioses Personal: In der Küche wie im Service und auch bei der Zubereitung der Betten.

unterhalb des Bahndamms, dummerweise auf der dem sensationslüsternen Berichterstatter abgewandten Seite, wie dieser später zu seinem Ärgernis erfahren wird. So gänzlich ungefährlich ist das Abenteuer wohl auch 2004 noch nicht.

Beim Tankstopp in Capreol wird weiter kräftig an der Verspätung gearbeitet, jetzt erfahre ich auch den Grund: Das Signalhorn hat Aussetzer, was bislang bei jeder Gefahrenstelle den Lokführer zum Verlangsamen veranlasste. Zum Glück ist hier eine Werkstatt der CN und die stellt auch nach Dienstschluss einen Mechaniker zur Reparatur, der das Ding tatsächlich wieder in Gang setzt, allerdings erst nach reichlich einer Stunde und mit größerem Aufwand. Er ist bis über beide Ellenbogen schwarz eingefärbt, als habe er zutiefst im Inneren der Lok rumgewühlt. Aber die Tröte tut es wieder, es kann weitergehen. Alternativ hätte die Lok mit der zweiten im Dreiergespann getauscht werden müssen, was im Nachhinein gesehen wahrscheinlich einfacher und schneller gewesen wäre.

Der Fahrplan weist in der Folge etliche »Stops on request« aus. Was es damit auf sich hat, wird ab Capreol vorgeführt. Es steigen Heerscharen von Anglern und anderen erkennbaren Fans der Wildnis zu, der Gepäckwagen wird mit Lebensmittelvorräten, Angelausrüstungen und Gewehren beladen. Die Zufahrt zum Packwagen geht allerdings über das holprige Gleisvorfeld, der Zug ist heute einfach zu lange für den Bahnhof. Und da passiert es auch schon: Ein Teil der Ladung fliegt auf den Schotter, unglücklicherweise offenbar u.a. ein Kühlbehälter mit Lebensmittel: Autsch, wenn da nur keine rohen Eier drin waren! Einer der Eisenbahner macht den Deckel ab und greift hinein, die rausgezogene Hand trieft von Eigelb und Eiweiß, es waren offenbar gerade NUR rohe Eier drin! Auch der Hard-Core-Kanadier im Freien braucht sein Frühstücksomelett. Nun, bei DER Gruppe wird es in den nächsten Tagen in dieser Hinsicht Abstriche geben, aber Fisch zum Frühstück soll ja auch gesund und lecker sein.

Auf mich wartet ein weiteres Highlight: Meine erste Mitfahrgelegenheit auf der Lok. Der Lokführer heißt hier übrigens nicht Driver, wie ich schnell, aber nett belehrt werde, sondern Operator. Lokführer und Beimann sind auch beim Gepäck-Verladedienst aktiv, ich kann nicht herausfinden, ob dies zum Aufgabenbereich gehört oder ob sie sich der netten Kollegin des Bahnhofs verpflichtet fühlen, die mit der Unmenge an Campingmaterialien und Nahrungsmitteln doch etwas überfordert erscheint. Fred kennt Deutschland, in seiner Jugend hat er einige Jahre in Landshut Eishockey gespielt. Einige Meilen weiter dann erneut ein wildes Hupkonzert: Fred hat versprochen, Kollegen des Bruders zu begrüßen, wenn er an deren Hütte vorbeifährt. Musste etwa deshalb unbedingt die Tröte repariert werden? Aber eher doch wohl nicht, die Verlangsamung an den Gefahrenstellen hätte den Plan völlig über den Haufen geworfen. Aber wenn das Ding jetzt schon wieder geht, dann aber auch kräftig: »Trööööttt, Tröttt!«

Nach etwa einer halben Stunde folgen dann mehrere dieser »Stops on request«: Der Lokführer orientiert sich an den Meilenangaben, er hat einen Waschzettel mit den genauen Kommawerten, wo er stehen bleiben soll, und so wird Train No. 1 vorübergehend zur Bimmelbahn mit Halt an jeder Milchkanne. Teilweise nutzen offenbar auch dauerhaft hier Lebende das Angebot, eine Frau mit Kindern und schwer bepackt mit Einkäufen wird von ihrem Gatten vom anderen Ufer des Sees per Boot abgeholt. Der kennt offenbar seine VIA – nun, den Fahrplan hat er ja praktisch jeden 2. Tag vor Augen – und startet erst, als er per Dauerhupton (aha, ein weiterer Grund für die Reparatur!) dazu aufgefordert wird.

Das Wildleben in dieser Region ist, wie Fred berichtet, eher selten, zu weit ist offenkundig der Rückzugsraum. Einen Elch werde ich allerdings zu Gesicht bekommen, verspricht Fred, allerdings einen toten. Der hatte sich wohl übermütig mit einem der Züge angelegt, was ihm nicht gut bekam, die aasfressen-

Der aus Toronto ankommende »Canadian« muss auf der Mietwagentour rund um Winnipeg – kurz vor der Stadt – natürlich auch dokumentiert werden.

den Vögel der Region arbeiten allerdings bereits kräftig an seiner Beseitigung. Ab dem Bahnhof Armstrong soll es allerdings deutlich mehr an Viehzeug wie Bären und Elche zu sehen geben, an diesem Morgen ist ihnen aber offenbar auch das Wetter zu schlecht, sie schlafen lieber aus.

Die Nacht verläuft in dem recht engen Einzelabteil besser als befürchtet, allerdings lassen Dauergebläse (hier lässt es sich zwar HERUNTER-, aber auch nicht ABschalten!) und Vibrationsgeräusche wieder zu den bewährten Ohrenstöpseln greifen. Mit Erstaunen lerne ich, dass sich ein erwachsener Mensch, nicht gerade gertenschlank und kleinwüchsig, offenbar auf sage und schreibe 0,18 m² bettfertig machen kann. Sie glauben es nicht? Der zur Verfügung stehende Raum neben dem jetzt aufgeschlagenen Bett im Abteil beträgt etwa 0,30 x 0,30 (= 0,09) m² für das Waschbecken und knapp noch mal genauso, um daneben stehen zu können. Es klappt tatsächlich, die Tür geht sogar noch zu!

Die Landschaft ist auch am nächsten Morgen sehenswert: Seen mit zahlreichen Inseln, Felsen und ausgiebige Wälder. Wären dies einige Hundert Quadratkilometer irgendwo in Europa, so wäre es wahrscheinlich eines der Hauptreiseziele. Hier juckt es offenbar keinen, es gibt einfach zu viel davon.

Die Zugfahrt scheint fast nur aus Essen zu bestehen, es wird nachvollziehbar, warum die Portionen so übersichtlich gehalten werden. Kaum ist der 3. Durchgang des Frühstücks beendet, wird zum 1. Durchgang für Lunch gerufen. Daneben gibt es in den Domecars aber auch noch Teilchen, Obst, Kaffee, Tee und Säfte. Verhungern tut auf einer Fahrt mit dem »Canadian« definitiv niemand. Zwischendurch nervt die gnäd´ge Frau Reiseleiterin der Reisegruppe, eine Aurelia Zindelhuber (*Namen von der Red. geändert*) mit ihren völlig unangebrachten Durchsagen auf Deutsch. Immerhin sind mindestens vier weitere Reisegruppen an Bord, ohne dass deren Reiseleiter auf ähnliche Ideen verfallen.

Die Landschaft hat sich etwas gewandelt, mehr Fels, etwas mehr Berg und Tal, ohne schon direkt hügelig zu sein. Aber immerhin gibt es mehrere Tunnels, die Anzahl der Seen wird geringfügig geringer, meiner Schätzung von ca. zehn Seen pro km² auf ca. acht. Dafür hat sich die Verspätung auf mittlerweile drei Stunden addiert, die nette Dame aus Toronto versucht verzweifelt, gar nicht ladylike durchsetzt mit Ausstoßen kleiner hässlicher Verwünschungen ein Netz für ihr Cellphone, wie hier das Handy heißt, zu bekommen, um ihren Sohn vorzuwarnen.

Bei der Annäherung an Winnipeg ändert sich das Landschaftsbild erkennbar. Mittlerweile nehmen landwirtschaftliche Nutzflächen weite Teile ein, durchsetzt von einzelnen kleineren Waldstücken.

WINNIPEG: Die vielen Bahnhöfe, ein Steppendackel mit S-Bahn-Start und ein Weltuntergang in zehn Minuten

Bei der Ankunft hat sich die Verspätung des »Canadian« bei drei Stunden gehalten. Mal gespannt, ob der Mietwagenverleiher am späteren Abend noch erreichbar ist? Nun, er ist, aber es gibt ein kleines Problem bezüglich meines Wunsches, am Bahnhof abgeholt zu werden. »An welchem Bahnhof denn?« Ich erläutere der Lady am anderen Ende der Leitung geduldig, dass Winnipeg nach meinem bescheidenen Wissenstand nur einen EINZIGEN Bahnhof habe und an eben diesem stünde ich, abholbereit und mittlerweile leicht genervt. Es dauert geschlagene 45 Minuten und zwei weitere Anrufe, bis die Abholung klappt. Zugreisende in Winnipeg scheinen nicht häufig Autos zu mieten.

Nach einem Stadtbummel am nächsten Morgen und einigen Streckenfotos außerhalb der Stadt steht die hiesige Museumsbahn auf dem Programm, der »Prairie-Dog«. Das Auffinden ist nicht ganz einfach, der frühzeitig unterwegs irgendwo abgegriffene Prospekt enthält zwar eine Adresse, aber nicht wie sonst gute Tradition eine Lagebeschreibung. Und die Bahn ist, das wissen immerhin die hilfsbereiten Hotelmitarbeiter, irgendwann vor kurzem zwangsumgezogen, da die ursprüngliche Strecke verkauft und zu Bauland wurde. Kurzerhand wird an der angegebenen Telefonnummer angerufen und die Anfahrt erfragt, sie ist relativ einfach: Stadtauswärts auf Hwy 70 bis zur Kreuzung mit dem Inksterboulevard, dort nach links und den dann immer geradeaus bis die Schilder kommen.

In der Tat, klasse Beschreibung, es klappt, eine halbe Stunde später bin ich da. Gerade rechtzeitig für den Nachmittagszug. An der Endstation ist zwar eigentlich nicht viel zu sehen, aber wie so oft bei Museumsbahnen: Der Weg ist das Ziel! Zudem ist hier ein netter kleiner Markt mit hausgemachten Produkten wie Marmelade, Spielsachen und Handwerksprodukten aufgebaut, eine gemischte Vier-Mann/Frau-Combo fiedelt durchaus hörenswert einheimische Weisen.

Von der alten Dampflokherrlichkeit, die noch vor wenigen Jahren Standard war, zeugt nur noch ein top restaurierter Tender, mehrere Achsen und ein Kessel, der in absehbarer Zeit wohl nicht mehr einsatzfähig sein wird.

Das Dieselmaschinchen legt jeweils eine Beschleunigung an den Tag, die manchen S-Bahn-Lokführer vor Neid erblassen ließe. Bei der Höchstgeschwindigkeit setzt der Streckenzustand dann allerdings doch Grenzen, mehr als 40 km/h dürften nicht drin sein. Bei der Rückfahrt zieht sich der Himmel schon bedrohlich zu, etwas Größeres braut sich zusammen. Donnerschläge hallen über die Prärie, so dass sich die echten Prairiedogs garantiert in ihre Löcher verkriechen. Blitze zucken am Himmel. Es hält sich zum Glück noch, bis der Zug den Bahnhof erreicht und ich trockenen Fußes im Wagen sitze. Kurz vor der Innenstadt bricht dann die sprichwörtliche Hölle los: Wassermassen stürzen vom Himmel, dass der Scheibenwischer sie nicht mehr bewältigt, dann geht das Ganze in Hagel von Taubeneiergröße über, die Autos fahren folglich nur Schritttempo oder gleich rechts ran. Blitze zucken im Zehn-Sekundentakt, die Donnerschläge folgen im Ein-Sekundenabstand: Weltuntergang! Irgendwie schaffe ich es noch in die Hotelgarage. Beim Weg in mein Zimmer im 29. Stock schließe ich mit dem heutigen Tag ab, war ja auch immerhin doch ganz erfolgreich, und entscheide, gemütlich zu Abend zu essen und anschließend endlich mal wieder früh schlafen zu gehen. Als ich meine Zimmertür öffne, ist das Programm Makulatur: Strahlender Sonnenschein und blauer Himmel empfängt mich, ich wähne mich im falschen Film. Der Weg von der Einfahrt in die Garage bis zum Zimmer hat keine drei Minuten gedauert, der ganze Spuk alles in allem höchstens fünfzehn. Trotzdem, die Straßen dampfen, die in die andere Richtung abziehende tiefschwarze Wolkenfront bezeugt, dass es also kein schlechter Traum war, sondern Wirklichkeit. Erlebt habe ich einen derartig schnellen Wetterwechsel allerdings noch nicht.

Intermezzo: WINNIPEG – CHURCHILL
Eitle Selbstüberschätzung,
ein Raucherparadies und die unbestreitbaren Vorteile älterer Waggons

Beim ersten Rundgang, genauer beim Nachfragen wegen der Essenszeiten und anderer lebenswichtiger Details werde ich vom Trainmanager angesprochen: »You must be Mr. Koch«. Nun bin ich bezüglich meines Bekanntheitsgrads in der internationalen Eisenbahnfreundeszene schon zugegebenermaßen ein klein wenig eitel, aber das überrascht mich denn doch. Andererseits sage ich mir dann aber auch schnell: So viele Bekloppte, die zwei Nächte und einen Tag Zug fahren, um dann am selben Abend wiederum die gleiche Tour zurück anzutreten, wird es vermutlich auch wieder nicht geben, es liegt nahe, dass meine Bekanntheit eher diesen Hintergrund hat.

Warum überhaupt Churchill? Ganz einfach, ich will rausfinden, was diesen exotischen Zug am Leben hält. Hätte man mir vor

WINNIPEG – CHURCHILL			
Verkehrstage			Dienstag, Donnerstag, Sonntag
Zug-Nr.			693
Zugname			»Hudson Bay«
Durchschnittliche Geschwindigkeit:			46,8 km/h
Km	an	ab	Tag
0	Winnipeg	20:45	1
1.697	Churchill	08:30	3

zehn Jahren ein Streckennetz der nordamerikanischen Personenzugleistungen vorgelegt und gefragt, welche Strecke am ehesten platt gemacht würde, hätte ich, ohne zu zögern, diese angestrichen. 1.700 km Streckenlänge bei 700 km Luftlinie und als Endpunkt ein Kaff (sorry, liebe Churchiller, ist nicht böse gemeint) von 800 Einwohnern, dessen einzige Attraktivität offenbar darin besteht, dass im Herbst hier Eisbären die Straßen und Mülleimer unsicher machen, bevor sie dann bei frierendem Packeis endlich auf Robbenjagd gehen können. Und über das einer der Lokführer des »Canadian« bezüglich einer Frage zu meinem nächsten Reiseziel lästerte: »Churchill – was es da gibt? Fliegen!« Und auf meine Nachfrage, was man denn dort unternehmen könnte, meinte er dann ganz trocken: »Fliegen fangen!«

Dass die Strecke im Güterzugdienst durchaus noch ihre Berechtigung hat, ist nachvollziehbar: Getreidelieferungen nach Europa und Afrika werden im Sommer in Churchill, dem dann – über die Polarroute – nächsten Hafen, verschifft. Holz wird güterzugsweise eingeschlagen und abgefahren, auch die Minen an der Strecke (Nickel, Zinn) bringen Fracht.

Und der Personenzug fährt dreimal wöchentlich, nicht nur im Herbst und ist offenbar zumindest bei meinem Termin sogar ausgebucht. Ab Thompson (etwa halbe Strecke) muss ein Mitreisender aus dem Schlafwagen in die unbequeme Economy umziehen,

Ein Fotostandort – zwei Motive, das bekommt man auch nicht alle Tage: Was macht der Onkel da, halb aus dem Fenster hängend? Will der aus dem Zug springen? ... Achso ... nö, der macht nur ein Foto ....

Kanada: Atlantik – Pazifik | 145

Die beste Nachtaufnahme inklusive Mond und Sternen gelang mir vom »Hudson Bay« bei der Nordfahrt in Melville. Die Standzeiten zum Auffüllen der Wasservorräte etc. sind bequem ausreichend.

da er offenkundig zu spät gebucht hatte. Wie mir meine neuesten Reisebekanntschaften, das ausgesprochen nette Ehepaar Lindemann aus dem Saarland (sie Lehrerin, er pensionierter Bahner) bestätigt, hatten Bekannte schon im Oktober vergeblich versucht, im Internet einen Schlafplatz zu buchen.

Allerdings ist der Touristenanteil im Zug nur ein Teil der Kundschaft, viele Einheimische, häufig in dieser Gegend Iniut und Cree-Indianer, nutzen ihn, oft auch auf Teilstrecken. Der Mannschaftswechsel ermöglicht in Dauphin eine Nachtaufnahme des »Hudson Bay«, hier allerdings mit ca. 90 Minuten Verspätung, um 2:00 Uhr morgens. Der Zug selbst ist runderneuert, die Ansprüche durchaus an den »Canadian« angelehnt. Die Waggonaufteilung ist ähnlich, allerdings ist alles viel überschaubarer. Außerhalb der Eisbärsaison gibt es nur einen Schlafwagen, zur Hälfte mit Zweier- und zur anderen Hälfte mit den schon bekannten gegenüberliegenden Einzelabteilen mit eigenem Örtchen. Hier spielt das etwas ältere Material sogar seinen Charme aus: Die WC-Benutzung ist jederzeit möglich, da dieses Bett einfach und vom Fahrgast selbst hoch- und wieder heruntergeklappt werden kann. Dafür fehlen die 0,18 m² Stehfläche doch entscheidend, das Zum-Bettgehen-fertig-machen funktioniert nur bei offener Tür oder AUF dem Bett selbst. Als Gegenleistung lässt sich wiederum die Klimaanlage tatsächlich AB-SCHALTEN (!) und die Heizung (wird tatsächlich auch im Sommer gebraucht) funktioniert erfreulich gut.

Der Speisewagen ist mit den bisherigen nicht vergleichbar, die Küche deutlich einfacher, aber durchaus gut. Warum bei dieser Strecke die Mahlzeiten nicht im Preis eingeschlossen sind (im Gegensatz z.B. zum »Canadian«), weiß nicht einmal das Zugpersonal, aber arm wird hier niemand, satt trotzdem alle.

Die Landschaft ist wie im Reiseführer versprochen tundraähnlich. Grasland, niedriger Baum- und Buschbestand, viele kleine Bäche und Pfützen. In der Nähe der Ortschaften wird es landwirtschaftlich genutzt, aber die Dichte der Besiedlung ist nach wenigen hundert Kilometern schon recht gering. Später, gegen Ende der Strecke wird der Baumbestand weitgehend zurückgehen und Grasland Platz machen. Interessant sind auch die – wenngleich offenkundig nicht mehr in Benutzung stehenden – Telegrafenmasten. Diese bestehen aus drei pyramidenartig aneinander gelehnten Pfosten. Der Hintergrund: Der Permafrostboden ist zu hart, um die Masten vernünftig einsetzen zu können, nur die ca. oberen 2 m tauen im Sommer auf und werden dann so matschig, dass die Pfosten umfallen würden.

In The Pas hat der Zug zwei Stunden Verspätung, mit der Pünktlichkeit scheint es die VIA nicht sonderlich genau zu nehmen,

Die Landschaft um Churchill, und ja … Fliegen gab es dort auch, sogar welche, die im Sturzflug Getränkedosen entern ….

meine mitreisenden Bekannten aus dem »Canadian«, die Lindemanns bangen um ihr gebuchtes Whale-Watching-Programm. Aber: »Den Anschlusszug können wir wenigstens nicht verpassen«. Auch sie fahren am Abend mit demselben Zug wieder zurück, ich bin also auch in dieser Hinsicht nicht einzigartig. Und FERN-Express kennen sie noch nicht, doch noch ein neuer Abonnent.

Eine Überraschung hatte der Zug schon gleich bei der Abfahrt parat: Aschenbecher im Zug und sogar – kaum zu fassen – Aschenbecher im Speisewagen und die dürfen offenbar sogar benutzt werden, wenn auch nur streng zeitlich limitiert. Dies ist kein Nichtraucherzug – Untergang des Abendlandes, wo bin ich hier? Die Hintergründe dieser inkonsequenten Politik würden mich denn doch interessieren, fürchtet die VIA hier potenzielle Kunde durch ein Rauchverbot zu verlieren, sind die Einwohner und Gäste Churchills besonders nikotinsüchtig? Auf Nachfrage stellt sich heraus, dass in der Tat bis zum 2. November 2004 das Rauchen in diesem Zug erlaubt ist, keiner kann mir allerdings erklären, warum noch und warum ausgerechnet bis zu diesem Tag. Während der Essenszeiten herrscht allerdings auch hier bereits strengstes Rauchverbot.

Am Abend nach Thompson sind es immer noch zwei Stunden Verspätung, zumindest ist es also nicht mehr geworden. Die paar guten Ansätze zum Zeitaufholen werden allerdings jeweils postwendend durch neues Ungemach wieder verspielt. Der Abzweig nach Thompson, einer Minenstadt immerhin 30 Meilen von der eigentlichen Strecke entfernt liegend, ist ein Anachronismus, den sich nur ein Land leisten kann, in dem die Zeit derart wenig bedeutet wie hier in der kanadischen Provinz: Der komplette Zug fährt also die Stichstrecke nach Thompson, wird dort mittels Gleisdreieck gedreht und fährt dann 30 Meilen zurück. An der Hauptstrecke geht es dann über ein zweites Gleisdreieck wieder in die ursprüngliche Fahrtrichtung. Aber wie sagt einer des Zugpersonals so treffend auf die Frage: »What TIME exactly do we arrive in Churchill?« Die treffende Antwort, besser nicht auf den Punkt zu bringen: »In the morning!«

Der Tag verabschiedet sich mit einem zünftigen Sonnenuntergang feinster Prägung hinter einem als Kulisse dafür gerade gut zu gebrauchendem toten Wald mit Abertausenden abgestorbener Bäume, Opfer eines riesigen Waldbrandes, der hier vor einigen Jahren gewütet hat. Abgesehen von den Skeletten hat sich die Natur aber bereits gut erholt, alles grünt.

CHURCHILL:
Miss Piggy und der Stromausfall, die schnellste Fliege der Welt und warum Striptease gegen Bären hilft

Hier also »steppt im Herbst der (Eis-)Bär.« Aus den durchaus reichhaltig im Angebot vorhandenen Touristenprogrammen für Churchill, die sinnigerweise gleich im Bahnhof vermarktet werden, entscheide ich mich für ein Fünf-Stunden-Programm »Natur und Geschichte rund um Churchill« – eine gute Wahl, wie sich schnell zeigen sollte. Die 65,00 $ scheinen mir angemessen, die Gruppe ist an diesem Morgen überschaubar, neben mir nur ein Kanadier mit zwei Söhnen. Andere Angebote wären z.B. ein Hubschrauberrundflug zu deutlich höherem Preis oder Whale-Watching gewesen. Coral, unsere »Genossin Landschaftsbild-Erklärerin« (´tschuldigung, liebe ex-sozialistischen Reiseführer im Ostblock, DER Begriff hat sich bei mir irgendwie verinnerlicht), also Coral ist nicht nur gut drauf, sondern auch sehr belesen in fast allen gefragten Sachthemen.

Aber lassen wir sie ganz vorne beginnen: Die Region um Churchill war bereits vor drei Jahrtausenden besiedelt, wie Funde belegen. In der jüngeren Zeit waren es wohl die Wikinger, die zuerst hier auftauchten, unverschämterweise leider wieder wie so oft, ohne dies geschichtsfest zu dokumentieren. 1610 holte dies mit Henry Hudson dann offiziell der erste Europäer nach. Die zweite Expedition in diese Region 1619 unter Jens Munk war deutlich erfolgloser. Zwar gelang ihm nach einem Jahr 1620 die Rückkehr, allerdings nur noch mit zwei Mann seiner Besatzung, eigentlich eine grandiose Leistung. Da er aber von seinem König mit zwei Schiffen und insgesamt 66 Mann losgeschickt worden war, wurde er dennoch nicht gerade gefeiert.

Die etwa 800 bis 1.000 Einwohner Churchills (im Sommer mehr, im Winter etwas weniger) verdienen ihre Brötchen in drei wesentlichen Bereichen: Tourismus, Getreidehafen und Gesundheitswesen. Gesundheitswesen? Ja, das Krankenhaus in Churchill ist für den gesamten Umkreis von etwa 1.000 km zuständig, alle schweren Krankheitsfälle der Region werden hier eingeflogen und behandelt. Etwa 120 Dauerarbeitsplätze bringt allein das der Stadt.

◀ Der abfahrbereite »Hudson Bay« in Churchill

Auf den Aufschwung des Getreidehafens bin ich schon eingegangen. Gerade ist ein Schiff in den Sudan mit 43.000 t beladen worden. Der Bahnanschluss wurde 1929 fertig gestellt, nachdem ursprünglich schon 1892 eigentlich Hafen und Bahnverbindung in Port Nelson, etwa 100 km süd-westlich, geplant waren. Allerdings erwies sich der dortige Hafen als zu felsig, um ihn problemlos ausbauen und somit für große Schiffe gefahrlos zugänglich machen zu können. Mitten im Bau wurde umdisponiert – der Knick in der Streckenführung der Bahn dokumentiert diese Entscheidung sehr eindeutig – und Churchill bekam den Zuschlag.

Der Tourismus hat wiederum mehrere Standbeine, die jahreszeitlich schön verteilt Kundschaft bringen: Nordlichter (November bis Februar), Wal- und Vogelbeobachtung (Mai bis September) und die Eisbären.

Als weitere »Attraktionen« bleiben ein Schiffs- und ein Flugzeugwrack, letzteres mit dem Beinamen »Miss Piggy«. Über die Herkunft des Namens ist man sich nicht ganz einig, die wahrscheinlichste Erklärung ist die, der Pilot sei geflogen »wie eine Sau«. Immerhin hat er es geschafft, nachdem beim Start einer der beiden Motoren ausfiel, den FUNKTIONIERENDEN zweiten Motor abzuschalten, was dann erst zum endgültigen Absturz führte. Dabei setze er die Maschine, wohl eher unfreiwillig, so elegant in die Stromleitung Churchills, dass dort zwar die komplette Stromversorgung zusammenbrach, aber dadurch der Absturz so abgefedert wurde, dass Pilot und Copilot der Frachtmaschinen mit ein paar Kratzern davon kamen.

Die Eisbären schließlich sind allerdings das Pfund zum Wuchern, von Anfang Oktober bis etwa Mitte November sind alle Hotels weit im Voraus ausgebucht: Es steigt die Eisbär-in-Town-Vorführung. Höhepunkt ist über Halloween, das die Kinder hier genauso Sprüche sagend, Liedchen singend und Süßigkeiten abgreifend begehen wie andernorts, nur halt eben mit schwer bewaffneter Schutzgarde, der Eisbären wegen.

Kommen die Bären in bewohntes Gebiet, so werden sie betäubt, eingesammelt und wandern zunächst in den Bären-Knast. Dort werden sie bei Magerkost und Dunkelhaft einige Tage verwahrt, bis genügend zusammengekommen sind, um sie auszufliegen. Per Hubschrauber (genauer in drunter hängenden Netzen) werden sie dann ca. 50 km weit entfernt in der Wildnis ausgesetzt. Zuvor werden sie gekennzeichnet, früher mit aufgesprühter Nummer, nachdem das bei Fotografen zu erheblichen Protesten führte, heute mit Ring im Ohr. Taucht ein so gekennzeichneter Bär erneut im bewohnten Gebiet auf, gilt er als Wiederholungstäter und wird – das Leben ist hart – exekutiert.

Einige der Bären sind auch das restliche Jahr über in der Region, außerhalb der Bebauung sollte man sich nur mit äußerster Vorsicht und allzeit fluchtbereit bewegen. Dabei bringt reines Wegrennen gar nichts! Die 300-kg-Riesen sind leider deutlich schneller als die vermeintliche Krönung der Schöpfung. Das bewährteste Verfahren laut Coral: Den Bär nicht direkt anblicken (sonst fühlt er sich bedroht), langsam rückwärtsgehen (beim Weglaufen würde sein Jagdinstinkt geweckt) und ein Kleidungsstück fallen lassen. Die angeborene Neugier der Bären veranlasst diese dann zunächst ausführlich das Kleidungsstück zu beschnüffeln, in dieser Minute kann man sich weiter langsam zurückziehen. Wenn dann immer noch kein sicherer Unterschlupf erreicht ist: weitermachen! Coral kommentiert trocken: »Besser nackt als tot!«

Die Strategie scheint in der Tat zu funktionieren, immerhin gab es in den letzten Jahrzehnten gerade mal ganze zwei Todesfälle. Hilfreich ist dabei sicher auch die Praxis, dass vor allem während der »Bear-Season« grundsätzlich alle Autos und Wohnungen nicht abgeschlossen werden. Grund ist die Rückzugsmöglichkeit im Ernstfall. Wenn Sie also zur »Bear-Saeson« mal in Churchill sind und einem Bären begegnen, oben beschriebene Taktik anwenden, auf´s nächste Auto zusteuern und beten, dass der Wagen nicht zufällig von einem Touristen gemietet ist. Zu sicher fühlen sollte man sich auf keinen Fall: Es kommen auch schon Fälle vor, wo »Ursus Maritimus« in Häuser einbricht und dort bei der Suche nach Essbarem gehörig »aufräumt«. Ein Einheimischer schildert einen derartigen Fall und meint trocken, er habe noch Glück gehabt, der Bär sei auch wieder durch die Tür hinaus gegangen. Und ergänzt auf den fragenden Gesichtsausdruck des Fremden: »Wenn sie stinkig sind, weil sie nichts zu fressen finden, gehen sie auch schon mal durch die Wand.«

Die örtlich geringe Kriminalität hat eine einfache Erklärung: Die Übeltäter können nicht fliehen! Es gibt keinerlei Straßenanbindung. Die einzigen Verbindungen zur Außenwelt sind Bahn und Flugzeuge, von den wenigen Schiffen einmal abgesehen.

Klimatisch herrscht hier trotz der Lage am Meer Kontinentalklima. Die Winter sind kalt und schneereich. –30 °C und 6 m Schneehöhe sind keine Seltenheit. Im Jahresdurchschnitt bleiben ca. 90 frostfreie Tage, der Dauerfrostboden beginnt in etwa 2 m Tiefe. Der kurze Sommer kann durchaus seine +30 °C erreichen.

Die Tide ist für eine »Bay« mit 4 – 6 m recht heftig, allerdings ist die Bay aber auch groß genug, um »Texas zu versenken«. Und bei Coral hört sich das irgendwie so an, als möchte sie dies denn auch. Was sie wohl gegen Texas hat?

Um noch einmal auf das Tierleben zurückzukommen: Moskitos und andere Fliegen ... ! Die Reiseführer warnen eindringlich vor deren Lästigkeit, was ich so nicht ganz bestätigen kann. Zwar habe ich am Tagesende etwa 20 Moskitos erschlagen (bei diesen Viechern verlässt mich meine sonst ausgeprägte pazifistische Grundhaltung völlig!) und ich habe etwa fünf Stiche abbekommen, aber da habe ich schon andere Schlachten geschlagen. Die gängigen Schutzmittel scheinen die lieben Tierchen wirklich abzuschrecken, während bei den skandinavischen Kolleginnen nur das grauenhaft stinkende »Dschungelöl« hilft, und selbst das nur eingeschränkt. Allerdings hat ein anderes fliegendes Insekt eindeutig einen Rekord aufgestellt: Als ich unterwegs eine Getränkedose Orangenlimonade öffne, stürzt sich just in diesem Sekundenbruchteil eine ausgewachsene Fliege im Tiefflug durch die gerade entstandene Öffnung in das offenbar auch für sie »köstliche Nass«, um nach einem tiefen Schluck genauso rasant wieder das Weite zu suchen. Das Ganze läuft so schnell ab, dass Coral, die offenbar nur den zweiten Teil mitbekommen hat, entgeistert fragt.: »Was she IN the can?«

Fazit der »Aktion Churchill«: Ich nehme das »Kaff« mit dem Ausdruck größten Bedauerns zurück. Churchill ist ein nettes, sehenswertes Städtchen, zwar etwas ab vom Schuss gelegen, aber das hat auch seine Vorteile. Hier kann man durchaus einige Tage Urlaub machen und es wird nicht langweilig werden. Beim nächsten Mal werde ich Übernachtungen einplanen, wobei die jetzt praktizierte »Hard-Core-Nummer« mit »Churchill-in-acht-Stunden« durchaus auch ihren Charme hat und offenbar gar nicht SO selten praktiziert wird. Es waren wieder einige bekannte Gesichter auf dem Zug Richtung Süden.

CHURCHILL – WINNIPEG:
Das Recht des Stärkeren, kein Wein nach 10:00 PM und wie der »Hudson Bay« den Chevi stehen lässt

Die Rückfahrt fängt – unter Fahrplan-Einhaltungs-Aspekten gesehen – schlecht an: Kaum sind wir zehn Minuten auf der Strecke werden wir auf Befehl von »Oben«, d.h. des Streckeneigentümers Omnitrax, »raus gewunken«. In der Praxis bedeutet das, dass der VIA-Zug anhält und rückwärts in ein Abstellgleis gedrückt wird, dem diese Ehre erkennbar nicht jeden Tag zugutekommt, selbst einige Büschel Heidekraut oder wie das Äquivalent hier auch immer heißt, werden platt gemacht. Dann drückt an uns vorbei gemächlich ein rangierender Getreidezug in der üblichen 108-Waggon-Länge in den Bahnhof zurück.

»Der Streckeneigentümer hat das Vorrecht, wann immer er es verlangt, müssen wir die Strecke räumen«, so die Auskunft des VIA-Personals. Die Aktion kostet uns die ersten 15 Minuten Verspätung, nachdem wir auf die Minute pünktlich abgefahren waren. Langsam werden mir die Verspätungen zumindest auf dieser Strecke begreifbar.

Dazu kommen noch etliche Langsamfahrstellen mit 10 oder 15 km/h, die topographische Ursache haben: Durch den Permafrost ist eine vernünftige Untergrundbefestigung auch an den nötigen Stellen nicht möglich. Es wird einfach auf den gefrorenen Boden »aufgebaut«. Wenn dieser dann im Sommer doch einige Zentimeter tiefer auftaut, gibt der Untergrund entsprechend nach und die ganze Chose wird instabil. Also muss an diesen Stellen Schritt gefahren werden. Im Museum in Winnipeg hängen Fotos sogenannter »Sinking Holes« (sinngemäß: eingesunkene Löcher), die an eine Berg- und Tal- aber nicht an eine Eisenbahn erinnern.

Der Permafrost macht übrigens noch eine Reihe weiterer Probleme: Wie z.B. soll jemand im Permafrostboden beerdigt werden? Ganz einfach: Die entsprechenden Löcher auf dem Friedhof in Churchill werden im Sommer auf Vorrat gegraben.

Während der Fahrt ist Familie Lindemann für einige Unterhaltung gut. Neben einer Unsumme an spannenden Reiseerzählungen gibt es den einen oder anderen passenden Spruch. So wird nach dem Lunch (ca. 13:30 Uhr) vom Zugmanager dezent darauf hingewiesen, dass es um 17:00 Uhr den »1. Call for Dinner« geben wird. Kommentar Herr Lindemann: »Oooch, de´ gaanze Daach immer nur esse«. Daraufhin die Frau Gemahlin trocken: »Ja, was willste denn aach sonst anneres mache?« Ansonsten verläuft der Rest der Rückfahrt eher beschaulich, man kennt ja schon die Strecke, auch die Verspätung liegt in erfreulich geringem Umfang. Der Schlaf wird von Nacht zu Nacht tiefer und fester, ich gewöhne mich an das Geschaukele und die Geräuschkulisse.

Am nächsten Morgen bekomme ich dann die kaum noch erhoffte Chance einer Führerstandsmitfahrt. Trotz mühsam beantragter Genehmigung, Haftungsausschluss-Erklärung und der geleisteten Überzeugungsarbeit der zuständigen, hilfsbereiten Lady bei der VIA in Toronto, dass die Bilder zu einem entsprechenden Bericht über die Fahrt einfach dazu gehören, haben sich bisher die Crews der Strecke Winnipeg – Churchill etwas sehr hartnäckig verweigert. Begründung: keine. Nun, ich kann es ihnen nicht einmal übelnehmen, immerhin ist es ihre Arbeit und ihr Verantwortungsbereich. Umso schöner, dass es jetzt, praktisch auf den letzten »Metern« doch noch klappt.

Die Begrüßung ist herzlich, an weitere Konversation jedoch leider kaum zu denken, zu laut röhrt der Motor der CP 30. Die beiden sind dann auch mit Ohrenstöpsel bzw. sogar Gehörschutz gut ausgerüstet. Die Arbeit ist sehr abwechslungsreich, Funk-Kommunikation im Vordergrund, vor allem wenn

◀ Die tolle Mannschaft des »Hudson Bay« in Winnipeg

wie auf dem Abschnitt ab Portage la Prairie ohne Signale nur nach Anweisung gefahren wird. So gibt es dann auch zwei Telefone, ein Mobiltelefon und zwei Funkverbindungen, davon eine mit der Zugmannschaft. Über die wurde auch meine Mitfahrmöglichkeit geklärt. Dazwischen blöckt regelmäßig eine Automatenstimme, eingeleitet von einem dezenten »BIEEP«. Daraufhin schauen sich Lokführer und Beimann kurz an, die Daumen in die Höhe. Meine Nachfrage bringt Klärung: Automatische Kontrollstellen veranlassen diese Durchsagen über den Zugfunk, wobei neben dem Standardtext: »Kein Alarm« der genaue Streckenpunkt des Automaten, die gefahrene Geschwindigkeit (eine gute Kontrolle für die offenkundig nicht immer ganz genauen Tachos) und teilweise noch die Temperatur angegeben wird. Hektisch, so erzählt das Lokpersonal, wird es erst, wenn die Durchsage mit einem Doppelbiep beginnen würde, das verheißt nämlich Ärger! Vermutlich komme ich bei den paar Dutzend Kilometern meiner Mitfahrt sogar auf den Geschwindigkeitsrekord dieser Strecke. Sage und schreibe 83 mph (ca. 135 km/h) zeigen die beiden Leuchtpunkttachometer an, ganz wacker. Der Autofahrer, der auf der

Blick in die recht geräumige Küche des »Hudson Bay«

CHURCHILL – WINNIPEG			
Verkehrstage		Dienstag, Donnerstag, Samstag	
Zug-Nr.			692
Zugname			»Hudson Bay«
Durchschnittliche Geschwindigkeit:			47,8 km/h
Km	an /	ab	Tag
0 Churchill		20:30	1
1.697 Winnipeg	08:05		3

parallel verlaufenden »dirt road« vermutlich bei ca. 110 km/h eine erkleckliche Staubfahne produziert (erlaubt sind dort deutlich erkennbar ausgeschildert 90), schaut denn auch leicht verdutzt aus der Wäsche ob des folgenden Überholvorgangs, der »Hudson Bay« lässt den Chevi stehen wie Schumacher einst die Daimler.

Und dann ist auch schon der (einzige) Bahnhof von Winnipeg erreicht, eine wunderbare Bahnreise findet ihr Ende mit der Verabschiedung inklusive Foto der Crew, die übrigens wie etliche Reisende – wie erwähnt – die Hin- und Rückfahrt an einem Stück gemacht hat. Der Dienstplan ist offenbar so ausgelegt, was ja sinnvoll ist. Bemerkenswert war, dass in der Mannschaft um Dennis jeder alles gemacht hat, auch der Zugchef war sich nicht zu fein, die Tische zu putzen. Die Kellner haben geschaffnert und umgekehrt. Ein tolles Team, das beste Werbung für einen tollen Zug gemacht hat. Lindemanns werden kurz verabschiedet, übermorgen sieht man sich schon wieder.

4. Winnipeg – Jasper:
Alte Bekannte, rollende Schafe ... und was Operator John gegen Bill Gates hat

Im Speisewagen gibt es eine kleine Überraschung: Roxanne, eine Bedienung meines Speisewagens auf meiner Fahrt Toronto – Winnipeg ist – so klein ist die Welt – nicht nur wieder ebenfalls in

Chevys jagen, auch ein netter Sport für Lokführer ... Die Tachoangabe ist allerdings übertrieben, 100 mph waren es nicht wirklich, sondern genau 135 km/h, wie die exakt gehende elektronische Anzeige sachlich vermeldete. Den Chevy-Fahrer dürfte es dennoch zumindest irritiert haben.

diesem Zug gelandet, sondern auch noch in dem der vier Speisewagen, der meine Wenigkeit abfüttern darf. Die Begrüßung ist entsprechend, erst muss einmal geplauscht werden, was es in den letzten Tagen an Erlebnissen gab. DIE fünf Minuten müssen die Bestellungen der lieben Mitreisenden halt warten, es gibt gewisse Prioritäten.

Wieder ist eine deutsche Reisegruppe im Zug, ebenfalls mit Aurelia-Verschnitt als Reiseleitung, diese sieht aber wenigstens von den permanenten Durchsagen auf Deutsch ab. Dennoch nötigt vor allem das Benehmen einiger Herdenmitglieder Frau Lindemann zu schon etwas sehr persönlichen Äußerungen über deutsche Pauschaltouris. Die Frau wird mir immer sympathischer. Es ist allerdings auch ein gewisses (negatives) Highlight, dass die Gruppe den Aussichtswagen in diesem Zugteil fest in Beschlag hat. Während es üblicher Standard ist, nach etwa ein bis zwei Stunden das Feld zu räumen und den nächsten Wartenden Platz zu machen, halten unsere lieben Mitbürger sogar längere Zeit Plätze frei, wenn sich die jeweiligen Herdenmitglieder sonst wo im Zug rumtreiben. Es fehlt eigentlich nur noch, dass morgens um 5:00 Uhr jemand von der Gruppe raufgeht und Handtücher auf alle Sitze legt.

Bei der Lokmitfahrt am Abend ab Rivers, stimmungsvoll in den Sonnenuntergang, treffe ich erneut einen alten Bekannten: Robin war schon auf dem »Hudson Bay« der einzige Lokführer, der mich auf den Führerstand ließ, hier ist er neben Scott der Beimann. Ein Kollege war ausgefallen und Robin ist eingesprungen, sonst sind die Dienste doch klarer getrennt. Den ersten Streckenabschnitt ist offenbar Robin gefahren, denn ständig wird ihm die zwar wohl nicht verschuldete, aber eben eingefahrene Verspätung mit freundlich-flapsigem Unterton vorgehalten.

Die Landschaft wird für einige Dutzend Kilometer abwechslungsreich: Qu'Appelle-Valley wird zunächst am oberen Rand passiert. Dann geht die Strecke bis auf den Boden des ca. knapp 100 m tiefen Urstromtals hinab, um nach einigen Kilometern doch wieder auf die Hochfläche anzusteigen. Die Landschaft ist deutlich hügeliger als zuletzt, irgendwie sieht alles sehr nach Eiszeit und Endmoränen aus. Mehrere Pottascheminen mit Halden von über 100 m Höhe und riesigen Ausdehnungen wie im niedersächsischen Kaliland bieten weitere Abwechslung. Neben der in diesem Teil Kanadas üblichen Landwirtschaft kommt sogar Exotisches wie eine Bisonherde hinzu. Um 22:29 Uhr rollen wir langsam in Melville ein, Scott hält Robin triumphierend die Uhr unter die Nase, er hat tatsächlich die 40-minütige Verspätung vollständig wieder hereingefahren. Der Respekt für die Leistung wird ihm weder von Robin noch von mir versagt. Der Dienst von Scott und Robin endet in Melville, meiner

WINNIPEG – JASPER (– VANCOUVER)			
Verkehrstage			Mittwoch, Freitag, Sonntag
Zug-Nr.			1 (Fortsetzung)
Zugname			»Canadian«
Durchschnittliche Geschwindigkeit:			47,8 km/h
Km		an	ab	Tag
1.943	Winnipeg		16:55	2
3.600	Jasper	14:05	15:30	2
(4.466	Vancouver	07:50		3)

auch: Nach einer letzten gelungenen Nachtaufnahme des »Canadian« geht es zur wohlverdienten Nachtruhe ins Abteil.

Zuvor wird von einem ausgeprägten Gewitter am Nachthimmel über etliche Kilometer Fahrtstrecke eine sehenswerte »Light-Show« geboten. Offenbar in mehreren nebeneinander liegenden Gewitterzentren zucken die Blitze zwischen den einzelnen Fronten und zwischen Himmel und Erde, meistens zwei oder drei gleichzeitig. Sehr eigentümlich erscheint auch die grünliche Färbung der Szenerie, vermutlich durch Nordlichter über den Gewitterwolken verschuldet.

In Edmonton stehen wir in einem offenbar neu gebauten Bahnhof, idyllisch auf der grünen Wiese und – wie passend – gleich neben dem Flughafen. Der »Bahnhof« besteht aus einem einzigen Gleis, in das der Zug rückwärts von der Strecke hineingedrückt wird. Der alte Innenstadtbahnhof wurde, vermutlich unter Mitnahme der hohen Grundstückspreise aufgegeben, die Mehrkosten für die Taxen werden auf die Fahrgäste abgewälzt. Eine Politik, die nicht unbedingt neue Kundenkreise anspricht. Der Ein- und Ausgang liegt zudem noch am hinteren Ende, so dass die Fahrgäste aus Waggon 27 einen ordentlichen Marsch hinlegen dürfen. Für gehschwache Fahrgäste wurde immerhin ein »Clubcar« angeschafft, das allerdings den Eindruck vermittelt, es sei auf einem benachbarten Golfplatz geklaut worden. Das Traktörchen zum Gepäckabtransport wurde dort vermutlich zuvor als Rasenmäher eingesetzt, alles sehr »putzig«.

Auf dem Abschnitt Hinton – Jasper habe ich dann zum letzten Mal die Gelegenheit einer Führerstandsmitfahrt auf dem »Canadian«, die Einfahrt in die Rockys wird wie erwartet ein Höhepunkt der Reise. Und unterhaltend wird es ebenfalls wieder, wie eigentlich immer, die Lokmannschaften haben viel zu erzählen und sind auch immer »gut drauf«, wenn sie denn der »Passagiermitfahrt« zustimmen.

Von John erfahre ich auch, woran vermutlich die Führerstands-Mitfahr-Anfragen auf der Strecke Winnipeg – Churchill gescheitert sind. Er hatte gefragt, wo und mit wem ich schon alles Führer-

Gut erkennbar ist das abgebaute Streckengleis hier kurz vor Jasper. Die Kreuzung mit dem lästigen Warten auf den Güterzug hätte bei Belassen der Zweispurigkeit entfallen können.

standsfahrten gemacht habe, daraufhin hatte ich ihm etwas mein »Leid« geklagt. John hat den Verdacht, dass die Absage nicht gegen mich, den Gast aus fernem Lande, gerichtet war, sondern eigentlich eher gegen die genehmigende Stelle in Toronto. Vor einiger Zeit habe es Entlassungen gegeben, nachdem Spione, getarnt als Journalisten oder Eisenbahnfreunde auf den Loks mitgefahren seien und dann Unregelmäßigkeiten beim Dienst »verpfiffen« hätten. Aber »meine Beiden« meinen, sie täten ihren Dienst ohnehin ordnungsgemäß und ich sähe außerdem auch ganz »echt« aus.

Vor einem Tunnel bei Jasper werde ich von Ray, dem Beimann, auf eine Art Viehgitter im Boden zwischen den Schienen hingewiesen. Aus den Alpen kennt man das, um Kühe am Verlassen offener Weiden über die Straße zu hindern, aber hier? Ich frage nach und bekomme eine verblüffende Antwort: Der Hintergrund ist derselbe, es geht um wildlebende Schafe, die gehindert werden sollen, in den Tunnel zu laufen, weil sie dort im Falle einer Zugbegegnung zu Kebab – roh – verarbeitet würden. Nur sind die Tiere offenbar so blöd, mit aller Gewalt in den Tunnel zu wollen (warum nur?), andererseits aber so hochintelligent, dass sie, da sie mit den Hufen natürlich auf dem Gitter nicht weiterkommen, sich hinlegen und über das Gitter rollen.

Ich frage dreimal nach, aber Ray versichert mit sehr glaubhaft, dass er mir keinen Bären aufgebunden habe, er selbst habe das schon gesehen … Der Bär indessen läuft einige Meter weiter dann tatsächlich »live« über die Schienen, wenn auch ein relativ junger. In deutlichem Sicherheitsabstand bleibt er stehen und faucht den Zug an, etwa nach dem Motto. »Was fällt dir dann ein, mich so zu erschrecken?« Überhaupt sind Tierbeobachtung im Führerstand »erste Sahne«. Auch einen Weißkopfadler in freier Wildbahn bekomme ich, wenige Meter entfernt auf einem Telegrafenmast, »geliefert«.

Meine Frage nach dem fehlenden zweiten Streckengleis, das auf weiten Teilen eindeutig erst vor kurzem abgebaut wurde, macht John stinksauer. Wild schimpft er auf die US-Amerikaner los, erst

Kanada: Atlantik – Pazifik

Die Durchfahrten durch die Rockies im kanadischen Teil sind wahrscheinlich eines der Highlights weltweit, was die zu sehende Landschaft betrifft.
▲ Ein Bild aus dem Zug nahe Jasper   ▼ Die leider nur noch vom Touristen-Sonderzug »Rocky Mountaineer« bei Golden befahrene Strecke über Banff

meine Nachfragen bringt Klärung: Die staatliche CN wurde vor einigen Jahren privatisiert (das Prinzip kennen wir ja alle nur zu gut ...). Zunächst wurde den Wählern hoch und heilig versprochen, dass maximal 49 % verkauft würden, 51 % sollten beim Staat verbleiben. Nach exakt einem Jahr konnte sich der zuständige Politiker »nicht mehr an sein dummes Geschwätz von gestern« (Zitat Adenauer) erinnern, es wurden natürlich doch mehr als 49 %. Und die neuen Eigner, darunter als größter Einzel-Shareholder Bill Gates (der spielt wohl nicht nur gern Train-Simulator!) machten erst mal selbst das zu Geld, was im wahrsten Sinn des Wortes niet- und nagelfest war, u.a. eben jede Menge Streckenkilometer Doppelgleise, da – wie John ausführt – die CN bis dato bezüglich Qualität bei Schienen, Schwellen, Oberbau in Nordamerika die Standards gesetzt hatte. »Auf diesen Schienen, immerhin vom kanadischen Steuerzahler bezahlt, rollen jetzt Züge in Illinois, und wir stehen uns hier die Beine in den Bauch und warten auf den nächsten Gegenzug«, kommentiert John wutschnaubend die seiner Meinung nach völlig verfehlte Politik.

Jasper – Jede Menge Wasserfälle, beschränkte Autovermieter und faule Adler

Kanada ist kein Billig-Reiseland, aber Jasper ist – wie andere touristische Highlights – teuer, um nicht zu sagen, sauteuer! Eine Abzockmasche läuft – offenbar bestens koordiniert – bei den Autovermietern, auf die der Touri angewiesen ist, will er sich nicht Busunternehmern anvertrauen, was durchaus eine erwägenswerte Alternative ist. Sämtliche Autovermieter haben in Jasper (wie in Banff) Mietwagen nur mit limitierten Frei-Kilometern im Angebot. Jeder zusätzlich zu den meistens 100 km pro Tag gefahrene Meter muss extra bezahlt werden. Und bei den Entfernungen kommt da einiges zusammen. Die im Rest des Landes üblichen »Unlimited«-

Der »Natural Bridge Lower Falls« bei Field ist eine der zahlreichen Natur-Sehenswürdigkeiten am Wege in den Rockies. Wer hier viel Zeit bringt, kann in tagelangen Wanderungen etliche weitere erleben. ▶

Der Blick aus dem Führerstand bei der Einfahrt in die Rockies

Verträge gibt es hier nicht, es sei denn (Trick 18 mit Anschleichen), der Touri ist so schlau und hat in Deutschland einen Vermieter gefunden, der das (noch?) im Angebot hat.
Damit ist aber noch lange nicht der Erfolg gesichert: Jetzt muss dem Vermieter vor Ort erst einmal klar gemacht werden, was im Vertrag steht. Bei mir gelingt dies erst nach Rückruf in Deutschland und entsprechendem Druck von dort. Die Chefin der Agentur ist wenig begeistert, hat sie als Selbständige, wie sie mir glaubhaft versichert, doch wahrscheinlich das »Vergnügen«, die Differenz aus der eigenen Tasche drauflegen zu dürfen.

Die entsprechenden Kilometer kommen ganz schnell zusammen, macht man wie ich eine Tour über den Icefield-Parkway nach Banff oder Lake Louise. Morrants Curve allein ist schon lohnendes Motiv und auch insbesondere der Weg dorthin die Reise wert. Selten hat mich eine Straße mehr begeistert: Alle paar Kilometer wechselt die Aussicht, Seen, Wasserfälle, Gletscher machen die Fahrt über die etwa 230 km sehr kurzweilig. Auch hier ist das zu beobachtende Tierleben besonders sehenswert. Ein Höhepunkt der Tierbeobachtung (oder genauer der Touribeobachtung) war bei meinem 1993er Aufenthalt die Sichtung eines Grizzly-Jungen: Vollbremsungen zu Hauf, Kameras und Videogerät im Anschlag wurde das Kleine regelrecht umzingelt und in die Enge getrieben. Ich hielt mich wohlweislich im Hintergrund, gespannt wie das Ganze wohl ausginge. Und – in der Tat – es kam, wie es kommen musste: Wild grunzend kam die Grizzly-Mutter angetobt, zum Glück so laut brüllend, dass es die versammelte Touri-Rotte, wenn auch in Panik-gleicher Flucht, es gerade noch in die Autos schaffte. Hirsche sollen übrigens ähnlich unangenehm werden können, wenn man sie nur genügend reizt. Ein Adler hat seinen Horst sogar in Sichtweite zur Nationalstraße erbaut, offenbar ist er zu faul auf die Jagd zu fliegen und wartet lieber, bis die komischen Blechkäfer für ihn wieder ein Tier erlegen. Schmarotzer gibt es offenbar sogar beim »Stolz Nordamerikas«.

5. Jasper – Prince George – Prince Rupert
Eine kleine Mathestunde, Lernen beim Mitbewerber und eine Klimaanlage mit Asthma

»Ready for Rock´n Roll« lautet der passende Spruch über Funk zur Abfahrts-Freigabe. Dabei ist die Stunde zuvor eher »Schmidtchen-Schleicher-Slowfox« gewesen: Der »Canadian« aus Vancouver (Planankunft 11:00 Uhr) hat die offenbar übliche 1½-Stunden-Verspätung und muss natürlich am einzigen Bahnsteig zuerst abgefertigt werden. Wie jeder in der Schule lernt, kommt (Zug) »1« vor »5«, Also kann der »Skeena« nicht bereitgestellt werden. Als der »Canadian« dann endlich eintrudelt, so ziemlich genau zur eigentlichen Abfahrtszeit des »Skeena«, ist man immerhin so einfallsreich, diesen von hinten auf dasselbe Gleis zu schieben, die beiden Endaussichtswagen stehen somit in wenigen Metern Abstand, sicher auch ein sonst seltenes Bild. Die Passagiere werden zu einem kleinem Gepäckmarsch genötigt, aber in Anbetracht der damit begrenzten Verspätung ist man gern dazu bereit. Mit ziemlich genau 40 Minuten Verspätung beginnt also der Rock´n Roll Richtung Westen.

Höhepunkt des ersten Abschnittes ist der Mt. Robson, mit 3.954 m der höchste Berg in British Columbia. Später wechselt das Bild, Landwirtschaft und sanftes Hügelland prägen den Eindruck. Gebucht bin ich auf dem ersten Teilstück bis Prince George in der sogenannten »Totem-Klasse«, die Luxusversion, entsprechend der Schlafwagenklasse beim »Canadian«. Aber Schlafwagen gibt es in diesem Zug nicht (mehr), die Fahrt wird über Nacht in Prince George unterbrochen, wo sich die Gäste auf eigene Kosten in Hotels einquartieren müssen bzw. dürfen. Abgeguckt hat die VIA dieses System eindeutig bei der Rocky Mountaineer Comp., die dieses

Die Mannschaften der Güterzüge via Banff wechseln in Field und können somit abends wieder in den eignen Betten schlafen.

System vor ca. zwölf Jahren eingeführt hatte, nachdem die VIA die Züge über Calgary und Banff aufgegeben hatte. Das Ganze war offenkundig sehr erfolgreich, aus den sporadischen Vier-Waggon-Zügelchen der Anfangsjahre ist ein praktisch schon mehrfach wöchentlich nach Fahrplan verkehrender Dienst mit 14- bis 20-Waggon-Zügen geworden, der offensichtlich boomt. Nur, ob dieser bescheidene »Nachzieher« jetzt den Erfolg bringt, den die VIA damals wider besseres Wissen vergeigt und verschenkt hat, bleibt abzuwarten.

Die Auslastung meines Zuges spricht nicht dafür, die liegt bei etwa 10 %, schön für die wenigen Passagiere, die zuvorkommend bedient werden und praktisch den ganzen Zug für sich haben. Gut für die Fahrgäste, aber schlecht für die VIA.

Ein Pluspunkt des »Skeena« ist der neue Aussichtswaggon für die Totem-De-Luxe-Klasse, angelehnt an die Panorama-Waggons der Schweizer Bahnen mit großen Fenstern und bequemer Flugzeug-

JASPER – PRINCE GEORGE – PRINCE RUPERT			
Verkehrstage	\multicolumn{3}{r}{Dienstag, Mittwoch, Freitag, Sonntag}		
(Rückleistung: wie oben, aber Do statt Di)			
Zug-Nr.			5
Zugname			»Skeena«
Durchschnittliche Geschwindigkeit:			60 km/h
Km	an	ab	Tag
0	Jasper	12:45	1
409	Prince George	19:08 07:45	1 / 2
1.160	Prince Rupert	20:05	2

bestuhlung. Die Klimaanlage klingt zwar asthmatisch röchelnd, tut aber ihren Dienst und hält trotz massiver Sonneneinstrahlung die Innentemperatur im Kühlschrankbereich. Allerdings sind diese Aussichtwagen nicht der Weisheit letzter Schluss: Die Leute stehen in den interessanten Abschnitten, da beim Sitzen die Sicht doch etwas eingeschränkt ist. Ich jedenfalls ziehe den Domecar vor, der eindeutig die bessere Sicht bietet.

Die Totem-Klasse wiederum ist normalerweise in einem Standard-Waggon untergebracht, hat allerdings Zugang zum Domecar inklusive Aussichtsabteil nach hinten, wie wir es ja vom »Canadian« schon kennen.

Mahlzeiten gibt es in beiden Klassen, die vorgefertigten Flugzeug-Abfütterungssets kommen aber an die bisherigen Speisewagenqualitäten nicht heran, selbst im »Hudson Bay« wurde noch individuell am Herd geköchelt und gebruzzelt, hier wird nur noch in die Mikrowelle geschoben, mit Sicherheit ein verbesserungswürdiger Punkt, soll der »Skeena« Erfolg haben.

Auch der Vergleich der Crews fällt sehr eindeutig zu Gunsten des »Hudson Bays« aus, ohne etwas Negatives über die Mannschaft des »Skeena« sagen zu müssen. Die Leute des »Hudson Bay« waren halt einsame Spitze! Pluspunkt im »Skeena« ist sicher Veronika, eine Kunststudentin aus Vancouver, geboren in Winnipeg. Sie jobbt in den Semesterferien auf der VIA und sieht das auch für die Zeit nach ihrem Studium als Haupteinnahmequelle. Der Andrang auf die paar guten Jobs in Museen und beim Staat sei riesig, da sei für sie realistisch gesehen wenig »drin«. Aber das wäre auch in Ordnung, auch dieser Job mache Spaß und ihr Studium sei ohnehin mehr für sie selbst. Vier Monate braucht sie für ein Bild und wenn sie erzählt, wird man sehr neugierig auf die Ergebnisse, aber leider hat sie keine Fotos ihrer bisherigen Werke dabei.

Der »Skeena« tut auch was für die Natur: In seinem Sog werden Millionen von Samen der örtlichen Verwandten unserer Puste-

Der Service im »Skeena« ist nur bezüglich des freundlichen Personals dem »Canadian« vergleichbar. Die Küche besteht überwiegend aus Mikrowellen-Aufwärmeinheiten.

Ein Bild von der empfehlenswerten Schifffahrt auf der »Inside-Passage in Richtung Vancouver

Highlights gibt es ausführliche Erläuterungen.

Etwa um die Mittagszeit wird es dann landschaftlich wieder sehenswert und erstklassig, das Küstengebirge ist erreicht. Nach Überschreiten einer Passhöhe folgen wir dann bis zum Endziel Prince Rupert dem Fluss Skeena, dem Namenspatron des Zuges. Von einigen kleinen Abkürzungen abgesehen, geht die Strecke fast jede Flussschleife mit. Die Berge rechts und links sind mittlerweile schon lange wieder regelrecht alpin. Bei den »Seven Sisters«, die fast zu ¾ umrundet werden, klicken wieder die Kameras wie auf Kommando.

Die Tunnels, die jetzt teilweise »am Stück« durchfahren werden, begeistern Kevin ungeheuer. Kevin ist mit seinen zehn Jahren schon ausgewiesener Bahnfreund und Bahnfan. Deshalb darf er auch mit Oma als Begleitung den Verwandtenbesuch in Prince Rupert von Smithers aus per Zug erledigen, normalerweise wäre blume durch die Luft gewirbelt, zeitweise erinnert der »Niederschlag« schon an einen Schneesturm.

Seine Verspätung hat der »Skeena« mittlerweile eingeholt, wir kommen sogar vor Plan in Prince George an. Prince George ist ein überraschend großes Provinzstädtchen mit guter Infrastruktur, einiger Industrie und ein Bahnknotenpunkt. Hier kreuzen sich die CN mit ihrer Ost-West-Strecke und die ehemalige BCRail, heute ebenfalls CN mit der Nord-Süd-Verbindung. Der Zug hat über Nacht Aufenthalt, die Fahrgäste müssen (dürfen?) auf eigene Kosten in den Motels der Stadt übernachten.

Am nächsten Morgen wird gleich nach Prince George das Tal des Frasers verlassen, dieses schwenkt hier nach Süden ab und wird später wieder die CN-/VIA-Bahnstrecke nach Vancouver aufnehmen. Wir folgen derweil auf etlichen Kilometern dem Nechako, einem Nebenfluss des Frasers. Die Umgebung ist mittlerweile mal wieder sehr waldreich, wobei große Abschnitte aus Birkenwäldern oder Mischwäldern Fichte/Birke bestehen. Später geht es kilometerlang am Ufer des Fraser-Lake entlang, die Umgebung wird wieder deutlich hügeliger. Der Trainmanager in diesem Zug hat, im Vergleich zum »Hudson Bay«, eine deutlich vom gemeinen Fußvolk abgehobenere Rolle, an touristischen

Blick auf den Mount Robson, den höchsten Berg der kanadischen Rockies

man mit dem Auto gefahren. Auch die Meilenkennzeichnung wird eisern kontrolliert, es könnte sich ein Fehler eingeschlichen haben. Die gesamte Aktion wird zur Belustigung der Mitreisenden mit volkstümlichen, aber auch erkennbar selbstkomponierten und (wenn auch sehr einfach) getexteten Liedchen untermalt. Oma ist schon etwas genervt und peinlich berührt, die Mitreisenden bestätigen aber ausdrücklich, dass sie auch ihren Spaß haben und Kevin nur ruhig weitermachen soll.

Einige Dutzend Kilometer vorm Endpunkt wird der Skeena dann zum Fjord, die Landschaft erinnert sehr deutlich an Norwegen. Immerhin sind schon hier, etliche Kilometer vor der eigentlichen Küste, Ebbe und Flut deutlich erkennbar. Schließlich wird am Hafen der etwas außerhalb des Städtchen gelegene Bahnhof erreicht und damit auch der Pazifik.

▲ Der spärliche Verkehr »Mahalat« mit den BUDD-Triebwagen auf Vancouver Island ist leider schon lange Geschichte. Sein kontraproduktiver Fahrplan dürfte an seinem Ende nicht unbeteiligt gewesen sein, oder hat da jemand mit Absicht »daran gedreht«? Angeblich ist eine Wieder-Inbetriebnahme aber angedacht ...

Ein letzter Eindruck von der Inside-Passage ... ▼

Eine wunderbare Bahn-Reise findet ihr Ende, die eigentliche Reise noch nicht ganz.

Per Schiff wird es am nächsten Tag durch die sogenannte. »Insidepassage« nach Port Hardy auf Vancouver-Island gehen, ebenfalls eine der »Traumreisen der Welt«. Wer will kann von dort eine weitere Zugfahrt dranhängen. Als »Mahalat« verkehren auf der Strecke Courteney – Victoria tatsächlich immer noch die »unkabuddbaren« herrlichen BUDD-Triebwagen, allerdings mit einem derart saublöden (sorry!) Fahrplan, dass für die Fahrt mit dem Bus ab Port Hardy eine weitere Zwischenübernachtung eingeplant werden muss. Etwa eine Stunde Zeit zum Übergang in Courtenay (Abfahrt 13:30) fehlt. Ab Nanaimo oder Victoria geht es dann letztlich mit der Fähre nach Vancouver, dessen internationaler Flughafen Direktflüge nach Deutschland bietet. Aber der Held ist am Ziel: Der Kontinent ist durchquert. Selbst den teuflischsten Gefahren wurde getrotzt (etwa den rollenden Schafen!).

Bild folgende Doppelseite:

»Morrants Curve« liegt in einer Kurve des Bow-Rivers bei Lake Luisa an der Strecke Golden – Banff – Calgary. Das Motiv wurde durch den Fotografen der Canadian Pacific, Morrant in den 1930er Jahre weltberühmt, als er hier für ein Werbefoto den »Canadian« ablichtete. Das Poster ist wahrscheinlich eines der meistgedruckten Eisenbahnfotos der Welt.

Kanada: Atlantik – Pazifik | 161

ANDREAS ILLERT *(EIN BERICHT AUS DEM JAHR 2013)*

ACHT HÜRDEN AUF DEM WEG ZUM MASTERSHOT

Im Vordergrund glitzert das blaue Wasser einer Lagune. Dahinter erstreckt sich ein schmaler Landstreifen mit üppiger tropischer Vegetation, an dessen anderer Seite die Wellen des Atlantiks branden. Mitten durch die Szenerie stürmt eine mächtige Dampflok vor einem langen Kohlenzug.

(Stand 2013) Dieses klassische Eisenbahnmotiv steht für die Estrada de Ferro Doña Teresa Cristina, eine Meterspurbahn im Süden Brasiliens. Das Bild hat sich eingeprägt in das Gedächtnis jener Generation von Eisenbahnenthusiasten, die die letzten Dampflokstrecken Südamerikas besucht oder die Berichterstattung darüber verfolgt haben. Der Dampfbetrieb auf der Teresa Cristina endete Mitte der neunziger Jahre. Abgesehen von der Umstellung auf Dieselloks ist das Ambiente jedoch weitgehend erhalten geblieben. Inzwischen haben sich die technische Ausrüstung der Eisenbahnfans verbessert und häufig auch ihre finanziellen Möglichkeiten. In Deutschland und seinen Nachbarländern wird der historische Betrieb mit Fotozügen nachgestellt, um die klassischen Motive in Pixel umzusetzen. Das funktioniert auch in Übersee; zum Beispiel in Südafrika, Zimbabwe und in den USA. So kommt nun der Wunsch auf, das Rad der Zeit auch an der Lagune von Imbituba zurückzudrehen.

1. Finde genug Verrückte

Einen historischen Zug zusammenstellen, nur um ihn zu fotografieren und zu filmen? Gewöhnlich verbindet man eine solche Aktion mit der Filmindustrie von Hollywood, jedoch kaum mit Privatpersonen in Ausübung ihres Hobbys. Folglich benötigt es einige Überzeugungsarbeit, um ein solches Unterfangen trotz aller zu erwartenden Widerstände zu realisieren. Es bedarf der Eisenbahner vor Ort, die bei der ungewöhnlichen Idee mitspielen und sie in der Umgebung eines regulären Eisenbahnbetriebs umsetzen. Und es bedarf der Finanzierung, die bei einer solchen Konstellation nur von gleichermaßen Verrückten erfolgen kann.

Im konkreten Fall ist die treibende Kraft Bernd Seiler. Der Ingenieur aus Berlin hat im Jahr 2000 seine Karriere bei der deutschen Staatsbahn aufgegeben und das Eisenbahnhobby in anderer Form zum Beruf gemacht, indem er Fotoreisen zu weltweiten Zielen organisiert und leitet. Mit seinem Unternehmen »FarRail Tours« bot er zu Beginn vor allem Reisen zu den damals noch existierenden planmäßigen Dampflokeinsätzen an. Mit dem Rückgang der Dampftraktion sah er sich gezwungen, vermehrt Charterzüge in die Reiseprogramme einzulegen. Manchmal genügten dazu ein paar Euro in die Kaffeekasse, um eine Diesellok durch die in Reserve gehaltene Dampflok zu ersetzen. Immer häufiger sind die Chartereinsätze jedoch mit hohem Aufwand verbunden. Wenn es um die besten Streckenpunkte, den passenden Sonnenstand und die absolut authentische Zugkomposition geht, wird Bernd Seiler zum Perfektionisten. Er profitiert dabei von seiner langjährigen Erfahrung und weltweiten Kontakten, und von einem Kundenstamm, der bereit ist, die mitunter nicht unerheblichen Kosten mitzutragen.

Über Bekannte kann Bernd Seiler Verbindung zur Leitung der Ferrovia Tereza Cristina (FTC) aufnehmen. Die inzwischen privatisierte Bahngesellschaft unterstützt bereits ein Eisenbahnmuseum und Touristenzüge mit betriebsfähigen Dampflokomotiven. Man ist dem Ansinnen der Eisenbahnfans an sich nicht abgeneigt. Vollkommen neu für Brasilien – und eigentlich für ganz Südamerika – ist allerdings die Idee, den historischen Betrieb mit beladenen Güterzügen nachzustellen und somit praktisch eine Dampflok in den regulären Einsatz zurückzuführen. Vermutlich sieht man dies

◀ Kein Pferd in Jaguaruna hat die Zeiten des planmäßigen Dampfbetriebs erlebt. Gleich bricht der Vierbeiner in Panik aus, wenn sich die Lok dem Reiter und dem Fotografen nähert. (Foto: Bernd Seiler)

Dr. José Warmuth ist die Seele des Eisenbahnmuseums von Tubarão sowie dessen Präsident und auf seinem Motorad auch Teil der Ausstellung.

bei der FTC als Herausforderung. Jedenfalls findet Bernd Seiler Verständnis für seine Idee. Insbesondere den technischen Leiter, Ingenieur Abel, kann er für die Mitarbeit gewinnen.

Als besonders wichtig erweisen sich die Kontakte zum Eisenbahnmuseum in Tubarão. Das Museum verfügt nicht nur über betriebsfähige Dampfloks, sondern auch über Lokmannschaften. Da es sich bei den Mitarbeitern des Museums überwiegend um frühpensionierte Angestellte der Bahngesellschaft handelt, sind alle notwendigen Kenntnisse zu Strecken und Betrieb vorhanden. Der Präsident des Museums höchstpersönlich wird zu Bernd Seilers wichtigstem Ansprechpartner in Brasilien. Doktor José Warmuth ist ausgebildeter Mediziner und hat bis zu seiner Pensionierung im Krankenhaus von Tubarão gearbeitet. Dort kam er als Vertragsarzt mit der Bahngesellschaft in Kontakt, war von den Zügen fasziniert und hat selbst die letzten Jahre des Dampfbetriebs auf Video dokumentiert. Das Eisenbahnmuseum, dessen Präsident er nun ist, hat er maßgeblich mit aufgebaut. Im März 2013 feierte der rüstige Pensionär seinen 80. Geburtstag. Für FarRail ist Dr. Warmuth ein Glücksfall. Der Präsident des Museums verfügt nicht nur über gute Beziehungen, er spricht auch noch fließend Englisch und dient somit als Übersetzer. Dr. Warmuth bringt zudem eine weitere wichtige Eigenschaft für das Vorhaben mit: Er lässt sich nicht so schnell aus der Ruhe bringen.

2. Präzise Planung ist die Basis für Improvisation

Nachdem die Kontakte hergestellt sind, besucht Bernd Seiler im Jahr 2012 die Bahn persönlich. Strecken und Fotopunkte werden erkundet, denn nur für einen einzigen Mastershot fahren selbst die verrücktesten Eisenbahnfans nicht nach Brasilien. Von den betriebsfähigen Dampfloks kommt aus Gründen der Authentizität für die langen Kohlezüge nur die Lok 205 (1'E1', Skoda 1949) in Frage. Die Maschine wurde ursprünglich an die Argentinische Staatsbahn geliefert und kam 1980 nach Brasilien. 1991 wurde sie zusammen mit drei weiteren Loks ihrer Baureihe vom bekannten Ingenieur L.D. Porta modernisiert, stand danach aber nur noch wenige Jahre im Einsatz.

Die zweite betriebsfähige Dampflok des Museums ist Lok 153 (1'D1', ALCO 1943). Sie kann halbwegs authentisch vor Güterzügen auf der Stichstrecke nach Urussanga eingesetzt werden. Lok 5 (1'D1', Jung 1954), die dritte betriebsfähige Lok, hat in ihrer Betriebszeit nur im Kraftwerk von Capivari rangiert und kommt somit nicht in Frage. Zudem ist sie inzwischen in Rot lackiert. Aber auch für die grüne 153 wird eine Rücklackierung in Schwarz erforderlich. Sie und die 205 sollen für die Fotozüge die Beschriftung aus den letzten Jahren des planmäßigen Dampfbetriebs erhalten, als die Tereza Cristina noch eine Abteilung der Staatsbahn war. Die aktuellen Kohlewagen passen optisch als historischer Zug. Lediglich ein weißer Streifen entlang der Seitenwände ist seit der Dampflokzeit dazugekommen, um die Sichtbarkeit der Züge zu verbessern. Dieser Streifen muss natürlich weg. Bahnverwaltung und Museum stimmen den Wünschen von Bernd Seiler zu. Die Loks und zwei Wagengarnituren sollen farblich behandelt werden. Das Drehbuch für den Fotozug sieht eine Leerwagengarnitur vom Meer zur Kohlemine vor, dort die Beladung der Wagen und schließlich die Rückfahrt mit dem beladenen Zug. Es stellt sich als schwierig heraus, die Fotozüge in den normalen Fahrplan einzubinden, denn der Betrieb brummt und die Bahnhöfe mit Möglichkeit zu Kreuzungen und Überholungen sind nicht mehr zahlreich. Die Beladung in Rio Fiorita ist nur am Wochenende möglich. Unter der Woche lässt der Normalbetrieb keinen Platz für Extrazüge. Lediglich auf der Strecke zur Lagune ist man flexibel, denn nördlich vom Kraftwerk Capivari verkehren inzwischen nur noch die wenigen Touristenzüge. Die Logistik für den Dampflokeinsatz erfordert einen Wasserwagen, mehrere Lokmannschaften und mindestens einen Ruhetag. Langsam entwickelt sich ein konkreter Fahrplan für die auf neun Tage angesetzte Veranstaltung.

Der Plan wird mit Dr. Warmuth durchgesprochen und mehrfach verfeinert. Schließlich kann die Reise für Juli 2013 ausgeschrieben werden. Lok 205 unternimmt eine Probefahrt mit beladenem Kohlenzug. Die Anhängelast muss von 18 auf 15 Wagen gekürzt werden, aber es klappt. Nachdem sich auf die Ausschreibung

▲ Erster Fototermin der Fahrt im Morgenlicht bei Tubarão, noch ist Lok 153 gesund und munter. (Beide Fotos Bernd Seiler)

▼ Die hölzerne Verladeanlage in Urussanga passt perfekt zur Dampflok 153, hier mit Hilfe dreier Scheinwerfer mittels Dieselgenerator in Szene gesetzt.

genügend Teilnehmer gemeldet haben, werden Hotel und Flüge verbindlich gebucht.

Wenige Tage vor Beginn der Veranstaltung erfährt Bernd Seiler aus Brasilien, dass hinsichtlich der vier verfügbaren Lokmannschaften ein Missverständnis vorliegt. Das Museum hat zwar vier ehemalige Dampflokführer, aber diese bilden zusammen zwei Teams. Der Plan wird entsprechend angepasst. Es soll nicht die letzte Version bleiben.

3. Die falsche Beschriftung

Bernd Seiler trifft zwei Tage vor seiner Reisegruppe in Tubarão ein. Zunächst besucht er die Bahnverwaltung und lässt sich die Planung bestätigen. Am Tag vor der ersten Zugfahrt schaut er dann im Museum vorbei. Die grüne 153 ist tatsächlich schwarz, glänzt allerdings wie neu. Die Aufschriften auf den Tendern von 153 und 205 sind viel zu groß geraten. Bernd Seiler fotografiert die originalen Schriftfragmente an einigen abgestellten Lokomotiven, die in Tubarão immer noch vor sich hin rosten, und zeigt die Beispiele im Museum. Es ist Freitagnachmittag, aber man will es trotzdem versuchen.

Am Freitagabend sind alle Teilnehmer im Hotel eingetroffen. Die Reisegruppe ist international zusammengesetzt: zehn Teilnehmer aus Deutschland, fünf aus Großbritannien, zwei aus der Schweiz, zwei aus Japan und je einer aus den Niederlanden, Frankreich, Österreich und Singapur. Für die Fortbewegung vor Ort werden vier Kleinbusse zum Selbstfahren angemietet. Bei der Abholung stellen sich die Busse als VW Kombis heraus. Das klassische Modell ist in Brasilien noch weit verbreitet. Die Fertigung wurde erst in diesem

Historische Autos passend zu den Fotozügen? Hier eher zufällig mit am Straßenrand geparkten Mietbussen der Reisegruppe. (Foto: Bernd Seiler)

Lokführer Fernando Das Neves hat Strecke und Kesseldruck fest im Blick.

Jahr eingestellt. Die angemieteten Busse sind spartanisch ausgestattet, erst wenige Jahre alt und haben dennoch schon mehr als 200.000 km Laufleistung auf dem Tacho. Optisch sind die Busse eine perfekte Ergänzung zum Dampfzug.

Am nächsten Morgen steht Lok 153 mit fünf Leerwagen bei Sonnenaufgang abfahrbereit in Tubarão. Das Museum hat es tatsächlich geschafft, über Nacht die authentische Beschriftung am Tender anzubringen. Begleitet vom Konvoi der Busse befährt der Fotozug die Strecke nach Esplanada mit mehreren Fotohalten. Weil bei den Fotohalten auf Sonnenlöcher in der Wolkendecke gewartet wird, sammelt der Dampfzug eine erhebliche Verspätung an. Als die Gruppe am Mittag zum Essen ins Hotel abrückt, hat man den Regelbetrieb auf der FTC für fast zwei Stunden aufgehalten.

4. Beide Loks kaputt

Noch während des Mittagessens erhält Bernd Seiler einen Anruf von Dr. Warmuth. Bei Lok 153 ist eine Stütze am Feuerrost gebrochen. Die Lok ist nicht mehr fahrbereit. Bernd Seiler vereinbart mit dem Museum, das Lok 205 angeheizt wird und das Programm am Nachmittag übernimmt. Auf der Strecke trifft die Reisegruppe zunächst auf Lok 153, die von einer Diesellok zur Reparatur ins Museum zurückgeschleppt wird. Lok 205 lässt auf sich warten. Über Telefon kommt schließlich die Mitteilung, dass bei der 205 ein Wasserohr über der Feuerbüchse gebrochen ist. Auch Lok 205 muss zur Reparatur abgeheizt werden.

Am Morgen des zweiten Tages fährt die Reisegruppe somit nicht an die Strecke, sondern zunächst ins Museum. Lok 205 ist noch nicht kalt genug, um mit der Reparatur in der Feuerbüchse zu beginnen. Man hat stattdessen die Arbeiten an Lok 153 aufgenommen und festgestellt, dass ein Bauteil fehlt. Eine Draisine wird auf die Strecke geschickt, um nach dem verlorenen Teil zu suchen. Angesichts der desolaten Situation sieht sich Bernd Seiler nun doch genötigt, die ungeliebte Lok 5 anzufragen. Das Museum ist tatsächlich in der Lage, die Lok in kürzester Zeit anzuheizen. Mit Leerwagen geht es in der Abenddämmerung zum Kraftwerk nach Capivari, wo eine Nachtfotosession eingelegt wird. Währenddessen leisten die Mechaniker im Museum ganze Arbeit. Am nächsten Morgen steht Lok 153 tatsächlich betriebsbereit vor dem Leerwagenzug in Tubarão. Der zweite Anlauf zu den Kohleminen funktioniert: Die Lok hält den Tag mit allen Fotohalten durch, lediglich das Wetter spielt diesmal nicht mit und versteckt die Sonne hinter einer dicken Wolkenschicht. Das am Abend die Lichtanlage der Lok ausfällt, ist bei der Liste der bisherigen Schäden ein eher marginales Problem. Allerdings verzögert sich dadurch die Drehfahrt der Maschine von Urussanga nach Esplanada. Die Nachtfotosession an der hölzernen Verladeanlage von Urussanga beginnt mit einigen Stunden Verspätung. Erst kurz vor Mitternacht hat die Reisegruppe alle geplanten Aufnahmen auf dem Chip.

5. Die falsche Kohle

Die Nachtruhe für Reisegruppe und Lokmannschaft ist kurz. Schon beim ersten Morgenlicht unter nach wie vor bedecktem Himmel verlässt Lok 153 Urussanga mit vier nunmehr beladenen Wagen zur Rückfahrt nach Tubarão. Die Lok hat auf den wenigen Steigungsabschnitten sichtlich Mühe, den Zug in Schwung zu halten. Mittags wartet die Reisegruppe am Einschnitt von Morro Grande. Zu Dampfzeiten haben hier die Eisenbahnfans ihre besten Fotos von schwer arbeitenden Loks vor den beladenen Kohlezügen geschossen. Diesmal passiert zunächst gar nichts. Über Funk erfährt Bernd Seiler, dass die Lok in Esplanada außerplanmäßig entschlacken muss. Als der Zug mit heftiger Verspätung die Steigung in Angriff nimmt, ist deutlich festzustellen, dass der Kesseldruck nicht optimal ist.

Als Ursache für den Leistungsverlust stellt sich schnell die verwendete Kohle heraus. Im Tender von Lok 153 befindet sich Kraftwerkskohle mit einem Heizwert von nur 5.200 kcal/kg. Brauchbare Lokomotivkohle hätte 7000 bis 8000 kcal/kg. Das Museum hat die Kohle von der Bahngesellschaft und den Bergwerken geschenkt bekommen. Die feine Körnung der Kohle führt umgehend zum Verschlacken des Feuers. Lok 153 macht nun kaum noch Dampf. Bernd Seiler und das Museum beschließen, die 153 am Ende eines dieselgeführten Güterzugs nach Tubarão zu überführen und für den Rest des Nachmittags die inzwischen fertiggestellte 205 ins Rennen zu schicken.

Gegen 15 Uhr wartet Lok 205 mit den restlichen streifenfreien Leerwagen im Gleisdreieck von Tubarão auf Zweierlei: den Schlüssel für die Weiche, der auf der 153 unterwegs ist; und den

Eine der formschönen Loks der argentischen General Belgrano Bahn führt hier den Zug. (Foto: Bernd Seiler)

Lokführer Fernando Das Neves, der ebenfalls auf der 153 unterwegs ist und wohl als Einziger genug Erfahrung besitzt, um eine Dampflok mit der schlechten Kohle in Bewegung zu halten. Lok 205 hat die gleiche Kohle im Tender wie die 153. Deshalb und wegen der fortgeschrittenen Uhrzeit beschränken sich die Fotohalte am Nachmittag auf die Umgebung von Tubarão. Wenigstens die Wolken sind endlich weg.

Auf Anraten von Bernd Seiler bestellt das Museum noch am Abend neue »gute« Kohle. Sie soll früh am nächsten Morgen geliefert werden. Zur Vorbereitung schaufeln die Mitarbeiter des Museums über Nacht die schlechte Kohle aus dem Tender. Am nächsten Morgen steht die Reisegruppe vor der Tür, aber nicht der Kohlehändler. Die Dampflokenthusiasten verlegen sich über den Vormittag zwangsläufig auf das Fotografieren der planmäßigen Dieselzüge. Der Kohlehändler beliefert zunächst andere Kunden, macht Mittagspause und liefert erst um 14 Uhr an das Museum. Im besten Nachmittagslicht, aber mit drei Tagen Verspätung gegenüber dem Plan, macht sich Lok 205 dann mit dem Leerzug auf den Weg nach Criciúma.

6. Ein neuer Plan

Angesichts der Verzögerung im Programmablauf wird es nun schwierig, alle geplanten Programmpunkte in der restlichen verfügbaren Zeit noch unterzubringen. Die steile Strecke von Criciúma nach Siderópolis und weiter zu den Kohleminen in Rio Fiorita ist eigentlich nur am Wochenende für die Extrafahrten freigegeben. Für die Fotozüge in Fahrtrichtung Tubarão werden beladene Wagen benötigt. Der Mastershot an der Lagune erfordert dagegen einen Leerzug, um authentisch zu wirken. Das Verschieben des Mastershots ganz ans Ende der Tour geht nicht, weil ein Teilnehmer früher nach Hause fliegen muss.

Bernd Seiler bastelt am Reiseplan, stellt die Fahrzeiten um, optimiert erneut die Wagenumläufe und verhandelt mit Ingenieur Abel. Er erreicht schließlich, dass der Dampfzug die Strecke nach Siderópolis und Rio Fiorita auch an einem Wochentag zwischen den Planzügen befahren darf.

7. Die Lok verhungert

Am Tag der Rampenfahrt nach Rio Fiorita ist das Frühstück im Hotel für 5:30 Uhr angesetzt. Zur Abwechslung gibt es Probleme einmal nicht mit der Eisenbahntechnik, sondern bei der Beherbergungslogistik: Der Ober hat verschlafen. Um 6 Uhr steht ein

Das ist er, der Mastershot! Hier in der Variante mit leichtem Tele, bei der die Felseninsel gut zur Geltung kommt. (Foto: Bernd Seiler)

Notfrühstück auf dem Tisch, um 6:10 Uhr rumpeln die VW-Bullis aus dem Tor des Hotels.

Die Rampenfahrt bringt bei sonnigem Wetter herrliche Motive. Am Streckenendpunkt wird Lok 205 im Gleisdreieck gewendet. Lok und Mannschaft warten dann erst einmal auf den LKW mit Wasser. Die Beladung der 14 Leerwagen verzögert sich, da zunächst nicht ausreichend Kohle in der Verladeanlage vorhanden ist. Im milden Abendlicht macht sich schließlich Lok 205 mit 1120 Tonnen Anhängelast auf den Rückweg zur Küste. Das erste Streckenstück von der Verladeanlage bis zum Tunnel von Siderópolis steigt steil an. Die Reisegruppe postiert sich am Stadtrand vor dem Scheiteltunnel und sieht von Ferne, wie der Zug am Beginn der Steigung liegen bleibt. Schließlich startet Lok 205 erneut und schnauft langsam die Steigung herauf. Auf dem Tender steht einer der beiden Heizer und schiebt Kohle nach vorne. Kurz nach der Vorbeifahrt an der Gruppe bleibt der Zug in der Steigung erneut liegen. Der Dampfdruck ist zu niedrig. Die gute Kohle der Lieferung vom Vortag ist restlos verbraucht. Das Personal ordert eine Diesellok, um den Zug zurück nach Tubarão abzuschleppen.

8. Der Streifen muss weg

Der Tag ist gekommen, an dem die letzte Chance für den Mastershot auf dem modifizierten Reiseplan steht. Lok 205 und der beladene Zug sind mit Dieselunterstützung in Tubarão eingetroffen. Nicht eingetroffen ist eine erneute Lieferung guter Lokomotivkohle. Der Händler hat sie nicht mehr vorrätig. Das Personal des Museums hat über Nacht die schlechte Kohle durch ein Sieb geschaufelt und zehn Tonnen größerer Stücke ausgelesen. Aber es fehlen die passenden Leerwagen. Von den streifenlosen Wagen steht eine Garnitur beladen in Tubarão. Die zweite Garnitur ist nun irgendwo im gesamten Streckennetz zerstreut. Bernd Seiler bleibt hartnäckig. Er telefoniert mit dem Kraftwerk und schafft es, dort genug Leerwagen aufzutreiben – allerdings mit weißem Streifen. Um diese Wagen authentisch zu altern bedarf es eines weite-

Welche enorme Kraft in der Meterspurlok 205 steckt, demonstriert sie auf der Steilstrecke zwischen Criclúma und Siderópolis bei der Vorbeifahrt an der ehemaligen Kohleverladeanlage Laranjinha. (Foto Bernd Seiler)

Bei der Abfahrt der Lok 205 aus der Warteposition vor dem Einschnitt war es alles andere als sicher, ob die Sonne rechtzeitig wieder hinter den Wolken hervorkäme. (Foto: Bernd Seiler)

ren Anrufs bei Ingenieur Abel. Der verhandelt mit dem Präsidenten der Bahngesellschaft. Schließlich bekommt Bernd Seiler das o.k.

Im Farbengeschäft von Tubarão ersteht der Reiseleiter Farbe und Rollen. Bei der Auswahl der Farbe sind sich die Experten nicht einig. Waren die Wagen nun braun oder eher grau? Bernd Seiler kauft Braun und Grau zum Abmischen. Die Kolonne der VW-Bullis fährt nach Imbituba. Dort wird noch braune Farbe in Spraydosen nachgekauft, da man befürchtet, dass die in Tubarão gekaufte Farbe nicht ausreicht. Im Schlepp einer Diesellok trifft der Fotozug um 14:50 Uhr in Imbituba ein. Während die Dampflok umsetzt, behandeln die Reiseteilnehmer mit vereinten Kräften die Sonnenseite der Güterwagen. Es muss schnell gehen, da die Sonne am Mastershot relativ schnell hinter den Bergen verschwindet. Die braune Farbe aus den Spraydosen stellt sich als zu kräftig heraus. Die abgemischte Farbe wirkt besser, aber leider ist nicht mehr genug Zeit zum Nachbessern der bereits gesprayten Wagen unmittelbar hinter der Lok.

Zügig geht es nun zum Fotopunkt mit Blick auf die Lagune. Der Himmel ist wolkenlos. An den Büschen und am Gras werden letzte gärtnerische Feinarbeiten vorgenommen. Die Teilnehmer gehen in Position. Ein Pfiff in der Ferne. Qualm steigt über Imbituba auf. Das Stampfen der Lok ist zu hören. Es wird lauter. Dann taucht der Zug hinter den Büschen auf. Für 30 Sekunden wird das Datum um 30 Jahre zurückgedreht. Der Mastershot ist im Kasten. Perfekt! Lediglich ein tiefbrauner Streifen an den Güterwagen deutet auf den Fotozug hin.

Epilog

Die Teilnehmer sind höchst zufrieden. Die Mitarbeiter des Museums sind erschöpft, aber ebenfalls zufrieden, da sie die Herausforderung erfolgreich gemeistert haben. Dies verbreitet sich über die Medien, denn durch die Aktivitäten der sonderbaren Reisegruppe wurde ein Team des lokalen Fernsehsenders angelockt. Auch die Bahngesellschaft kommt auf diese Weise in den Fokus der Berichterstattung von Fernsehen und Presse.

Bernd Seiler allerdings hat Potential für Optimierungen entdeckt. Noch vor Ort vereinbart er mit den Verantwortlichen im Museum und bei der Bahn eine Wiederholung.

QUELLEN

Die Vorlagen der Artikel sind Beiträge aus verschiedenen Jahrgängen der Zeitschrift »Dampf&Reise«, später »Dampf&Reise/Überseeische Bahnen« und ab 1995 der Folge-Zeitschrift »Fern-Express«, jeweils im Röhr-Verlag, Krefeld erschienen. Die Texte wurden redaktionell bearbeitet, teilweise eingekürzt und in einigen Fällen mit anderen bzw. zusätzlichen Fotos im Vergleich zu den Zeitschrift-Ausgaben bebildert.
Bitte beachten Sie, dass die Texte jeweils den damaligen Stand wiedergegeben, manche geäußerte Hoffnungen, aber auch manche Befürchtungen haben sich nicht erfüllt.

Im Einzelnen fanden Verwendung:
(in der Reihenfolge des Abdruckes im Buch)

Verfasser	Titel	Ausgabe	Heft-Nr.
Karl-W. Koch:	Bahnerlebnis Izmir 1977	Fern-Express 3/2013	118
Karl-W. Koch:	Südafrika in den Achtzigern	Fern-Express 4/2008	100
Karl-W. Koch:	Wenn Masochisten Urlaub machen I: und Frühstück um halb fünf ...!	Fern-Express 4/1997	56
Bernhard Hoch:	Gulasch-Spione?	Dampf&Reise 1/1993	37
Urban Niehues:	HONGKONG.... ESSEN – 3x UMSTEIGEN?	Dampf&Reise 6-8, 1988	6-8
Christoph Oboth:	Rätselhaftes Indien	Fern-Express 3/2008	99
Andreas Illert:	It's A long walk – Beschwerliche und bequeme Wege nach Matheran	Fern-Express 2/1996	50
Christoph Oboth	Neulich in China, Bericht eines beinahe zu spät Gekommenen	Dampf&Reise 4/1994	44
Christoph Oboth :	Die Genehmigung – Eine Posse aus der bunten Welt der Amtsstuben in sechs Akten. Fern-Express 2/1995		46
Karl-W. Koch:	Wenn Masochisten Urlaub machen II: China: Es gibt noch eine Steigerung! Bei -15 °C und einem strammen Westwind..!	Fern-Express 2/1995	46
Hans Schäfer:	Die Herren in den Ledermänteln	Fern-Express 1/2002	73
Andreas Illert:	Chiquléts!	Fern-Express 2/1998	58
Andreas Illert:	Buffervogn med Sandsekker	Fern-Express 2/1999	62
Karl-W. Koch:	Mama, wann kommt eeeendlich Hanniball?	Fern-Express 2/2001	70
Karl-W. Koch:	Wenn Masochisten Urlaub machen - Teil III: ... und Karaoke zum Dinner	Fern-Express 2/2003	78
Karl-W. Koch:	Atlantik – Pazifik: 1x Trans-Kanada, aber bitte die volle Länge ...	Fern-Express 2/2005	86
Andreas Illert:	Acht Hürden auf dem Weg zum Mastershot	Fern-Express 4/2013	120

Fern-Express / Dampf&Reise / Überseeische Bahnen

Themenhefte zu vielen Ländern und Bahnen

"bunte Mischungen" mit meist großen Artikeln zu Bahnsystemen, Reiseberichten, Museumsbahnen, Technik und Verkehrspolitik

INTERESSE?

Der Fern-Express im Abo
- 4 virtuelle Weltreisen im Jahr für nur 43,30 € (*Jahresabopreis 2023 exkl. Porto, nach Empfängerland unterschiedlich*)
ZUVERLÄSSIG, BEQUEM UND DRUCKFRISCH NACH HAUSE ...
Alle Einzelhefte sind noch beziehbar, oft auch noch als Druckausgabe, andernfalls als PDF im Download.
Eine vollständige Liste senden wir Ihnen gern auf Anfrage zu, Sie finden diese auch – wie weitere Infos – auf unserer Homepage im Internet:

www.fern-express.de

zum Kennenlernen: Für 10,00 € erhalten Sie das aktuelle Heft sowie ein Heft IHRER Wahl, in D, CH, A sogar portofrei!
Bestelladresse: abo@fern-express.de oder
Karl-W. Koch, Hinterm Hassel 19, D-54552 Mehren

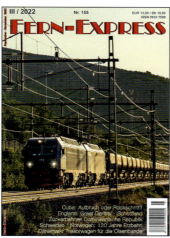

Ägypten * Albanien * Algerien * Argentinien * Australien * Bangladesh * Belgien * Bolivien * Bosnien * Brasilien * Bulgarien * Chile * China * Dänemark * Finnland * Frankreich * Großbritannien * Indien * Indonesien * Iran * Israel * Italien * Japan * Kanada * Kosovo * Kroatien * Marokko * Mexiko * Moçambique * Neuseeland * Norwegen * Nordkorea * Peru * Polen * Portugal * Rumänien * Russland * Schweden * Serbien * Slowakei * Spanien * Südafrika * Tschechien * Türkei * Ukraine * Ungarn * USA * Vietnam * Zimbabwe * u.v.m

WEITERE INTERESSANTE BÜCHER ZUM THEMA

Deutschlands reizvollste Landschaften lassen sich umweltschonend vom Zug aus erleben. Eisenbahnexperte Karl-W. Koch nimmt mit auf eine Reise über bekannte, weniger bekannte und unbekannte Strecken. Besuche an besonderen Highlights runden den Lektürespaß ab.
192 Seiten, 200 Abb., 230 x 265 mm
ISBN 978-3-613-71619-3
€ 29,90 | € (A) 30,80

Karl-W. Koch berichtet über die schönsten Bergbahnen in den Alpen, die er alle persönlich mit der Kamera besuchte. Anschaulich beschreibt er die Strecken, deren Planung, Bau und Geschichte. Auch die anspruchsvolle Zahnradtechnik spart er nicht aus.
176 Seiten, 200 Abb., 230 x 265 mm
ISBN 978-3-613-71657-5
€ 29,90 | € (A) 30,80

Karl-W. Koch besuchte die schönsten Alpenbahnen. Ihm gelangen eindrucksvolle Aufnahmen der aufwendig trassierten Bahnlinien. Er berichtet über die reizvollen Strecken, deren Planung, Bau und Geschichte. Dieses Buch lädt zur Reise durch die faszinierende Bergwelt der Alpen ein
176 Seiten, 200 Abb., 230 x 265 mm
ISBN 978-3-613-71673-5
€ 32,– | € (A) 32,90

Die Faszination der Dampflok führte Edward H. Broekhuizen in den letzten Jahrzehnten um die ganze Welt. Auf diesen Reisen entstanden eindrucksvolle Fotos von den letzten Dampfloks auf fast allen Kontinenten. Die schönsten Aufnahmen finden sich in diesem Band.
176 Seiten, 200 Abb., 230 x 265 mm
ISBN 978-3-613-71640-7
€ 29,90 | € (A) 30,80

Leseproben zu allen Titeln auf unserer Internetseite

Stand August 2023
Änderungen in Preis und Lieferfähigkeit vorbehalten.

Überall, wo es Bücher gibt, oder unter
WWW.MOTORBUCH-VERSAND.DE
Service-Hotline: 0711 / 78 99 21 51
www.facebook.com/MotorbuchVerlag